Series of | **New History**

新史学译丛

La Possession de Loudun

U0139890

卢丹城的中魔

［法］米歇尔·德·塞尔托 著

申华明 译

商务印书馆
The Commercial Press

Michel de CERTEAU.

LA POSSESSION DE LOUDUN

通往米歇尔·德·塞尔托
思想世界的津梁

（代译序）

王春华

1632年，法国外省的卢丹城爆发瘟疫，短短几个月内，这座只有大约14000人口的小城中就有近4000人丧生。而让卢丹城闻名于整个欧洲的则是紧接瘟疫之后的一系列中魔事件。

中魔的大都是卢丹城内圣于尔叙勒会的修女，而施魔凶手则渐渐指向本堂神父于尔班·格朗迪耶——他最终因此在1634年被送上火刑架。在这一事件的前前后后，卢丹城内人来人往，不同身份、抱有不同目的、掌握不同权力、使用不同话语的人群留下了丰富的文献记载。德·塞尔托正是利用这些文献，在复杂的社会肌体上打开了一个切口，让人一窥历史与人心的幽微处。在这里，我们可以看到世俗王权与宗教权力、中央政府与地方势力、医学与宗教之间的交锋较量，也可以遇到几个颇为复杂甚至难以捉摸的人物。

本书原是为一套名为《档案馆》的丛书所作，与我们通常看到的史学著作不同，作者不是尽量将原始文献融入全书的论述之中，恰恰相反，展现在读者面前的，是一段史料加上一段评说，如此循环往复。这种形式也许更有利于渊博的作者对不同的史料施以完全不同路数的分析，在读者方面而言，也更能让人感受到历史的繁复，我们仿佛听到历史深处传来的众多声音在相摩相荡，这也正是本书独有的迷人之处。

有论者赞赏德·塞尔托在对史料逐段评点中所展现出的才智，却也为全书没有提供卢丹城中魔事件的全局性解释而感到遗憾。窃以为，这种看法即使不是不得要领，至少也"不够知己"。德·塞尔托是有着高度理论自觉的作者。他在开篇即告诉读者，历史学作品指向的是曾经鲜活却已不复存在的现实，它位于历经种种偶然得以流传下来后被重新人为编排整理在图书馆、档案馆中的材料，与抱持既有想法的解读者二者之间，本书这种一分为二的形式与此正相适宜。更要紧的是，正如卢丹城中魔事件"抵抗"着各种"理性"的理解，其中总是有无论如何都把捉不着的"真相"，档案馆中的"原始史料"也同样呈现出矛盾和模棱不定的地方，用这些史料，我们无法真正讲述出一个"故事"，而任何讲出来的"故事"都不能消除史料的矛盾和模棱之处。位于过去与现在之间的历史，"永远不会确定下来"。在中魔事件中，社会以消灭"他者"，清除"异类"的方式重新确立了自身，而对历史进行"书写"，提供某种解释，由此消除潜藏于过往之中的种种"怪异"，使之不再令人不安，这不也是同一种机制在运作吗？

这真是个能让历史学从业者心头一惊的看法。

和许多被冠以"后现代"头衔的思想者一样，德·塞尔托也容易招致"相对主义"的指责。这里无意也无需为他进行辩护。每个严肃的思想者都是人类无尽思想旅途中的驿站，而不是终点。在某个节点分岔开来的不同思想径路也可以在相互对峙中彼此辉映，后来的旅人从其中得到启发，甚至受到感召，由此踏上自己的旅程。《卢丹城的中魔》的确没有讲述一个惯常意义上的"故事"，没有提供一种全局性的解释，但它似乎也因此更近于我们的日常经验：在对人事的体察中，我们不也正是这样无时无刻不在调整自己的视角么？我们不也是常常无法讲出（哪怕只是在心中对自己暗暗讲出）一个确凿不移的"故事"或者"道理"么？在本书序言的结尾处，作者说，"但首先要试着去理解"。我想，只要这种寻求理解的志意还在，人当不至于堕入彻底的相对和虚无。

米歇尔·德·塞尔托是重要的法国思想家，终其一生，他都在历史学、日常生活社会学、符号学和精神分析学等诸多学科游走，更独特的是，他还是一名遍游欧美的耶稣会士。早年在哲学、古典学、历史学和神学领域打下的扎实基础，蓬勃四溢的好奇心与不愿拘束于某一地、某一领域的个性造就了其不可忽视的原创性，至今影响不绝，可以说，他已经成为当代"法国思想"不可或缺的一部分。

在半个多世纪前，正是为了有机会能被派往中国，德·塞尔托加入了耶稣会（后因故未能成行，他此后终生都留在耶稣会内），但他的作品在中文世界的命运却颇让人扼腕，至今没有激起本应有的思想浪花。本书是德·塞尔托早年用功最深的著作，书中评述部分埋藏的洞见将在他之后的生命中发展出更细密，却也更为晦涩的作品。相较这些作品而言，《卢丹城的中魔》就显得更易接近，至少更为有趣。或许，这部作品可以成为我们进一步探索德·塞尔托那广博渊深的思想世界的入口和津梁。

目 录

历史从来都不是确定的

怪事常常在我们的街道之下悄然涌动。一场危机就足以让 13
它从各个角落冲出地面，仿佛被洪水裹挟着，掀起下水井盖，
涌入地下室，席卷城市。夜间的事物在白天突然出现总是会让
人大吃一惊。怪事也揭示了一种不易察觉的存在，一种从未消
减过的内部抵抗。这股隐匿的力量威胁着社会，悄悄渗透到社
会内部的张力之中，突然之间，它放大了这些张力，通过已有
的方式和路径，造成出乎意料、更加可怕的"焦虑"。它能够突
破障碍，渗透进各种社会渠道，为自己开辟新道路，待它呼啸
而过之后，留下的是另一番景象和不同的秩序。

这是新事物的爆发还是过去的重演？历史学家从来都无法
从中做出选择，因为有人会再次提到某些神话故事，为突然喷
发的怪事提供一种仿佛事先备好的说辞。这种表达社会焦虑的
语言似乎否认了当下的局限性以及未来的实际情况，如同旧疾 14
留下的疤痕就是新病会出现的地方，这些疤痕提前为时间的流
逝（或回归？）留下了印记和地点。自古以来，历史上的例外
情况就有这种特征，它们如同没有过去的开端，某种不安全感、
某种潜在的"特殊性"的神秘本质，这种特殊性存在于不断出
现的众多事件中。但这种急于把事件归结于永恒的中立性的感

觉有何价值？我们是否可以随意把恐慌与历史相分离，将恐慌视为历史表象、历史内幕或历史规律？

一场魔鬼危机

在过去，这些奇怪的运动常常以魔鬼的外表出现。在摆脱了宗教影响或非宗教的社会中，它们则有其他面孔。但巫术和中魔的大规模兴起，例如 16 世纪末、17 世纪初弥漫整个欧洲的巫术案件，标志着宗教文明内部出现了严重的裂痕，或许这也是以宗教为工具进行表达的最后的裂痕，一个新开端即将出现。它们似乎预示着一个尚未被察觉的终结，它们的末世论特征也来源于此。它们透露出一种与未来有关的不确定性，表达这种不确定性会引起恐慌，遭到镇压。它们证明了一个黑洞的存在，社会企图使用现有的宗教手段将其填平。一些群体已不再确信"明显的事实"，这些事实虽然无法被证实，但某种社会秩序和价值体系却建基于其上。为了逃脱这些无法忍受的变化，人们会去寻求什么？如何才能找到坚实的依据，取代那些被猜疑所破坏的信念、不再可信的方法，或者从今以后毫无意义的处境？魔鬼现身既是暂时的症状，也是暂时的解决方法。

"魔鬼"危机具有双重含义，它揭露了一种文化的失衡，也加速了文化转变的进程。它不仅仅是一个令人好奇的历史事件，也是一个社会与它正在失去和企图重新获得的信念之间的较量。一切的稳定都取决于不稳定的平衡，每次试图巩固平衡的干涉都会将其打乱。在一些特定的社会体系中，巫术和中魔揭示的是突然加剧的裂痕，但方式更野蛮、更惊人。这些裂痕始终与它们撕裂的文化相适应，它们在其他地方会呈现不同形式。但无论如何，历史从来都不是确定的。

卢丹城：一座剧场

如同 W. 米尔曼（W. Mühlmann）所注意到的，"某些时代充满着魔鬼"。[1]16 世纪和 17 世纪上半叶就是如此。卢丹城的中魔事件大约发生在一次漫长的传染病结束之时，在同一时期（1632—1640 年），随着笛卡尔的《方法论》（*Discours de la méthode*）的出版（1637 年），理性迈出了一大步。当时的魔鬼现身的形式越来越难以察觉。这座城市就像一座公共广场，各种倾向不断涌现，人们彼此唇枪舌剑，针锋相对。中魔成了一场大型的公共审判：科学与宗教之间的对抗，关于什么是确定的，什么是不确定的、理性、超自然现象和权威的辩论。阳春白雪的博学著作和下里巴人的民众媒体主导了这场辩论。它如同一座"剧场"，吸引了全法国，甚至整个欧洲的好奇之人，按照当时的官方诉讼笔录的记载，它就是一个"满足这些老爷们的"马戏团。

这出戏在卢丹城上演了将近十年，很快它就成了感化、卫道、朝圣、虔诚或慈善组织的中心。魔鬼论逐渐为人司空见惯，甚至有利可图，它被重新引入了一种社会语言之中，与此同时，它也在扰乱这个社会。在这段历史中，它扮演着已成传统的意大利即兴喜剧（Commedia dell'arte）的规则所确定的角色。一种演变正在发生。魔鬼最初非常残暴，后来逐渐变得文明。它引起纠纷，被人讨论，最终单调地自我重复。恐惧变成了一场演出，演出变成了一场宣道。的确，在"巫师"于尔班·格朗迪耶（Urbain Grandier）被处死后继续进行的驱魔仪式中，仍然有人在哭泣，有人在叫喊，但这并不妨碍挤满教堂的观众们吃着点心，看着戏。

　　中魔与巫术

　　为了理解这种变化和这段特定的历史，我们首先必须将其放入一个更广阔的范围之中。

　　中魔与巫术不同。虽然许多古老的论著将它们联系起来甚至混为一谈，但它们是两种不同的现象，交替出现。巫术（巫师和女巫的蔓延）首先出现。它从 16 世纪最后 25 年（1570 年，丹麦；1575—1590 年，洛林（Lorraine））持续到 17 世纪前 30 年（1625 年，阿尔萨斯（Alsace）；1632 年，乌兹堡（Würzburg）；1630 年，班贝格（Bamberg）），后来又延长至 1663 年的马萨诸塞地区，1650 年的纳尼斯河（Neisse，萨克森）或 1685 年的迈宁根（Meiningen，萨克森）。它在法国（布列塔尼、弗朗什-孔泰、洛林、阿尔萨斯、萨瓦、普瓦图、贝亚恩等地）、德国（巴伐利亚、普鲁士、萨克森）、瑞士、英国、荷兰泛滥成灾，但西班牙和意大利似乎并非如此（科莫湖山区或北部地区除外）。在被吕西安·费弗尔（Lucien Febvre）视为“革命心理重要时期”的 1590—1620 年[2]，巫术似乎把欧洲一分为二，即巫术泛滥的北欧和巫术罕见的南欧。此外还有最后一个，也是极为重要的特征，即巫术是一个主要发生在农村地区的现象。即便相关法庭在城市里举行重要审判，它们也必须在农村任命专员和法官（例如博盖（Boguet），德·朗科（de Lancre），尼古拉·雷米（Nicolas Remy）等）。

　　另一种与巫术性质相同、类型不同的现象是中魔，它曾
经与巫术并存，后来将其取代。首先出现的是零零散散的孤立的女性案例，例如妮可·奥布里（Nicole Aubry），让娜·费里（Jeanne Féry），尤其是玛尔特·布罗西埃（Marthe Brossier）

（1599 年）。在普罗旺斯地区艾克斯（Aix-en-Provence）举行的针对高弗里迪神父（Gaufridy）的审判确立了其模式，这次审判很快就被塞巴斯蒂安·米加里斯（Sébastien Michaelis）精心改编而写成《一位女性忏悔者令人赞叹的中魔和皈依的故事》（*Histoire admirable de la possession et conversion d'une pénitente...*）（巴黎，1612 年），这本书很快流传开来，并衍生出新系列。其他"中魔"情形相继出现，特别是在卢丹城（1632—1640 年）、卢维埃（Louviers，1642—1647 年）、奥克松（Auxonne，1658—1663 年）等。每起中魔事件都是模仿最早的案件进行编造，吸引受众关注，散播自己的作品。

这种现象已经不再属于农村，它属于城市。它已经没有了原始巫术的野蛮、笨拙、血腥的形式，重心被放在几位"领衔主演"身上。它揭示了个人或小群体之间的关系和心理状态。它所涉及的社会阶层更高，更同质化；相关人物处于"中等"的社会阶层，法官和被告者之间的阶级区别更小，从此以后，他们能够互相理解，彼此来往使用同一种话语。以前的二元结构（法官—巫师）变成了三元结构，这第三层关系，即女性中魔者，越来越吸引公众的注意。换言之，她们成为了受害者，不再是罪犯。至于巫师，他们常常是教士、医生或文人，有时被视为"不信教者"；他们用一种新的方式推翻了本堂神父、指导神父或医生的传统的受欢迎的形象。在这些新"巫师"身上，还有一种被视为威胁和魔法的秘密学问，但这却是一种现代知识，它创造了与社会群体之间的另一种距离。 19

"魔鬼现身"从直接针对巫师的暴力过渡到了对受害者充满怜悯的好奇；其地点不再是荒原和偏远村庄，而是修道院中；其复仇和惩罚性质被削弱，卫道和说教意味更强。"魔鬼现身"从一场针对巫师的"战争"变成了一场近似马戏团和民众布道的演出，虽然这场"演出"仍要求执行死刑。所以与巫术相比，"中魔"代表了第二个阶段，但它自身也会导致对给女性下毒者的政治审判。

因此，魔鬼现身的这两个时刻不过是一场规模更大的不间断之变化的一个阶段。一方面，"魔鬼"现象将采用更有文化的形式，用文学和民间传说进行表达，与民间占星术和"牧歌"相融合，这些诗歌中保留了许多表达对社会不满的主题。另一方面，虽然其规模在扩大，但也在发生更具政治色彩的改变。民众的抵抗会通过一系列新语言表达出来，包括暴动和四处贩卖的小册子，但仍将继续处于边缘状态。

20　天堂与地狱的婚姻

无论这些现象有着怎样的详情和细节，我们必须注意到它们是同时集中出现的。其中一次与宗教史的关系尤其密切。在许多案例之中，被魔鬼附体者或"中魔主义者"（对中魔事实确信不疑的人）与宗教社群之间存在一种仿佛被事先安排好的奇怪联系。在 17 世纪中期的法国版图上，我们常可发现中魔案例与最"虔诚"（这个词在这里具有最正面的意义）的团体出现在相同区域，例如南锡（Nancy）、埃夫勒（Évreux）等。在这疯狂的几年间，卢丹城也好似一所灵性的学校。在这一片与魔鬼有关的嘈杂局面之中，让-约瑟夫·绪兰（Jean-Joseph Surin）在卢丹城待了三年，成为 17 世纪最重要的神秘主义者之一。在这场"离奇的冒险经历"中，他既是堂吉诃德，又是荷尔德林。魔鬼剧场也成为神秘主义者的聚集地。

这并非偶然。一种文化转变似乎排斥关于神圣事物的一切表达，最令人怀疑的或最纯洁的都不例外。它们在社会中处于同样的地位，即社会的外边缘。同样，被动摇的教会机构出现了裂痕，正是从这些裂痕处显露出了某些宗教症候。这些症候如同最混乱、最极端内容的"混合体"（绪兰后来注意到了这一点），它们在当时遭到怀疑，被频繁指控共同构成了同一种社会和教义异端。

更重要的是，阿尔弗雷德·雅里（Alfred Jarry）关于卢丹城的论述很有道理："众所周知，圣灵附体和魔鬼附体是一种 21 镜像对称。"[3] 两种"附体"拥有相似的结构。它们依靠截然不同的解决模式，回答了一个有关意义的问题，但此问题的表述却是一个可怕的、限制性的取舍（上帝还是魔鬼），它把追求绝对与社会媒介隔离开来。神秘和附体现象常常形成于言语滞涩、失去精神灵动性、对神性无动于衷的社会的相同领域中。与"冥界"的关联就在立刻被魔鬼控制和瞬间感悟上帝旨意之间摇摆不定。天使的让娜（Jeanne des Anges）是被魔鬼附体的女人中最有名的一位，她自己在人生最后 25 年间也成了一个充满"神秘"幻象的人物。

历史的变形

从这个角度来看，这里存在着一种默契，用威廉·布莱克（William Blake）一部作品的名字，来表述，即"天堂与地狱的婚姻"。这是"附体"的典型特征，它与巴洛克艺术主题之一"变形"不谋而合。不稳定的人物、逆转的经验、不确定的界限都透露出精神世界的变化。贝纳多·布翁塔伦蒂（Bernardo Bu-ontalenti）曾在佛罗伦萨洞窟中雕刻了模糊的人体塑像，有的人像仿佛从土中浮现，有的却又像是被拉回土中[4]（难以确定是哪种）。卢丹城就像这座洞窟一样，位于法国外省的一角，处在彼 22

此对抗、相对的天主教和新教的信仰边界，构成了一个新旧在此交替的过渡世界。这里的形势错综复杂，既野蛮又微妙，充满了不稳定性。它就像一个通道，我们可以从中发现与社会变化密不可分的焦虑和野心。深刻的转变在这里表现得非常明显，亨利·勒费弗尔（Henri Lefebvre）所重视的"魔鬼的变形"揭露了这一点。[5]

在持续了近十年的卢丹战争的一系列情节中，我们可以发现这些变化，它们延伸到了后来对这些事件的阐释之中。从1633 年的小册子到彭德雷茨基（Penderecki）的歌剧（《卢丹的魔鬼》（*The Devils of Loudun*, 1969）），一系列文学家的作品都涉及它们，包括大仲马、阿尔弗雷德·德·维尼（Alfred de Vigny）、儒勒·米什莱（Jules Michelet）、阿道司·赫胥黎（Aldous Huxley）等等。在不同的文化领域中，过去的争论服务于新的动机。其他论战把卢丹的历史变成了当下的传说。那些新近冲突的参与者把过去的对手调动起来，让自己有了与心中魔鬼对谈的途径。在某种程度上，历史学家为社会所作的贡献就是把过去的一切词汇都交给了社会。旧时代的人物成了当下的同名主角。

与卢丹有关的文献书目就是这种不断借用过去的历史。以前的剧场卷入新的审判之中，这些审判让于尔班·格朗迪耶成了一系列化身。以前的"巫师"化身为天主教的受害者、"自由思想的先驱者"[6]、科学思想的先知或者进步真理的信使。他的"对手们"有着类似但截然相反的命运：天使的让娜再次出现时，成了受迫害的基督教殉道者；绪兰成为某种万有"磁力"或"那个重要事件"的见证者；驱魔神父或洛巴尔德蒙（Laubardemont）成为"社会"或政治"秩序"的忠实奴仆……卢丹城的历史也自有一段历史。

造访卢丹城

如今卢丹城的居民已减少了三分之二，这座城市蜷缩成一团，狭窄的街道束缚着太多的缺席者、太多的魂灵。导游会带着你，沿着事件主角在最后旅程中所经过的"站点"，从司法宫一直到圣十字教堂，仿佛这座城市的结构重新规划为一条十字架之路。多亏了导游的声音和手势，这些分散开的地点重构了一段已经被遗忘的历史：宣布死刑的大厅；第一次摔倒的地点；"一个僧侣"用木棍袭击格朗迪耶的街角；圣彼得教堂的门廊，在这门廊前，被判刑的犯人（格朗迪耶）被迫公开认错，但被好心的格里约神父（Grillau）所救；最后是圣十字集市广场，在这里，在心怀悔意的恶棍勒内·贝尔涅（René Bernier）面前，在傲慢地坐在窗前的迫害者路易·特兰坎（Louis Trincant）的注视下，格朗迪耶在驱魔神父点燃的火焰中被烧成灰烬。以散步的形式探寻过去，这仿佛披上了一层传说的外衣，这条路线也具有了某种类似入教的特征。[24]

但什么历史研究不是从传说开始的呢？历史研究为自己提供了资料或信息和阐释标准，提前确定了与某段过去相关的需查阅的内容。从这个角度来看，历史随着历史学家而变。它随着时间而变，从来都不是确定的。

一分为二的书

历史何以如此？历史书总是始于现在。它的构建依靠两种材料：一种是我们对过去的"看法"，过去的材料沿着新观念开辟的路径所传递的思想；另一种是一些材料和"档案"，机缘巧合它们被拯救下来，储存在赋予其新意义的档案库中。这两者之间的差别可以揭示出一段历史距离，正如同勒维耶（Le Ver-rier）对相距甚远的两点进行观察之后，发现了一颗当时还不为人知的星球（海王星）的存在。

这本关于卢丹的书就形成于这二者之间。它从上到下有一条裂缝，揭露出使历史成为可能的组合或联系。它由评论和档案文献两部分组成，它所参考的事实曾经鲜活而统一，如今却已不是这样。总之，它被某种缺失所打断，它的形式与其所讲述的内容相称：它讲述的是一段过去。因此，这本书的一半都在陈述另一半所缺少的内容，而非关于另一半的真相。

中魔档案

本书的一半由档案组成，原始资料数量众多并且在其它地方注明了出处。[7]与巫术时期发生的事情相反，中魔者有发言权。被告人和受害者不再仅仅来自文化水平极低、沉默无声的农村地区，那里发生的野蛮抗议如今只有在显贵或法官的报告或分析表中才能了解。[8]魔鬼以附体的方式开口说话。它能够写作，我大胆揣测它还可以发表文章，因为它的主顾属于社会上层。所以我们可以找到几百封中魔者所写的信件和文字，尤其是于尔班·格朗迪耶、天使的让娜和绪兰所写的关于卢丹的文字（数量众多，但后两者的大部分文字未出版）。我们可以从另一个角度来了解发生的事情。

此外，案件审理不再秘密进行，不再由巡回于外省治安混乱地区的流动法庭草率执行。它们变得公开化、戏剧化、没完没了，所以才会有成年累月、日复一日拟定和签署的大量诉讼笔录资料。目击证人也留下了他们的文字，这不仅包括法官、驱魔神父、当地显贵、教区教徒、地方民众，还有对一切都充满好奇心的访客、休假的上层阶级、密切追踪事态的学者、奇闻异事的收集者、对论辩尤感兴趣的辩护者、反对异议的宗教辩论家，尤其是向来喜爱此类场面的公众，以及对怪事趋之若鹜之人，我们只能从他们的书面记录中去猜测其关注动机。他们从昂热、波尔多、里昂、巴黎，甚至苏格兰、意大利、荷兰等地蜂拥而至，来到卢丹城。

档案也让我们看到一段更隐秘、更官方的历史的面貌，例如写给黎塞留或路易十三的报告，耶稣会总会长（罗马）与巴黎、波尔多和卢丹方面的来往信件，洛巴尔德蒙的信，医生的证词，神学方面的咨询建议，来自巴黎或普瓦图行政机构的通告等。

所有这些手稿（如同四处散落、需要重新整理的拼图碎片）就像隐藏在水面之下的冰山其余部分。它们能够还原深深隐藏于当时"公众被告知的"内容之背后的信息。当时的出版物数量堪称巨大，形式主要是小册子，内容有奇闻逸事，也有真实的叙述，还有一些不断再版的宣传册，为了满足昂热、里昂、巴黎、普瓦图或鲁昂等地区的读者，出版商有时甚至在同一年里，在这些不同城市中再版这些宣传册。这些"碎片"介于宗教信仰小册子和最初的报纸之间[9]，它们仍属于宗教宣传，但逐渐向社会新闻转变。虽然这些文字此后四散不见，个人或书商去世后的财产清单里也不见其踪影，但它们似乎流传甚广。无论如何，1634 年，黎塞留和约瑟夫神父用来引导和纠正公共舆论的《法兰西信使报》（*Mercure françois*）用将近四十页的篇幅记录了中魔的官方说法。[10]

因此，怪事深深根植于社会之中，它有着太多社会文化联系，无法被隔离开来。挖掘后，就意味着与其有着错综复杂之联系的整片土壤都会被随之拔起。或许它所揭露的是一种整体变化，需要再次强调，这种变化是为了摆脱或者边缘化一场正在催生新秩序的危机的初发症状。

但首先我们要试着去理解。

1. 中魔如何产生

　　1632年，卢丹城中黑死病肆虐。短短几个月内（5—9月），约14 000名居民中就有3700人死亡。[1]这是1603年黑死病的悲剧重演。疫情突发伊始，医生便逃往农村避难，每个有能力的人都这么做，例如弗朗索瓦·富尔诺（François Fourneau）、让·富盖（Jean Fouquet）、勒内·莫努里（René Maunoury）等。疫情过后，他们才回到城里，成为于尔叙勒（Ursuline）会修女事件的解释者和证人。

黑死病

　　逃往农村的行为实在有损他们的名誉，但如果我们考虑当时人们对灾难性质的看法，这倒也可以理解。阿维尼翁的一位黑死病幸存者写道：9月6日，被称为上帝的灾难的黑死病降临在这座小城的一位修鞋匠家中……上帝救救我们！阿门。[2]没有治疗方法，因此也没有医生能够战胜它。这是一种没有解
释、没有特别缘由的邪恶。它源自社会群体内部，因而能够感染整个群体。它的本质是传染病，却也具有社会特性和神圣特征。对于黑死病（当时对梅毒也有同样看法），人们无计可

施，只能等待它肆虐之后自行消失。惩罚措施需假以时日才能发挥作用。人们只能紧闭门户，蒙头掩面逃离居民区。从许多与黑死病有关的论著记载（1581 年的洛朗·茹贝尔（Laurent Joubert）、1568 年的克洛德·法布里（Claude Fabri）、1623 年的安东万·米佐（Antoine Mizault））以及号召市民在可疑的天气里提防黑死病的众多布告来看，在被感染病毒的空气所"侵扰"的城市里，人们或许只能使用芦荟、松节油、玫瑰、玫瑰饼和类似的有香味的药物来创造一种不同的环境，用这些新气味来营造一种不同的空气：

> 在手套、衬衫、手帕、头发和胡须上喷些香水也很好，或者在脖子上挂一颗香丸或几颗念珠，时常把玩、轻嗅一番……
>
> 富人经常在家中使用他们所能找到的最好的香料。
>
> 穷人储存的是月桂、迷迭香、杜松和柏树的枝叶，早晨和夜间尽可能多地在房间和厅堂中焚烧。[3]

两个世纪以来，在当地不断复发的黑死病导致死亡无数[4]，[33]也导致人们对迫在眉睫的死亡的担忧与恐惧，但这种死亡不可避免、无从抗拒，它以令人无法理解、荒诞离奇的方式"从天而降"。

1632 年的黑死病留下的痕迹在后来成为一种印记，卢丹城遭受了神学意义上的邪恶的攻击，既然邪恶要被赋予一个不同于人类天性的（异乎寻常的、与魔鬼有关的）原因，那么中魔就是一个更加明确的说辞，也是一种"解释"。

1632 年，这座城市已经在寻找驱逐黑死病的驱魔者。它首先向一位名叫普雷让·博讷罗（Prégent Bonnereau）的医生求助，但被其拒绝，最后接受求助的是纪尧姆·格雷米昂（Guillaume Grémian）[5]。人们建起了一些卫生机构（sanitat），将黑死病患者送入其中，进行隔离。实际上，每个群体都遵照相互禁闭法令，与世隔绝。医生和地主逃往乡间。修女们将自己隔离在高墙之内，修道院和卫生机构一样，大门紧闭，中断会客往来。此外，于尔叙勒会的修女之中没有出现任何黑死病病例。根据所有人的报告，圣彼得教堂的神父于尔班·格朗迪耶勇敢又慷慨，他不仅为病人做临终圣事，也对穷人解囊相助。

34   一座破碎的城市

毫无疑问，与许多其他法国和欧洲地区一样，这座城市被黑死病重创。它动摇了城市社会，推翻了精神和知识结构，神秘主义和禁欲主义为恐怖推波助澜；在上帝的沉默下，它又带来了绝望、对神明的亵渎和纵情狂欢。[6]应该向谁求助？怀疑在不断蔓延。或许，黑死病的影响与五十年前血洗卢丹城的宗教战争的后果结合在了一起。对手们为了真理而互相争斗，他们把上帝撕成了碎片。他们的对立导致第三种立场出现，它如同一种公共参照物，以政治现状的形式出现，蕴涵了未来的"解决方法"的雏形。但这也是一个潜伏期，昔日的敌人被迫接受对方，心中的忿恨不断累积，怀疑主义不断酝酿。无论个人立场是什么，是否为真理而战都难以抉择，相似的悬而未决的情况威胁着每种宗教的信念。

黑死病首先被归因为上帝的愤怒或一种社会和星象现象，但它也促使某些人与不清洁或营养不良作斗争。从 16 世纪开始，市镇里就有一些世俗教徒、行政法官和医生成立了一些民用卫生和医疗研究机构。他们的事业弥补了上帝的沉默，但社会分裂也同时产生。为了躲避传染，相关机构禁止公共集会。由于市镇处境的需求所限，宗教团结的特征开始消失，尤其礼 35 拜仪式。由此，卫生事业的积极团结与信徒的消极避世形成鲜明对比，后者躲藏在各自的壕沟里，看不到未来和信仰，除了凝聚在一起的封闭小团体以外，他们得不到任何保证。修道院里的于尔叙勒会修女就是这种情形。

幽灵

"中魔"是否接替了这场在卢丹城肆虐五个月的灾祸？有一件事值得关注，1632 年 9 月底，幽灵刚开始"出现"在修道院时，黑死病最后几个病例恰好被提到。在 21 日与 22 日之间的深夜，修道院女院长（天使的让娜）、副院长（科隆比耶修女）和修女圣莫妮卡的玛尔特（刚刚结束退省*）在黑夜的阴影里看到了几个月前去世的修道院院长、修女们的告解神父穆索（Moussaut）。23 日，一个黑球穿过修道院食堂。27 日，出现了一个只能看到背影的男人。幽灵先后出现在夜间与白昼，但最初植根于记忆的形象正渐渐消失。它逐渐转向匿名，身份难以确定，后来身形被描绘出来。10 月 7 日，纠缠不休的幽灵的面孔终于被确定，正是仍在人世的于尔班·格朗迪耶神父本人。

神职人员的队伍

36

1632 年 10 月初，修道院里的修女高声喊叫，肢体扭曲，在这混乱的氛围中，这起悲剧事件的人物逐个登场。神职人员

---

* 在基督教传统中，退省或避静指一段用来做个人深度祈祷和自我省察的时间（3—30 天）。——译者（本书中页下注均为译者注，余不一一注明）

最先来到天使的让娜的修道院中。他们如同宗教游行队伍一样匆匆前来。

　　首先是低阶教士：修道院的新指导神父、议事司铎让·米农（Jean Mignon）；安托南·德·拉夏利代（Antonin de la Charité）（卢丹的修道院长），圣米歇尔教堂的厄塞伯（Eusèbe de Saint-Michel），圣彼得教堂的艾鲁瓦（Éloi de Saint-Pierre），圣尼古拉教堂的卡里克斯特（Calixte de Saint-Nicolas），圣夏尔教堂的皮埃尔·托马（Pierre Thomas de Saint-Charles），圣约瑟教堂的菲利普（Philippe de Saint-Joseph），圣勒内教堂的欧仁（Eugène de Saint-René）（普瓦提埃的修道院长），他们都是迫不及待想要目睹这起怪事的加尔默罗会修士。巴黎神学院博士皮埃尔·巴雷（Pierre Barré）以驱魔专家的身份被召唤到这里。他和一群教区居民立刻赶来，从 10 月 12 日开始主管此事。随后来到的还有科特利埃修道院院长弗朗索瓦·格里约（François Grillau）；嘉布遣会修道院院长于里埃尔（Uriel）；另一位名叫希农的爱丽泽（Élisée de Chinon）的嘉布遣会修女；维尼埃圣母院的神父皮埃尔·朗吉埃（Pierre Rangier），维尼埃是卢丹附近的村庄，消息就是从这里传到了附近村子；圣十字教堂的议事司铎马蒂兰·卢梭（Mathurin Rousseau），这位显要人物已经认为这起事件值得奔波一次。参与最初几次驱魔仪式的教士分别为 10 名、12 名、14 名。他们的数量还在不断增加，人们或许会认为自己的教区已没有足够的教士来布道了。对这些教士而言，这是一项圣职，与好奇心无关。他们很容易被动员起来。这起随即被定性为"中魔"的事件对他们发出召唤，他们当即做出回应，但后来却引起诸多争议。

　　然而，在城市里，人们还是认为这不过是诈骗而已。[7]在女修道院院长所在的地区，一场关于神圣的战争已经揭开序幕。

中魔"突然来袭"

第一份记录介绍了这起事件被四处传播之前的情况。于尔叙勒会修女所管理的寄宿学校的学生仍在修道院中，她们也被卷入这场混乱之中，教士们在到处走动。事件的开端在教化故事和魔鬼现身之间摇摆不定。中魔就在这个既不稳定又极其短暂的时刻"突然来袭"。仅仅几天之后，形势就变得非常清晰，魔鬼被认为应该为"怪事"负责，驱魔仪式被视为权宜之计（10月1日）。因此，一名巫师遭到指认（10月5—11日）。魔鬼事件很快就多了起来，一些被附在修女身上的魔鬼有着专门的名称（阿斯塔罗特（Astaroth）、扎布伦（Zabulon）等），它们有着根据悠久传统所确定的角色的声音和面孔。很快，各方人物已经就位。三周之后，舞台就将搭好，一出大戏即将开演。

第一份记录

38

最早的一份记录所标记的日期为10月7日，它所透露的信息要多于最初做记录的小团体的初衷：

> 以神圣的、至高无上的三位一体的圣父、圣子、圣灵之名，吾等，皮埃尔·巴雷（巴黎神学院学士、希农教堂议事司铎、该教区的负责人）、让·米农（卢丹教堂议事司铎、该教区圣于尔叙勒修女会的指导神父）、圣米歇尔教堂的厄塞伯、圣夏尔教堂的皮埃尔·托马（卢丹修道院加尔默罗会修士、布道神父），

在相关修女的要求和祈祷下，聚集在她们的修道院中。她们告诉我们，从（1632 年）9 月 21 日与 22 日的凌晨开始，一直到本月（10 月）3 日，她们一直被恶灵纠缠。

其中一个幽灵在凌晨 1—4 点之间，以教士形象出现在玛尔特修女的房间，它身着长袍，手里拿着一本被白色羊皮纸包裹的书，它将书打开，向她展示了两幅图，然后讲了一些关于这本书的话，意图强迫她接受此书。她拒绝，表示自己只接受女院长给她的书，这个幽灵随即闭嘴不言，在她的床脚哭泣了一会。最后这位年轻修女变得惊恐万分，幽灵开始告诉她自己非常痛苦，不能向上帝祈祷，希望她为自己代办此事。修女认为这或许是某个处于炼狱之中的灵魂，就表示自己会告知女院长。然而，她已经无法忍受这个幽灵的存在，就呼喊了睡在旁边床上的寄宿女孩。两人起身之时，却没有看到任何东西，但是在她跪拜的一个小时内，她听到身边有一个抱怨的声音。4 点的钟声响起后，此地再无任何声音。

但是，在发愿修行的修女的住处，女院长和副院长的房间里都出现了同一个幽灵，它对其中一人说："代我向上帝祈祷"，对另一人说："继续代我向上帝祈祷"。

她们还告诉我们，9 月 24 日晚上 6—7 点，修道院食堂里出现了一个漆黑的球形幽灵，它抓住玛尔特修女和院长的肩膀，粗暴地把她们分别摔倒在地上和椅子上，与此同时，在场的另外两位修女感觉自己的腿遭到击打，留下的红色淤青有退斯通（teston，价值

19 苏的硬币）大小，一周之后才消失。

此外，她们告诉我们，9 月的其他日子里，她们夜夜都要经受慌乱、折磨和恐惧。即便什么都看不到，她们仍常常听到某些呼喊人名的声音。有些人遭到拳头殴打，有些人被扇耳光，还有些人感觉自己被迫放纵大笑。

"三根山楂刺"

最后，她们告诉我们在本月（10 月）第一日，晚上 10 点左右，女院长已经躺下，蜡烛还燃着，周围有七八个照看她的修女，主要是因为她经受了一些攻击。她什么都没看见，但却察觉到一只手在她的手里留下三根山楂刺，然后将她的手合上。第二天，这几根刺被交给了我们其中一人，以决定如何处置。两天之后，众人决定院长应当亲自将其烧掉。她在卢丹城嘉布遣会修道院院长的陪同下做了这件事。

但自从女院长和其他修女收到这几根刺之后，她们感觉身体和精神发生了一些奇怪的变化，有时她们甚至会丧失一切判断力，身体因为一些离奇的原因而剧烈抽搐。众人认为这些刺是一种使修女中魔的巫术，因此，本月第三日，看到女院长、修女耶稣的路易斯（Louise de Jésus）和修女圣约翰的克莱尔（Claire de Saint-Jean）的精神变得异常躁怒、身体变得诡异扭曲之后，我们判定这是真正的中魔，由教会对她们进行驱魔是明智之举。然而我们一直拖到本月第五日，直到我们发现这种精神和身体的异常已经发展到七八人都无法阻止的地步，而且她们领圣体之后，精神异常发生得更加频繁。

在本月第五日举行的首次驱魔仪式中，驱魔神父用拉丁语命令魔鬼说出自己的名字，但除了"上帝之敌"外，它们什么都没有说。但是在诵读连祷文时，附在女院长身上的魔鬼听到 *Sancte Joannes Baptista, ora pro eis*（施洗者圣约翰啊，为他们祈祷），喘着气高声叫喊数次："啊！施洗者约翰。"在对女院长（魔鬼）重复驱魔时，魔鬼一边攻击她，一边说了三次 *Sacerdos*（教士）。当驱魔过程中出现这些词时，它又重复了一遍。

上帝之敌

在当天下午对女院长进行的第二次驱魔过程中，被驱魔者用拉丁语告知要讲出姓名的魔鬼一边咆哮吼叫，一边用法语回答："啊，我不告诉你。"

驱魔神父继续坚持，它重复道："上帝之敌。"

在后续的驱魔过程中，它叫喊道："你催我催得太紧，至少再给我三周。这才两周而已。"

片刻之后："啊，坏人！他曾命我令整个城市堕落。"

第三次驱魔时，女院长完全失去了意识和理智。魔鬼被命令讲出名字，它两次回答："上帝之敌。"然后，驱魔者警告它不要隐瞒，它说："我已经告诉你了。"被问到它是如何进入院长身体时，它说："契约。"

在驱魔神父的继续紧逼之下，它一边不断叫喊，一边说："我全身灼痛。"接着被命令说出契约的作者

42

时，它说：

—教士（*Sacerdos*）。

—哪个教士？（*Quis sacerdos?*）

—彼得（*Petrus*）。

—等级？（*Dignitas?*）

—本堂神父。

它被下令离开女院长的身体，经过了诸多暴力、恼怒、咆哮、咬牙切齿（两个后槽牙还被磨断）之后，它终于让女院长重归平静。女院长表示自己摆脱了沉痛的精神折磨和剧烈的心跳，她认为自己已经被完全治愈。她整晚都睡得很平静，自从中魔出现以来，她已经很久没有如此彻底地休息。

第二天早上，女院长和其他接受驱魔的修女对参加圣餐礼非常抵触，当她们被要求做好准备时，魔鬼们开始变得恼怒、躁动、麻木，但在持续不断的压制之下，它们最终允许修女们忏悔。

轮到女院长领圣餐时，她开始遭受折磨，失去理智。魔鬼被迫允许她赞美和崇拜上帝，它说："他被诅咒了。"

然后又说了三遍："我否认上帝。"

它最终被迫允许院长赞美上帝。当她被要求说"上帝啊，占据我的灵魂和我的身体"时，魔鬼三次抓住她的喉咙；当她想说"我的身体"时，它让她叫喊起来，咬牙切齿，扯拽自己的舌头。最后她强迫自己服从仪式，接受了圣餐，魔鬼数次试图让她把圣餐呕吐出来。

圣餐被送到修女耶稣的路易斯面前时，她用了半

43

个多小时才能够接受，她全身剧烈颤抖，六七个人都控制不住。她无法赞美上帝，但最后张开嘴，平静地领了圣餐。

"一位教士将我放置在此"

驱魔者立刻用拉丁语对她进行驱魔，被审问的魔鬼再次恼怒起来。

"你如何被引入她的身体？"（*Quomodo inductus?*）

它说了好几次："人。"

它被继续逼问："用了什么符号？"（*Sub quo symbolo?*）

它说："有刺。"

驱魔者继续问："你被招引在何处？"（*Ubi positus?*）

"不知道。你所知的已足够多。"

然后它说："啊！圣职之人的力量极其强大。一位教士将我招引在此，一位教士无法将我驱逐。"

被使用同样的暴力进行驱魔的修女克莱尔大笑不止，两次提到它的名字是扎布伦……[8]

10月11日，大网收紧。于尔班·格朗迪耶被明确指认为巫师。这种指控非常严重，因为它集所有罪行于一身。1632年8月12日的国王信函就对此有所体现，它命令利穆赞、上马尔什、下马尔什与奥弗涅地区市长镇压这些省份已经发生和未来发生的谋杀、暗杀、反抗司法、魔法、下毒、巫术等。[9]巫术这个不明确的词汇指代和综合了所有威胁。

这就是10月11日晚上7—8点，在圣于尔叙勒女修道院中所做的记录，签字人有米农、卢丹加尔默罗会修道院院长德·拉夏利代、圣米歇尔教堂的加尔默罗会修士厄塞伯。

玫瑰

我们使用驱魔仪式来命令魔鬼说出自己的名字，在猛烈的再三逼迫之下，它三次说出自己的名字是阿斯塔罗特。当它被问到"你如何进入修道院？"（*Quomodo domo ingressus fuisset?*）时，它说："通过圣彼得教堂的一位教士所签订的契约。"（*Per pactum Pastoris ecclesiae S. Petri.*）

在我们继续祈祷之时，魔鬼发出可怕的叫声，用法语说了两次："啊！邪恶的教士！"

继续被问"哪位教士？"（*Quis sacerdos?*）时，它回答："厄尔巴尼斯塔。"

"第五次命你明确、清楚地说出这位教士是谁。"（*Et jussus quinquies ut diceret clare et distincte quisnam ille presbyter?*）

他高声长啸，嘶嘶作响，回答道："于尔班·格朗迪耶。"

被问到"这位于尔班是谁？"（*Qualis esset ille Uranus?*）时，它回答："圣彼得教堂的神父。"（*Curatus S. Petri.*）

"哪座圣彼得教堂？"（*Cujus S. Petri?*）

它说了两次："马尔塞-圣彼得教堂。"

被反复竭力询问："你是根据什么新契约被派遣至此？"（*Sub quo novo pacto remissus fuerit?*）时，它回答："花。"（*Flores.*）

"哪种花？"（*Qui flores?*）

"玫瑰花。"（*Rosarum.*）

所有这些回答都是在诸多威胁之下做出的，很容易可以看出魔鬼受到了胁迫。甚至命令它说出自己的名字时，它也极其恼火，再次吼叫起来："啊，我为何要说出来？"

那天晚上施加的最后一次压力是对它说："你为何进入一个奉献给上帝的女修道院中？"

它说："仇恨。"（*Animositas.*）[10]

显要人物

由显要人物组成的第二波人群来到女院长管辖的区域，在修道院中安顿下来。12 日，贵族和教务法官保罗·格鲁阿尔（Paul Grouard）、贵族和国王检察官路易·穆索（Louis Moussault）、外科医生勒内·莫努里。13 日，丹尼尔·罗吉耶[11]（Daniel Rogier）和加斯帕尔·茹贝尔（Gaspard Joubert）——据说他们是胡格诺派和医学博士，以及药剂师勒内·亚当（René Adam）。记录提到这三人看到中魔的让娜拒领圣体、身体扭到令人瞠目结舌的场景时啜泣起来：

> 他们明确表示这种狂怒超过了人类力量，不可能来自于任何自然疾病。[12]

但什么是自然的？问题关键就在于此。

此外还有司法官，即卢丹城的常任主管法官。纪尧姆·德·瑟里塞（Guillaume de Cerisay）是见习骑士，拉盖里涅尔（La Guérinière）的领主，他是一位"长袍司法官"，这意味着他既行使司法官（短袍或佩剑的公务人员）的行政权力，也可以像长袍法官一样判案。因此他把被 1561 年敕令区分开的两项职能揽于一身。他不仅是显要人物中最重要的一位，也是卢丹司法机构中最具权威的人。与他一同来到的还有民事长官（路易·肖维（Louis Chauvet））及其兄弟夏尔（助理），刑事长官（勒内·埃尔维（René Hervé）），国王检察官（穆索），司法助理（保罗·奥布里（Paul Aubry）），书记官皮埃尔·提波（Pierre Thibault）以及手中总是执羽毛笔的于尔班·杜邦（Urbain Dupont）。其他来到修道院的医生还有马修·方东（Mathieu Fanton）和夏尔·奥热（Charles Auger）（卢丹），樊尚·德·佛（Vincent de Fos）（夏泰勒罗（Châtell-erault）），阿尔丰斯·考斯涅（Alphonse Cosnier）（丰特弗罗（Fontevrault）），弗朗索瓦·布里昂（François Brion）（图阿尔（Thouars））等[13]。总而言之，整个外省的"上流人士"都重新聚集到了中魔为他们所准备的场所中。中魔现象围绕着被附身的修女设定了一场集体游戏，赌注是这些上流人士的价值观，魔鬼不过是现象中打明牌的一方。

贵族尚未来到这里，或许他们不想让自己受太多牵连。此外，他们住在自己的领地上，距离这里更远。但他们并不会耽搁太久，等他们来到之后，这起事件的传播范围会进一步扩大。

游戏规则

登场顺序似乎由社会等级所决定，而非距离。这似乎是根据自下而上的社会礼节所决定的，至少它反映了这座城市的地

47

理和等级组织结构。它能够将城市调动起来，但却无法使其受到动摇。在这个怪事集结之地，集体游戏的规则之精准达到了吹毛求疵的地步，或许这些规则存在的理由受到质疑，才会出现这种情况。因此，10月25日，一位名为杜格勒斯先生（Du-grès）的证人，出身上流家庭的尊贵之人，利用自己的地位和功绩，向司法官要求自己有权进入女院长的卧室，靠近其床榻。

这只是开始。谣言渐渐散播开来，马尔塞-圣彼得教堂的神父于尔班·格朗迪埃被中魔修女指认为折磨自己的巫术的始作俑者。由此，在这个17位于尔叙勒会修女平静地背诵日课经、向当地女孩授课的修道院中，这起吸引了来自整个欧洲的巫术好奇观众的事件就此开始。这一时期，中魔事件如同脓肿一般在全国各地爆发，卢丹城的中魔是最著名的一起。

9月21—22日的凌晨出现幽灵之后，事情的发生很符合许多专题著作所确定的周期。

弗朗索瓦·多姆提乌斯（François Domptius）所写的《令人叹为观止的中魔史》（*L'Histoire admirable de la possession*, Paris, Chastellain, 1613）以幕进行划分：他们事先已经说出一切，甚至提到了刺和玫瑰，以叙述的形式提供了一种模型。从第一幕开始，舞台就已经确定好：

> 12月7日和8日，白天继续进行两次同样的驱魔仪式，被审问的魔鬼回答说修女路易斯身体内有三个魔鬼，它们通过巫术进入修女身体中，第一个魔鬼名为韦里讷（Verrine），另一个名叫格雷希尔（Gresil），最后一个名叫索奈永（Sonneillon），这三个魔鬼都属于第三等级。[14]

有了各种类型的身体扭曲、主要魔鬼的名字（不同地区有不同的名称变体，还有个人虚构的名称），当他们"被迫"成为真正的拯救灵魂的"神父、药剂师和外科医生"并抛出教化宣言之后，这幅简图就完整了。但神父塞巴斯蒂安·米卡利斯先前所写的《论魂灵》(*Discours des esprits*, Paris, Chastellain, 1612) 也可以为普罗旺斯地区的这段历史做出解释和辩护。在卢丹城，叙述与理论、历史与思想的完美结合即将消失。历史变得戏剧化、心理化，事态发展变得难以控制；思想变得支离破碎、消失不见，取而代之的是其他思考。

1632 年 10 月 12 日，让·米农指出这次事件与导致高福里迪神父被处死的事件有相似之处。这种对格朗迪耶的威胁也是一种坦白。对埃克斯审判的参考不也恰恰让人们"通过各种显而易见的征兆，立刻发现了这起新中魔事件的真相"吗？[15] 但毫无疑问的是，这一原型事件首先成为了标准，然后才成为了证据。在相当长的时间里，它都被人们心照不宣地接受。在阅读记录时，我们吃惊地发现这种程序的实施如此迅速、毫无困难，这是因为它有自己的传统，居民们似乎轻而易举就承担了既定的角色。

2. 魔法阵

　　一场动员即刻发生，这座城市都处于它的控制之下。它也揭露了隐藏在城市内部的危机，人们以为这些危机已经被解决并且想要将其忘记，或许这些危机在不断恶化，即将在这起事件中找到突破口。没有任何迹象能够让人预料到深夜里在于尔叙勒会修女所居住的帕斯坎大街会突然发生这些情况。但是它们在卢丹城引起如此大的回响，却也并不令人惊讶。该事件的影响并非只来自始终存在于外省小城的闲言碎语和猎奇心理，它的根源也不仅仅是那些潜藏已久，趁着公众讨论上帝与魔鬼之机暴露出来的本地纠纷、帮派争斗、个人竞争。

　　然而，这场争论不仅是一种结果，它也创造了一种新情况。它导致了分裂。日常生活所构成的复杂网络虽然曾经有过磨损和修补，仍被撕裂成两部分。中魔再次聚集了以前的冲突，但却赋予它们不同的表现形式，使其顺序颠倒。它意味着更早之前存在着分裂，但它用一种新的语言构成了一种不同的发展过程。它揭露了以前就存在的某些事情，但更重要的是，它允许以前并不存在的某些事情的出现成为可能。卢丹城起伏不平的地貌让这场争斗具有了某种地理特征，但这场争斗也将改变这个地区的社会文化形势。某些事情发生了，但不能将其归结为旧事重演，因此它成了一起重大事件。它用自己的规则动摇了既有的分裂状态。

一条宗教边界

毫无疑问，宗教战争导致的分裂状态最为严重。60 年前，胡格诺派和天主教派曾在这些地区互相屠杀，到了 1632 年，他们所做的不过是口头争辩。这座城市最初被胡格诺派占据，后来被天主教势力所包围和征服，最后又被胡格诺派夺回，并惨遭劫掠和焚烧：

> 从 1562 年开始，（教堂的）装饰物和雕像全都被同一批胡格诺派教徒拆除、打碎和焚烧，他们一边破坏一边高喊：《福音书》万岁！废除弥撒！[1]

人承受了比石头更为可怕的折磨。十年之后，天主教徒寻求复仇，他们以相反的信经的名义，进行了同样的野蛮破坏。一系列屠杀重复着同样的进程，轮流保证着那些彼此矛盾的"真理"的胜利。这样的情形一直持续到《南特敕令》(*Édit de Nantes*, 1598) 把卢丹城确立为针对改革派的"安全之地"，并保证他们已经获得的地位。卢丹城是一座远离新教统治的西部和南部地区的前哨阵地、边界城市。当孔代亲王和胡格诺派首领与玛丽·德·美第奇（Marie de Médicis）的代表在卢丹举行会谈之后，双方试图通过《卢丹协定》(*Traité de Loudun*)（1616 年 2 月）来维护脆弱的和谐，卢丹城也成为一座具有全国意义的城市。

实际上，这种状态被逐渐开始的转变破坏了。卢丹曾召开过一次全国主教会议（1619—1620 年）和多次外省主教会议

（1610 年、1631 年等）。在这座城市里，胡格诺派始终占据多数，实力依旧强大，他们包括了大多数显贵，也拥有显贵子女就读的学校，但他们已经感觉自己被隔绝在这座前哨城市中，1628 年的拉罗谢尔（La Rochelle）围攻战所造成的威胁也让他们惴惴不安。攻下拉罗谢尔之后，路易十三于 1628 年 12 月 15 日在巴黎对胡格诺派发表宣言，重提国王的父爱及其获得和平与安宁的意愿，但毫无疑问，这份宣言也表达了消灭一切反叛的意志，决不允许力量平衡遭到反转：

> 我们已将此事提交国王议事会讨论，根据国王议事会以及我们可靠的学识、充分的能力、特殊的恩典以及国王的权威，我们亲手签署这些公文，并命令一切自称宗教改革派信徒的臣民，不管有何种特征，何种社会处境，或者以什么方式成为其中一员，但凡参与了叛乱，手持武器或占领我们的城镇与要塞，反对我们的宗教仪式并拒绝服从。都必须在敕令颁布之日起两周之内，放下武器，回归职责，向最高法院或距离自己处所最近的初等法院发表并递交正式声明。[2]

56

长久以来，天主教徒习惯了抵抗，但从此以后，他们得到了王权的保护，在地方法院中占据职位。他们被云游的传教士号召进行传教活动，从 17 世纪初开始慢慢稳定下来的宗教秩序也巩固了他们的力量。他们修复了教堂，建造了新修道院，并依靠一整套信仰体系出现在城市生活中：方济各会修士修建了圣马蒂兰教堂附近的修道院；1606 年，耶稣会士修建了圣彼得迪马舍教堂旁边的住所；改革派的加尔默罗会修士在 1604 年开始重建修道院，后来拥有了圣彼得迪马特雷教堂，1614 年在此进行了首次集会；1616年，嘉布遣会修士来到这里；1624年，加略山教会的修女来到这里；1626年，于尔叙勒会的修女来到这里。由此，情形渐渐反转，而中魔揭露并加速了这一进程。

两种政策 57

这种演变的标志之一是国王最早的贴身侍从之一、天主教徒让·德·阿曼涅克（Jean d'Armagnac）取代新教徒布瓦盖兰（Boisguérin），成为卢丹城和卢丹城堡的市长（1617年12月18日的诏书）。

但这座城市里还出现了另外一种分布格局，它超越宗教分歧，汇聚了那些反抗中央政权压力的地方权益捍卫者。让·德·阿曼涅克将要塞修缮完成之后（1626年），延续了前任胡格诺派市长的风格，但要塞是路易十三赠与他的礼物（1622年5月13日），所以他的行为摇摆不定。他的激情多于智慧，善变多于精明，最终他忙于为其他利益服务，而非本职，并陷入自己的诡计之中。起初，他不顾国王所做的关于拆毁要塞的决议（1622年），试图保留自己所居住的主塔楼。[3] 1631年11月，洛巴尔德蒙男爵受国王之托，拆毁卢丹城堡和加固城墙，米拉波要塞（1629年）和鲁瓦扬要塞（1630年）也同样被夷为平地。但路易十三写给特使的一封信函使主塔楼免于被拆除，这是国王给市长的一份人情：

> 依据我给你的命令加速完成卢丹城堡防御工事的拆除对我、对普瓦图省臣民们的安宁至关重要，我写此信的目的是告诉你，收到此信之时，必须严格执行 58
> 委任状，但该要塞的主塔楼排除在外，我希望它得以

保留，主塔楼以远的区域不需有任何破坏。[4]

这座主塔楼象征着诡计、暂时的顺从或几乎不加掩饰的背叛，它成了两种政策的关键所在。无论对抗还是隐藏，立场的选择都确定了一种新的地理格局。政治斗争不会掩盖宗教派别之间的划分，它会按照不再与信仰直接相关的标准来分配势力和选择。一些天主教徒、胡格诺派教徒或无神论者加入捍卫地方司法权限，甚至地区独立的队伍中来。另一方也是同样的情形。从这个角度来看，中魔使得让·德·阿曼涅克的支持者和黎塞留的支持者彼此对立。中央政权的行动动员了前者，损害了后者的利益，无论这两者都出于何种宗教动机，双方都参加或被卷入了一场性质不同的风险之中，他们的信仰也因此被世俗化。

政治悄悄取代了那些容易引发争议从而令人生疑的信仰准则。它使那些所谓的宗教立场变得模糊不清。天主教徒或改革派教徒以支持或反对中央集权的方式，继续捍卫各自的团体，但这或许也证明了宗教派别已经不再重要，权力已经不再具有
59 宗教特质。对于教会而言，它的真理受到挑战，决策权已经从它们手中溜走。从此以后，孰是孰非皆由政府确定。

一种语言的诞生

早在中魔开始之前，有一种现象就已经开始出现，它不允许我们只把中魔归到宗教史范围之内，或者只将其理解为政治事件。这种模糊性揭示并加速了一种演变。中魔的定义之一就是源自那个**不稳定**的时刻，一种新的语言能够带来既古老又崭新的表达方式，并以此来描绘这一时刻，让表明立场的过程"沉淀"下来（从化学角度来理解这个词）。

特朗基耶神父（Père Tranquille）是最强硬的驱魔神父，对魔鬼的存在坚信不疑，心思单纯的他阐述了必将在因思想体系受到动摇而产生的危机中获胜的权力，而且它必将取代以前的天主教等级的权力。他写道，中魔表明只有君主的力量才能驱逐魔鬼，主教的权杖不足以斩掉这条恶龙的头。[5]

中魔为一座分裂的城市的冲突带来了突破口，它使这些冲突发生了变化，让它们暴露在光天化日之下。在这个充斥着魔鬼论的封闭区域之内，焦虑、报复和仇恨都得以释放，但它们都被转移并封禁在一种语言之中，这种语言的真实面目被再次掩盖，并受到另一种表达体系的制约。重点在于，这片魔鬼出现的新区域在国家版图上凸显，无法被简化为先前的案例。 61

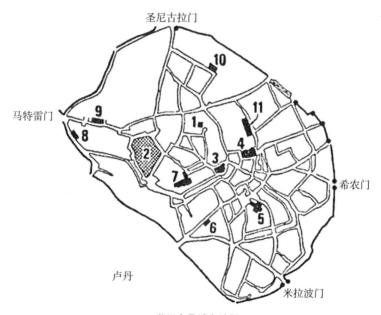

17世纪卢丹城市地图

1 方塔	2 主城堡	3（司法）宫
4 圣彼得教堂	5 圣十字教堂	6 于尔叙勒会
7 耶稣会	8 圣彼得迪马特雷教堂	9 加尔默罗会
10 嘉布遣会	11 科特利埃修道院	

一座监狱

此后发生了其他事情。这座"剧院"准备就绪之后，就有了自己的规则。它改变了自己所依赖的问题和情感。一方面，它把城市中的仇恨引向一些重大又可怕的问题，例如魔鬼、上帝、自然或超自然世界等。它迫使这些情感去审视自身所缺乏的目标或观念。另一方面，它把各种问题封闭在一个非此即彼的情境之中，人们要么支持，要么反对。两极格局下的统一而单调的法律打乱了城市内部的无数争端，提前使它们被卷入一场关于神的战争。它简化了选择，因为从一开始，它就提出了一个标准规则，把选择简化为加入撒旦或上帝的阵营。虽然这种语言形式"解放了"激情，但它首先是一个封闭的体系，或者如许多证人所说的，一座监狱。

这场争论被局限在一个舞台上，被分为两大阵营，如同耶稣会学院的寄宿者为了赞美攻占拉罗谢尔所跳的那出"芭蕾舞"《伟大的泰昂德夺取光荣战车》（ *La Conquête du Char de la Gloire par le grand Théandre* ）一样，根据克洛德·梅内斯特里耶神父（Claude Menestrier）所给出的解释，舞蹈中的一方是英雄泰昂德（路易十三），其支持者是他最重要的大臣卡斯比斯神父（Caspis），另一方是"异教"和"反叛"所代表的魔法。[6]创造丰功伟业的英雄的名字都包含神力，与其对峙的便是象征了一切邪恶的反叛者。但是在这部舞蹈剧作之前出现的是这出充满暴力的中魔大戏。

受害者还是同谋？

越来越多的参与者被卷入这场游戏之中。最初，这出戏的凝聚力极其有限（毕竟是一种参与，一种"赶潮流"），这出戏允许说出一切、听到一切、看到一切，但使用的却是一种隐藏了一切的魔鬼的语言，因而具有寓意特征。一切都是被允许的，因为这是他者的（即魔鬼的）话语，实际上，这种话语就是他者。但是这场游戏孕育了一些最初的"暗中勾结"，这是它早就预料到的。参与者们被禁锢在它的逻辑之中。

使一种体系得以运行所实施的阴谋与这种体系所产生的限制之间存在着勾结，1644年，天使的让娜在描述自己过去的状态时，对此的描述无人可及。听到她第一次解释自己早年中魔，可以察觉到她的意识敏锐而清醒，这总是让对话者出乎意料。但很久之后，也就是在她与自己的"修女们"、精神导师和虔诚的支持者 63 一起进入另一种体制，即神秘主义体系之后，她才变得如此清醒。在她所描述的时期，她并未采用这种语言。除去她自己的心理状态以外，她凭借充满暗示的洞察力（这也是其心理状态的特征之一），分析了集体中魔的另一个方面。驱魔者、好事者和公众用自己的方式，表现出他们对这出可恶至极的演出、对他们要谴责的事情的渴望，他们也想参与自己所排斥的丑闻事件。

如同我们所读到的，正是绪兰向天使的让娜做出解释，虽然她自认为是受害者，但其实却是魔鬼的同谋。这位女修道院长习惯自我反省，对化招供为辩解的伎俩非常熟悉，但她那谨慎的忏悔却可以让我们发现人们是通过何种不确定的途径进入具有强制性的魔法阵的：

魔鬼的愉悦

魔鬼常常让我的身体产生骚动，把一些异常的东西引入我的身体，让我产生一种愉悦感，以此诱骗我。

听到它说话可以给我带来极大的欢愉，我为自己表现出比他人受到魔鬼更深的折磨而欣慰，这为那些恶灵带来了巨大的力量，因为它们喜欢用看得到的诡计让我们得到愉悦，如此一来，它们慢慢地渗透进灵魂，并玩弄其于股掌之中，它们不希望人们害怕其诡计。

64　相反，它们熟知人类的思想，用这些微小的愉悦来获得默许，在被附体者的思想中肆意而为，这对人类而言是最有害的，因为它们在人类脑中留下了贪欢之欲，让他们相信这源自内心。如果人类把它们视为灵魂获得救赎的敌人，那事情就难办得多。如果人类对上帝不够忠诚，不关注自己的意识，就有可能犯下大罪，铸成大错。恶灵渗透到人的意志之中后，会让灵魂接受部分自己想要的东西，有时候它们会告知人类灵魂自己的意图，然后扰乱其想象力，使其陷入无边的混乱……

"我自己造成了自己的混乱"

我常常能够清楚地察觉到，是我自己造成了自身的混乱，魔鬼得以肆意妄为的线索也是我亲自给它们的。

当我与驱魔神父谈及此事时，他们告诉我这是魔鬼带来的感觉，为的是隐藏在我的内心之中，或者让我将自己视为邪恶化身，微微陷入绝望之中。这个答案并未让我得到满足，因为虽然当下我决定听从他们

65　所说的话，但我的意识却做出评判，让我的内心无法平静。因此，他们所有的宽慰之词都让我变得盲目。我认为事实在于，他们很难相信我如此邪恶，他们认

为这些疑虑来自于魔鬼……

　　为了让他人更好地理解我，我必须举几个例子，严重的或不起眼的事情都要提到，好让那些读到这些内容的人知道，被魔鬼所侵扰的灵魂多么需要坚定对上帝的信仰，对自己多加提防。

　　让我非常窘迫的是，拉克坦斯神父（père Lactance）被指派担任我的导师和驱魔神父的最初几天，虽然他在许多小事上的行事方式是好的，但我并不认同，因为我的内心是邪恶的。

　　一天，他让我们所有人到格栅处领取圣体。

　　当时，由于我们大部分人都因为焦虑和抽搐而烦躁不安，在领圣体时，神父要么走进我们的祭坛中，要么让人带我们去教堂。我非常生气他想采用不同的做法。我开始在心中默念，想着他最好使用和其他神父一样的方式。

　　由于我不小心纠缠于这个想法，心里忽然有个念头，魔鬼肯定会对圣体做出一些无礼言行，来羞辱这位神父。我实在太过悲惨软弱，无法全力抵挡这个想法。当我出现在领圣体现场时，魔鬼占据了我的头脑，我领到圣体饼之后，把它弄湿了一半，然后魔鬼把它扔到了神父脸上。我很清楚我这么做是不由自主的，所以让我非常羞愧的是，我确信自己把这个机会给了魔鬼，如果我没有选择与它联手，它不可能获得这种力量。[7]

66

麝香玫瑰魔咒

但是魔法的发生地到底在哪里？如果说它的范围是由"魔

力"所限定的，这丝毫不令人吃惊。它有一个非常短暂的迹象：一种弥漫或者"占据"了一片空间的气味。了解嗅觉在17世纪的重要性的人不会忽略这个决定性的征兆。气味如同蔓延在传说之地的迷雾，如同围绕圣人周身的金色光晕，它构成了一块脱离了时间的时间领地，受到嗅觉、想象力与直觉性的规律的严格制约。对于所有"疯狂的"举止和言行，都能围绕一个嗅觉核心画出一个魔法阵，这个核心就是一束麝香玫瑰。

事件的开始是由都彭神父（Du Pont）所述，这位神父为人非常诚恳，住在普瓦提埃，是方特霍修道院的修士，某位在卢丹附近有座乡宅的都彭小姐的兄长或亲戚。在每次驱魔仪式中，他都在最前排观看，充满好奇心，十分健谈。现场观察了三次驱魔之后，他给于贝尔先生写过八封信和一份"记录"。

67 　　　于尔叙勒会的见习修女阿涅斯发愿的当天（1632年10月11日），她就被魔鬼附身了，这是女院长亲口告诉我的。被施咒的是一束放在寝室台阶上的麝香玫瑰。女院长将其拾起，闻了闻，其他几位修女也这么做了，她们全都立刻被附了身，开始大喊大叫，呼唤着格朗迪耶的名字，她们深陷幻觉之中，无论其他修女还是任何其他人都无法控制住她们。她们想找到格朗迪耶，于是爬上修道院的屋顶，奔跑起来，甚至穿着宽松的长裙爬到树上，抓着树枝末端。她们停止可怕的叫喊之后，在那里忍受着霜冻和雨水，四五天不吃不喝。[8]

如同另一位证人所述，几周之后，整个城市都进入这个魔法阵中：

我希望自己有足够的口才来描述驱魔时期的修女及其教堂的状态。人们可以看到有五个女子，每个人身边都有两三个神父或修士在照料。有个女孩在高声叫喊，在尘土中打滚，表情骇人，动作极为恐怖；另一个女子举起一只手，高声说话、大笑、歌唱……除此以外，人们来来往往，一会看看这个女子，一会又去瞅瞅另一个，有的人发出叹息，另一些人语出嘲讽，到处灰尘四起，空气变得闷热，四处弥漫着大蒜的臭味，这个地区的所有人都这样。我确信这就是地狱的场景。最坚强的人面对这片喧嚣也会动容，混乱的场面让众人头昏脑涨，晕头转向。如果不是理智拯救了混乱的意识，告诉人们这里是上帝之所，你肯定会认为这是一座充斥着恐怖、惊骇和酷刑的监狱。[9]

68

笔录、私人日记和"记录"描述了形形色色的气味，既有那些麝香玫瑰、三根山楂刺或者10月20日在修道院图书馆里找到的金盏花和石竹的异香，也有那种地狱般的大蒜臭味，当地所有人身上都有这种恶心的味道。这或许是一种用更详细的分析法对各种体验进行分类的方式。但整体来看，这份词汇表有着自己的意义，它取决于视觉和嗅觉的等级体系。

气味的魔力

的确，和当时的剧院一样，中魔的场景改变了整座城市，被城墙包围的城市成了一座"被施了魔法的岛屿"，各色人等和公众都陷入同样的"幻觉"中。它创造了奥比纳克（d'Aubignac）在《戏剧实践艺术》（*Pratique du théâtre*）中详细描述过的一种体系空间。他写道："一种精巧的魔法让我们看到一片新的天空、新的大地和无数我们以为存在的奇迹。"[10] 一切的发生必须看起来不同于一出戏；一切的进行都依赖于幻觉艺术与乐于被愚弄的公众之间的默契。但是视觉不会在梦幻和现实之间游移。被施法的位置会令疑惑久久无法消除。内在时间能够抵御精巧的地点搭配。奥比纳克还写道："与此同时，我们很清楚自己被骗了。"

一些被展现出的物体将空间勾勒出来，但这些物体并不稳定，空间只能通过气味来真正地"摄人心神"（posséder）。只有此时，它才符合这个词自身与领土有关的意义，"占据"（occuper）证人和相关人士。表象总是保持着一定距离，手法和疑虑的结合越来越巧妙，也让表象变得可疑。但是如果内在嗅觉加入其中，它们就会带来另一种体验，一种质变。身体的内在空间参与到事物的延伸之中。最终，嗅觉能够提供保证，做出评判，超过视觉。

在蒙田（Montaigne）看来，气味自己涌向鼻子，附着在身体上，留在那里，粘在那里：

> 有人抱怨天地造化，怎么不让人在鼻子上长个盛香味的东西。错啦，因为气味是来去自如的。可是我的情况却特别，我满嘴的胡子就是替我盛香味的。我的手套、手帕靠上去，气味就整天留在上面。它会泄露我是从什么地方来的。年轻人拥抱亲吻，亲得津津有味，亲个没完没了，亲得黏黏糊糊，这吻先是粘在那里，几个小时之后还在那里留着……
>
> 我以为，医生们可以更多地利用气味；因为我常常注意到，不同的气味会使我的情绪发生不同的变化，

对它产生不同的影响……[11]

他提到了空气传染而发生的流行病。因此我们可以发现，某些气味是对黑死病的最佳防御。它们创造了另一片空间。相反，保罗·扎克基亚（Paul Zacchias）（其巨著《法医学问题》（*Quaestiones medico-legales*，阿维尼翁，1557 年）在 17 世纪仍被视为经典）长篇论述了嗅觉的危害：气味是引起晕眩、头疼和窒息的毒药……他写道：

> 我们有一千个仅凭嗅觉就感染的活人案例……我们每天都能见到许多人因为或好或坏的气味而陷入严重或极其严重的情况之中，还有人吸入了某些东西之后就昏迷不醒……

在他看来，气味能滋养人，也能导致腐败或者置人于死地。[12]气味的这种功效是否与圣托马斯·阿奎那（saint Thomas d'Aquin）的意见相吻合呢？阿奎那曾提出过存在（Être）浸润或充斥在人类之中的假设。这种借由气味进行传染的试验在 17世纪的医学诊断和灵性识别中再次出现。医生在走进病人家中时会闻闻空气，并常常借此发现疾病。在源自修道院的数不尽的故事中，人们可以通过所见物体散发的气味来判断它是否真实，或者通过去世的修女周围萦绕的**香气**来判断她是否为圣人。[71]嗅觉是识别的准则之一。它就像厨师的味觉，能够评判现实，并确定其性质。

气味把我们眼前的事物的表面转变成空间，让我们陷入其中。我们呼吸的空气是我们进入的世界的标志，是某种疾病、神圣恩典或魔力的标志。当我们闻到它时，意味着我们已经进入其中，更准确地说，成为其中的一部分。卢丹城中的恶性气味、深呼吸、令人诧异的气息吞吐似乎预料（或召唤）到一些视觉标志，这些标志能够进一步明确已经发生的转变，而且必须用特定的词汇才能将其表达出来。空间被嗅觉印象定性之后，才能被描述或用手势展示出来，一系列的演出才能表现或削弱最初的"魔法"。如同春天的空气在任何视觉征兆出现之前就突然而至一样，诡异的空气已经选定了卢丹城故事的地点。

3. 中魔话语

魔法的发生地虽然转瞬即逝，变换不定，但它必须发生在
地面之上。它在某个场景之中成形，在某种语言中现身，但它
最终要坐落于一座城市之中，将其作为自己的公共广场。

两位主教，两种行为

如我们所见，中魔发展得极其迅速：10 月 11 日，格朗迪
耶遭到点名揭发；12 日，司法官员介入。22 日，这位本堂神父
向普瓦提埃主教亨利·德·沙斯泰涅·德·拉罗什珀塞（Henri
de Chasteignier de La Rocheposay）求助。这位主教和蔼可亲，
性情活泼，仪态翩翩且品味不俗。他的父亲是被亨利三世派到
罗马的大使，他的母亲在丧夫后改信新教，因此这位主教似乎
有着双重身份：一方面他是一位人文主义者，斯卡利杰（Scal-
iger）的学生；另一方面，他又是一位严肃、严谨的改革派。的
确，被他选为副主教的圣西朗（Saint-Cyran）被迫捍卫神职人
员在必要时拿起武器进行防御的权利（1615 年），如同主教反
对孔代亲王时的所作所为。但是拉罗什珀塞与许多同僚不一样，
他住在当地。他在反宗教改革运动中表现活跃，1642 年之后，

他在圣体会＊（Compagnie du Saint-Sacrement）中身居要职。他不会容忍卢丹城本堂神父的错误行为。他需要公共和私人秩序，好让自己纵情享受艺术爱好者的快乐、对谈的精妙之处或者深入博学的研究。叙力（Sully）说他是一个冷静之人。这位公正之人的外表肥胖但威严，内心有着文人的自由和快乐。

11月24日，他正式同意并批准了驱魔仪式。12月，图阿尔和尚比尼教区教务会长老勒内·德·莫朗（René de Morans）和巴西勒（Basile）代表他来到卢丹。随后，王后的宫廷大神父马雷斯科（Marescot）也来到这里。12月10日，格朗迪耶向巴黎最高法院递交诉状。

12月24日，这种试探性的发展被波尔多大主教亨利·德埃斯库布罗·德·苏迪（Henri d'Escoubleau de Sourdis）的介入打断了。我们可以了解到，在某位名叫米尔斯（Mils）的医生和一位哲学家对被附体者进行检查之后，苏迪签发了一份关于要采取的措施的命令。这是一份值得思考的文本，它来自于一个思想开放、性子暴躁的人，一个带有加斯科风格的改革派。在围攻拉罗谢尔时，他负责炮兵部队，掌管粮食补给。1636年，他作为国王的首席海军枢密大臣和部队物资总指挥官，与达尔库尔伯爵（d'Harcourt）共同参加了西班牙战争。他的思想活跃躁动，不安于现状，黎塞留后来郑重警告他"思想和语言过于草率"。出于政治原因（尤其是他反对拉罗什珀塞）、个人原因（他有两个侄女是卢丹城于尔叙勒会的修女）和宗教原因（他的虔诚所包含的激情多于奉献），他不太相信

＊ 圣体会成立于天主教反宗教改革初期，肩负着重建天主教权威和反击新教异端的双重任务。圣体会作为反宗教改革精神的重要实施者，获得了来自教廷和各层教会的支持和协助，同时也在基层的实践中对自身虔信性和组织性加以完善，成为当时宗教团体效仿的典范。

卢丹城的中魔是真实的。

了解真相

他写道，被附身的修女首先要被隔离，然后由两或三位有能力的天主教医生进行检查；接下来数日之内要对其进行跟踪观察，如果他们认为有必要，可将其净化。然后，如果他们认为有必要，可使用威胁、惩戒或其他自然方式来努力了解真相。最后，他们要考虑是否能够发现任何超自然迹象，例如对只有 3 位驱魔神父彼此才了解的私密意图做出的回应，或者中魔修女能够猜到别人与她对话时远方所发生的事情，或者她绝对不可能知道的事情，或者她用多种语言说出 8 个或 10 个正确无误的句子，或者当她的手脚都被绑在地板的床垫上，被强制休息且无人靠近时，她能够升起并长时间漂浮在空中……

因此，主教对确认程序做出要求，并给出了标准。他也动用自己的图兰修道院的资产，提供转移被附身的修女、召唤医生、驱魔仪式、雇佣妇女照料病人所必须的所有款项[1]。

最后这一点涉及修女们的经济状况。她们很快就变得穷困不堪。许多于尔叙勒会修女的亲属非常愤怒，他们不再支付曾经承诺过的膳宿费。学生们分散到四处。卢丹城附近的一家生产流苏的工厂只能为她们提供报酬微薄的工作，但那些女孩子就连这份工作都已无力承担。1638 年，天使的让娜向王后描述了最初几个月里修道院的衰败，想要获得一些补助金，她讲述的语调更加悲怆：

> 我们陷入一种孤苦无依的境况之中，我们需要一切，最缺的是面包。我们不得不在小园子里捡一些剩

下的白菜头和其他不足以果腹的青菜，配一点坚果油和盐，将其煮烂，以此充饥，晚餐和午餐吃的都是这些，一点面包都没有。由于这些食品也时常缺乏，所以我们只能经常不吃午餐和晚餐。我们还有另外一个困难，即便我们有盐、坚果油和蔬菜，也没有任何人来帮我们烹煮，因为我们之中有人因为魔鬼而病倒，被感染，剩下那些身体健康的人不得不承担太多事情，她们无法空出时间来给我们做饭。可怜的姑娘们日日夜夜目睹着可怕的场景，她们已经记不起来，也没有气力去想吃饭喝水了。²

词与物

苏迪的命令下达之后，第一阶段，即准备阶段，宣告结束。到这天为止，在此前的三个月里，中魔已经铺展开来。它在表面上蔓延到了街区、城市和周围地区。但是，被勾勒出的路径和编好的故事渐渐汇聚在一起。所有可取用的素材逐渐成形，成为关于中魔的推论。一种"话语"终于出现，它首先是许许多多语词，来自其他地方或以前的各种元素的集合；但它也有奇特之处，能为来自过去的不同碎片指引方向，让它们与最初的魔法相适应，将其变成最初以气味的形式出现的、某种不可言喻的事物的语言。

因此，事情变得多样化起来，它既包括语言表达的可能性，也涉及传统的回归，但此刻，这些传统已与新现象相勾连。多样化有着经院主义的特征。人们进行分类，很快就会过分讲究，然后钻牛角尖。人们已经区分了中魔的类型、魔鬼的类别、姿态和扭曲的种类、驱魔仪式的各个时间段。证人和好事者开始形成小组，舆论开始分化，"攻击魔鬼"的战术愈加多样化。但是在所有这些伪装之下，人们谈论的始终是中魔。原始的"嗅觉"就这样被分割，再分割，变成了词语分析。词语很快就取代了气味。

10月1日，在17位修女中，有3位被宣告遭遇魔鬼附体。12月，有9位被魔鬼附体，8位被魔鬼侵扰，其他修女状态正常。80这种划分反映了在于尔叙勒会修女中所观察到的不同情况，但是它所依据的是一种经常被发现的魔鬼学论述所特有的分类形式：

> 受魔鬼侵扰（obsession）和中魔（possession）有着巨大差别。当人被魔鬼侵扰时，魔鬼只能对当事人产生影响，它采用的是一种奇特的方式，例如常常在当事人面前显形，攻击他们，骚扰他们，让他们产生强烈的情感，做出奇怪的动作，超出他们的性格或秉性或自然能力的承受范围。当人中魔时，魔鬼支配着当事人的能力和器官，既可以针对当事人，也可以借由当事人做出一些当事人不可能做，至少是在当时情境下不可能做的举动。[3]

人们很快把前者比作一座"被封锁的城市"，把后者比作一座"被围攻的城市"。对前者而言，魔鬼如同"外因"，对后者来说，魔鬼如同"内因"。

一种密码

对"附体的"魔鬼进行命名完善了这第一种分类方法。10月13日，天使的让娜说出了占据她身体的7个魔鬼的名字。而且她一开始就根据自己接连不断的肢体扭曲和面部表情，明确了每个魔鬼的主要动机和各自的"风格"（例如亵渎上帝、淫秽言行或语出嘲讽）。因此，人们以后可以根据修女的面孔表情和言论来确定是谁"登台亮相"。

—第一个魔鬼的名字？
—阿斯塔罗特。
—第二个？
—扎布伦（Zabulon）。
—第三个？
—查姆（Cham）。
—第四个？
—奈福塔伦（Nephtalon）。
—第五个？
—阿卡斯（Achas）。
—第六个？
—艾利克斯（Allix）。
—第七个？
—于利埃尔（Uriel）。[4]

这个奇怪的对话构建了一套密码。特定的名字构成了一些参照点，在不为人知的中性的恶魔空间中划定了一些区域。命名（désignation）如同破解密码，首先要透过那些凌乱的肢体动作，发现暗中驱动身体的黑暗力量，然后用言语辨别出那些魔鬼。实际上，这个过程是相反的，它具有某种科学性质。魔鬼的名字在 82 现象表面蒙上一张网。驱魔的任务是从中魔的修女所呈现出的"混合物"中，把"原本的"身体提取出来，它是符合概念模型的纯元素（élément pur）。

如今，我们可以说这种言语压制无法为真正的核实提供必要条件。既然被附体的修女是自己"进入"并遵从这个体系的，那么她们就没有抵抗的机会。编码之所以总是能"获得成功"，因为它的进行完全是重复性的，而且操作发生在封闭环境之中。对驱魔神父而言，困难并不是获取核实密码的方法，而是如何把"修女们"约束在魔鬼的话语之内。

她们会从中逃脱，这就是危险所在。有时，中魔修女"保持沉默"，驱魔神父必须打破这份"沉默契约"。有时，修女"恢复神智"但却找到另一种逃脱方法。她对驱魔神父说：

> ——啊，耶稣，您让我生不如死。
> ——我的上帝，我的心好疼。
> ——我请求您放了我吧。我已经无法承受……
> ——上帝啊，我受了怎样的苦！我已经体无完肤，
> 我想我断了一根肋骨……[5]

中魔修女经历了这令人怜悯的悲惨遭遇，重新恢复意识之后，就脱离了被魔鬼折磨的背景。她必须被带回到语言搏斗的竞技场上。不过大部分时候，人们会把目标转移到另一个修女身上。为了让言语保持一致，人们放弃了一块悄悄混入了外部因素的阵地，用一种"真正的"魔鬼语言继续进行工作。 83

中魔的诡计

与"恢复神智"一样，关于中魔前所发生的事情的回忆也始终是一种危险，由最基本定义所构成的空间结构不能受其损害。一时的清醒会导致结构产生裂缝；对过去发生的事情的记忆是会

重复出现的祸害。为关于中魔的话语做铺垫并最终允许其出现的关键在于修女不记得发生过的事情，任何个人干涉都不能破坏自动发挥作用的魔鬼论原理。因此由密码所创建的网络才会得以维持并发展，它是一份纯文本，一种没有主体的语言，一个角色被分配好、"特定的"名字被记录下来的组织形式。

但是，驱魔神父应当不断确认脱离了魔法阵的修女不会想起让自己筋疲力尽的肢体扭曲，也不能理解自己所说过的话：

> ……当她恢复神智时说："耶稣！"巴雷以永生上帝之名，命令她说出自己是否记得说过拉丁语，她说不知道那是什么，对其没有任何记忆，她不认为自己说过拉丁语或法语，但她记得自己有过否认上帝的念头，自己也没有承受任何疼痛折磨。[6]
>
> ……一切停止之后，她被询问是否察觉到所发生之事，她说没有，但是感觉筋疲力尽，非常虚弱……
>
> ……恼怒停止之后，修女对巴雷说："您命令我什么？"他说自己在和魔鬼对话，不是和她。她说："我不知道您想说什么。您说的话我完全听不懂。"[7]

所以，这和语言有关，但却是一种封闭的语言。要获得它，必须失去知觉，如同进入梦境一样。魔鬼的语言是另一种语言，人们无法通过学习来掌握它。人们可以被这些言语"附体"，但却对其一无所知。

口吐言语，而不自知

在驱魔这场战斗中，语言既是阵地，也是目标。它最初的出现伴随着对外语的重视。拉丁语是与魔鬼交流的最重要的语言。教会的语言成为一个封闭的语料库、关于奇事的文本，这一点非常重要。它已经不同于过去，不再是一个稳定秩序的标志，不再是用来包裹上帝赐福异事的外衣。它的主要作用已不再是证明那些没有学过却能说出这种语言的修女被魔鬼附了身。它首先是一个独特的空间，人们可以毫不知情地身处其中。事实上，天使的让娜从日课经或弥撒中学过足够多的拉丁语，所以才敢于笨拙而大胆地在这个陌生的领域以身试险，但这并不 85 是最重要的事实。我们更应该思考是什么体制导致她为了满足中魔所要求的诡计，时而假装知情，时而假装无知。

不合常理之处在于，虽然她不知道自己在说什么，其他人却知道，例如驱魔神父和部分公众。后者是观察者、检验者、战斗者。他们没有受到魔鬼力量的影响，并不是因为魔鬼讲的是外语，而恰恰是他们已经学过这种语言。对于"超自然"这一方面，人们无计可施。这也被设置成一条规则。

但是，从调查笔录来看，这个体制已经全面沦陷，渗透其中的要么是充满好奇的公众，要么是懂得满口教化，避免尴尬的"魔鬼"的骗术，要么是遭遇窘境的驱魔神父。自诩专家的巴雷已经晕头转向。如同司法官所说的，他迷失在语法的迷宫里。他向四面八方发号施令，但他的工作却受制于人。

魔鬼的语言

……巴雷应某些人的请求，要求用 scotica lingua 86
（苏格兰语）作答。嘉布遣会的护守神父认为这不合
适，因为他们没有人懂这种语言。有人回答说他们之
中有一人懂这种语言。但他回应说一人的证词不够。

对于这种请求，魔鬼一度不愿作出回应，但最终说道：*Nimia curiositas*（好奇心太甚）。

当驱魔神父迫使它用同样的语言回答时，（它）说：*Non volo Deus*（上帝不希望这么做）。

当巴雷用拉丁语命令它做出正确无误的回答时，修女不再烦躁不安。于是巴雷命令魔鬼再次使用女院长的语言，用scotice（苏格兰语）作答。当折磨重新开始时，（魔鬼）再次说：*Nimia curiositas*（好奇心太甚）。

巴雷始终迫使它用同样的语言回答时，（它）说：*Non voluntatem Dei*（这不是上帝的意愿）。

当它被命令做出正确无误的回答，被反复逼迫之后，（它）最后一次说：*Nimia curiositas*（好奇心太甚）。

于是巴雷表示似乎上帝不想让魔鬼用这种语言作答，继续逼迫也只是浪费时间。

与此同时，女修道院院长平静下来，当巴雷用拉丁语要求魔鬼回答问题时，她说："我不知道您在说什么。"

有人对她说有谣言声称她会说拉丁语，（她）回答道："我以面前的圣体发誓，我从未学过拉丁语。"

驱魔仪式继续进行时，有些人说如果魔鬼用外语作答，人们才会真正相信她被附体了。于是司法官大人要求巴雷命令魔鬼说神圣语言，用神圣语言作答。然后，礼拜堂栅栏旁的嘉布遣会护守神父说希腊语和拉丁语同样神圣。司法官大人说：*Hebraica.*（希伯来语）

巴雷说《圣母玛利亚》（*Maria mater gratiae*）这首颂歌和其他歌曲应当被咏唱。当修女们开始唱圣歌时，女院长受到了加倍折磨，在此过程中，巴雷借助手中的上帝之力要求魔鬼用神圣语言作答：*Quodnam esset pactum ingressus sui?*（让你进入体内的契约是什么？）

几次命令之后，（它）回答：*Achad.*

懂希伯来语的人说这是两个单词所合成的词，意思是 *effusionem vel decursus aquarum...*（水的流动或向下流淌……）

有些人要求巴雷命令魔鬼不要用一个词而是多个单词作答（*non uno verbo sed pluribus*），于是巴雷按照他们的意思来命令魔鬼，为了迫使魔鬼开口，人们开始重新演唱上述圣歌。与此同时，同样的折磨和恼怒重新开始，在此期间，巴雷用拉丁语命令魔鬼用多个单词作答，人们听到魔鬼说出了这个单词：*Eched.*

于是有些人说："她想否认上帝。"

88

驱魔神父把圣餐盒拿到她的脸旁，反复要求魔鬼用希伯来语作答，并告知它进入身体的契约。魔鬼把修女举到空中，她的双脚离开了床，但双脚、双臂、双手都和以前一样纠缠在一起。科特利埃修道院的护守神父说他的手能从修女的脚下伸过，她的双脚的位置更低，离床更近。魔鬼举起她的一只手臂，狠狠撞了一下房梁，大部分在场的人都呼喊道："我主仁慈啊！"由于魔鬼不想回答巴雷的审讯，也拒绝用希伯来语讲话，修女常常受到同样的折磨，做出一些有失体面的姿态和动作[8]……

"我忘了自己的名字"

与魔鬼的存在有关的词语不可靠，也不稳定，且引发争议，很快就消失不见。取而代之的是越来越强的表现欲。很快，它们就会被布道主题所取代。布道的魔鬼代表着魔鬼话语的终结，但这种话语却依然有用。被附身的修女们带着天使的让娜在自传中提到的那种不起眼的、滑稽的恶意，拒绝说出驱魔神父期望听到的名字：

> （魔鬼）被询问时：*Qui es tu, mendax, pater mendacii? Quod est nomen tuum?*（你是谁，骗子，谎言之王？你的名字是什么？）沉默许久之后，（魔鬼）说："我忘了自己的名字。我找不到了……"
> （魔鬼）再次被命令说出名字时，（它）说："我在清洗时丢掉了自己的名字。"[9]

89

王室司法的介入沉重打击了这种玄奥的语言，导致它再未复原。魔鬼要么是证人，要么是被告，它们将来也要和其他人一样说法语。

身体语言

但从一开始，魔鬼在自我表达时使用的就是另一种语言，一种身体语言，它在卢丹城的例证中显得更为重要。面部怪相、身体扭曲、翻白眼等都逐渐成为魔鬼的词汇。借助一些身体上的判断标准，与魔鬼有关的超自然现象被确定下来。医生们最初只是采用了这些判断标准，将其视为自然情况，以此来确诊某些疾病。

在某种意义上，它也是拉丁语或希伯来语这种通用语的"域外"（dehors）*。它属于规模更大的趋势的一部分，这种趋势将固有的理智与对新世界的探查对立，这个新世界可以说是"怪异

---

* "域外"（dehors），源自布朗肖的域外思想（pensée du dehors）。

的"，它包含着感官、颤抖和汗水、不断变化的皮肤表面形态、不合常理的身体姿态。这种描述在书本知识和生活经历中的作用如同探险家描述的未知大陆的形态。对美洲大陆的主要形态或"重要场合"的描绘与传统的宇宙学或"地理学"也形成对比。知识源自实践，它受到质疑，具有探索性，但也是经过编码的。

在卢丹城中，这种有关身体的言语有些偏执。中魔修女的任何细微生理变化都被严密监控着。驱魔神父和好事者似乎在医生到来之前就已经知道了医生的观点。描写充分发挥了作用，它使用了非常丰富的语言结构，而且不久前在最新的"关于灵性"的著作中获得了宗教地位。它将心脏、肺、胃的"运动"或者消化包含在内，构成了一份取代中世纪灵性词典的词汇表。我们可以从 16 世纪末神秘主义向医学的过渡中发现其源头。例如，《效法基督》（*Imitation de Jésus-Christ*）这本关于回归内心的灵性著作引领并指导着范·海尔蒙特（Van Helmont）从医学的角度思考人类身体的生物"中心"。[10]

从此以后，演变更加显著。在实践中，有形的身体让历史变得更加清晰。词语不再讲述或表露它们背后的真理。它们描写的是一种表面，这种表面的含义是一些现象。它们讲述的是观察这个表面的过程，这个表面包含了极为丰富的可观察的事实，它们在没有被发现之前就已经存在。这种情况下，某种类型的观点首先出现，然后衍生出方法。在观察开始之前，可观察的事情已经被确定下来。

在卢丹城的案件中，关于中魔的笔录并没有针对魔鬼这一行为主体，或者被附体的堕落修女。记录已经支离破碎到只剩下名字和角色，它删除了关于人的内容，转而使用了一系列不同的拼凑故事，例如关于脉搏、消化、嘴、舌头或腿的故事。中魔修女有意识的"我"被抹除并非偶然，它必须消失。根据魔鬼词语类型对可察觉的内容进行分类、把"超自然"领域归类为器官故事的分析方式已经事先将其排除在外。如此一来，人们可以不带任何情感地观察不同的中魔修女，将其视为非人类的科学"单位"，跟踪观察（如同其他地方针对（或者后来针对）忧郁、脚、性器官或花粉的做法）其症状发作。公众观点对修女的异化程度远超过魔鬼。她们剩下的（以及她们存在的意义）只有吞咽的变化、消化的方式、双腿间距、蜷曲或抬起的高度、脉搏的跳动、出汗的差异等等。

肉身—上帝

令人非常惊讶的是，当（驱魔神父）用拉丁语命令（魔鬼）让她（天使的让娜）双手合掌时，人们发现她被迫服从，双手合拢时颤抖不已。当圣餐被放入她口中时，它像狮子一样喷气、咆哮，拒绝圣餐。当它被命令不得有任何不尊言行时，人们可以看到它停下来，圣餐落入胃里。人们可以看到它不断抽搐着，要呕吐；被禁止这么做之后，它屈服了 [11]……

围观者毫不厌倦地看着这些身体反应。

（魔鬼）被命令说出第三个（同伴）的名字时，（中魔修女）承受了更多的折磨，撞破自己的头，伸出舌头，做出猥琐的动作，喷着粗气，吐着口水，身体飘浮到高处 [12]……

这些不雅的举止吸引着众人的目光。他们的眼睛仔细观察

92

着，他们触碰这些修女时，情况得到了证实。

> 修女的身体向下趴着，胳膊向后弯曲，被困住的
> 手和脚都有着大幅的剧烈扭曲，两只脚的脚板仿佛粘
> 在一起，被什么绳索紧紧勒住，好几个人都无法将其
> 掰开 [13]……

直到某个"魔鬼"不经意间喊出"肉身-上帝" [14] 时，这种身体语言才被发展成为宗教语言。的确，是肉身，而不是"身体"，因为后者已经不能成为真正的个体，它已经变得支离破碎。它的组成已经不能再被分为天上或地上的元素，而是分成了器官、四肢和可见的功能。对肉身的重点观察发现上帝存在 93 于肉身中。上帝已经没有了古代宇宙论赋予他的"身体"。他（魔鬼还是神？）消失在神圣性和身体现象学的中性（neutre）之中。至于中魔修女，她也没有身体。魔鬼似乎在阻止她说出这几个字：我的身体 [15]。从思想意识来看，身体属于魔鬼，但事实上，它属于公众，后者依据某种不同于个人实体的密码，将其视为形态各异的陈列品，并将其传播开来。

在笔录中，人们常常认为这种语言"有伤体面"。或许，这个形容词指代了再次出现的道德伦理，相伴而生的还有一种新的"好奇心"。但是从第二层意义上来看，它也非常准确地指出了人们通过魔鬼神话（并以此为借口）将上帝塑造成了什么，他已经不再是维持事物表面的主体，《圣经》注解通过这个表面来阐释的主体。他被重新带回到一个表面，却只能占据其中一角。他被假定为就在那里，就在眼前，无遮无掩。赤裸而不雅的肉身成为上帝的遮蔽物，因为他已经没有任何东西来遮蔽自己。

一场竞争

驱魔神父对此尚不知晓，但医生和来访者会告诉他们。驱魔神父之所以不知情，其实有自己的原因，就像那些中魔的修94 女，她们被要求说出一种语言，但这种语言却与将其说出口的主体或意识无关。他们做着自己并不了解的事情。但他们的无知却与中魔修女不同。对修女而言，意识与中魔共存，中魔的特征恰恰在驱魔过程中显现出来。对于驱魔神父而言，自己对自身语言的理解与不断增加的公众对其语言的理解之间存在着距离，因此他们的阐释与常见用法之间也存在差距。

驱魔神父认为对身体语言进行整理和分类，能够为地狱或天堂的深奥性、魔鬼的内在性、超自然的冥界提供辩解，他们这么做可以令可见现象（le visible）说出他们自己的意图。他们的阐释超出了身体语言的逻辑，将他们精神的内在性和事物内在的神秘性紧密联系起来。他们设定身体现象自身与背后存在着同样的情形。这是一种自我重复的陈述，但是他们的语言已经不再这么表达。

当公众的沉默促使他们加入一场神秘的竞争时，他们意识到了这一点，尽管是以间接的方式。他们缺乏足够的手段在公众的地盘上捍卫自己的阐释，只能依靠自己去打破平衡，万一他们所述并非真实，便可能招致天谴。他们所掌握的只有个人论据。他们迎接挑战，寻找奇迹，弥补论证的不足，即共同语言的缺失。他们挑战上天，创造出危险从而令自己被赦免这件事具有证据力度。

因此，巴雷在1632年11月25日的驱魔仪式开始之时有下列行为：

前文提到的巴雷身穿庄严的圣职服饰，手持圣体 95
盒，盒内放有象征天主身体的圣餐。他对在场所有人
说，他知道许多人散播谣言，认为他以及为他提供帮
助的修女和加尔默罗会修士皆是巫师和魔法师，他们
所做的一切不过是骗人之术。他向上帝祷告，如果这
是真的，他和所有这些修女、加尔默罗会修士，甚至
整个修道院，都将堕入地狱。他在祷告时，双膝跪地，
高举圣体盒。所有这些修女和加尔默罗会修士同声回
应：阿门。卢丹修道院院长安托南·德·拉夏利代做
出同样的祷告，他同样手持并高举圣体盒，与所有修
女和修士共同回应：阿门。[16]

他们发起的攻势虽然令人震惊，仍意味着要在天堂和地狱
这两个同样值得怀疑的两端之间做出选择。这个选择仍存在于
备受质疑的系统内部。

卢丹，开放之城

事实上，驱魔神父所创造和掌握的话语很快就被夺走了，
但他们声称自己才是这些话语的发现者。在一段时间之内，米农
和巴雷二人足以掌控一切。他们最先经历了与魔鬼的辩论，修道
院长那间僻静而私密的房间的环境使外人无从得知他们从拉丁语 96
中发现的内容。只有他们了解那种未知的语言，魔鬼不断威胁和
惹怒他们，用癫狂的身体蛊惑他们，吐着舌头嘲讽他们，但他们
从中发现了一个又一个单词。如今他们必须和其他人分享这份宝
藏，分享这些关于魔鬼所讲语句的发现。这些于尔叙勒会修女的
话语和体态中仿佛藏匿了黄金，众人皆可见，皆可染指，因而趋

之若鹜。整座城市都卷入了这起可能源自冥界但却扎根现世的事件之中。

驱魔神父们陈列了一份清晰明确的词汇表，将其描述为神秘（即隐藏的）起源的征兆，而且价值难以估计，因为其"成色"具有超自然性质（和当时的商品货币（monnaie-marchandise）*一样，单词应当直接表明它所代表的内容）。但语言是一种公共规约，它属于所有人。恶魔的词语一旦被"提取出来"，就不再属于最初的所有者，很快就成为成百上千人相互交易的内容。与最初局限于修道院长房间内的秘密流通相比，这些词语贬值了，就像一种不稳定的货币，使用者越多，市价就越不确定。

各方势力

最先占领阵地的人不得不向他人让位。最先前来夺取地盘的有一些从普瓦提埃、波尔多、巴黎等地派来的外来神职人员，但也有一些与宗教无关的势力。世俗司法机构也参与其中，例如刑事长官埃尔维，他与米农关系密切；还有司法执行官，很明显，这起针对他的朋友格朗迪耶的荒谬阴谋让他大为光火，但他却并未倾全力捍卫自己的朋友；此外还有书记官，陪审官奥布里、丹尼尔·德鲁安（Daniel Drouin）、提波、路易和夏尔·肖维（Charles Chauvet）等人。

医疗机构人士也被派遣到此地，几个与驱魔神父比较亲近、可靠的医生作为增援来到卢丹。但无论对中魔的事实持肯定还是否定的态度，医生与驱魔神父的观点并不相同。拉克鲁瓦斯特

---

* 商品货币，以有内在价值的商品为形式的货币，或者说从商品世界中分离出来专门充当一般等价物的特殊商品。

（La Cloistre）的医生加布里埃尔·库斯提耶（Gabriel Coustier）
手摸着女修道院长的头，高声表示她的大脑中没有任何跳动的
动脉。丹尼尔·罗吉耶记录了中魔者抽搐之后没有任何出汗迹
象。丰特弗罗的御医阿尔丰斯·考斯涅特别注意到发生在女士
身上的所有事故，而且他表示这发生在三天之内。[17]图阿尔的主
治医生弗朗索瓦·布里昂也观察到类似情况。

　　1632年10月18日，丹尼尔·罗吉耶和勒内·莫努里首先
签署了一份证明：

> 　　奉卢丹城及卢丹地区刑事总长官之命，在皇家执
> 达吏吉拉尔的通知下，我们身为居住在卢丹的医生和
> 外科医生，向所有相关人士作出证明。我们来到城中
> 的于尔叙勒会修道院，探望并检查了该修道院的院长
> 以及另一位名为克莱尔的修女。我们发现她们躺在床
> 上，四肢不时抽搐扭曲，不受控制，她们的面色发黄，
> 眼球上翻，还有其他可怕至极的动作，这些症状发作
> 期间，她们的脉搏停止跳动。因此我们判定她们并非
> 自愿，亦非佯装，也并未染病，因为上述激烈的症状
> 过后，她们的气力很快便会恢复……[18]

98

　　还有许多医生、御医或外科医生的看法类似，但他们的观
察更加敏锐。他们对访问修道院的记录的用词更加精妙。他们
不仅论述身体自身，还确定了一种神秘语言涉及的身体部位。
他们总结了可观察到的现象，例如神经抽搐、出汗、常规脉搏、
眼球翻动等，与这些可见现象相对的是对某些词语产生重大影
响的深层奥妙。诊断涉及的已不再是孤立语句的（超自然）起
源，而是接连被医生的眼或手"访问"、触摸、观察和浏览的部

位之间的关系。

1632年11月26日，作为评判者和观察者的罗吉耶、德·福斯、茹贝尔和方东要求更进一步的"访问"：

> 皇家执达吏和国王的仆从将我们召至修道院的庭院，命令我们告知关于（中魔修女的）上述动作的看法。
>
> 我们一致认为，仅凭一次访问，绝无可能对这些动作的原因做出准确的判断，他们必须允许我们对那些中魔修女进行特别观察，而且为了对她们有完整而确切的了解，必须允许我们作为一个团体，与上述修女、行政官员和修士共处几日几夜。为了让所有人都能对这一事件做出进一步评判，如有必要，上述修女们的食物和药物只能由我们亲手喂下。任何人都不得和她们说话，除非众人在场，抬高嗓音。任何人都不得碰触有上述动作的修女，只有我们除外，而且也必须有众人在场。[19]

这是一种双重控制。一方面，他们想要控制这些身体，至少在一段时间内将其留给自己；另一方面，他们想要控制从检查中得出的完整而确切的知识。这种控制不是某个人的目标，而是所有人的共同目标，是"一种共识"。这逐渐形成的力量是一个行业的力量，即医学界的力量。

一座公共广场

驱魔神父起初取得了成功，但却受其所累。他们所划定的

空间被那些进入其中的人所改变，发生了实质变化。此外，处 100
理事件的场合接连发生变化，从让娜的房间，到于尔叙勒会的
礼拜堂，再到堂区的教堂，逐渐转向公共场合，这也意味着驱
魔神父的控制权被逐渐剥夺。不久之后，这场争斗在城市的广
场上宣告结束。

这些地点的变化不仅仅是被提出的问题和要探寻的答案的
类型发生量变的结果。冒失之人让最早的参与者的"工作"的
精神内核出现了裂痕，导致这些人遭到驱逐，远离他们最初的
设想，放弃他们赋予设想的意义。10 月 25 日的讯问笔录中记载
了一个证人对某位谈话者所下的命令：您不应当在这里，不应
当做您正在做的事。这种命令后来常常出现。面对面的对峙不
可能被孤立看待，它表现为最初场合的转移。各种看法和解释
针锋相对，互相抵消，构成了另一场论争的不同的阵地。

卢丹城的问题可以如此表述：互不相容的理性形式相遇的
"场合"在哪里？根据不同的标准来证明某种"现实"的各种设
想之间有没有共同语言和共同参照物？"实际上发生了什么？"
和"如何将其言说出来？"这两个问题看似不同，但其实是同
一个问题，它们所指的都是一个存在的公共场合。这段历史的
谜题在于是否有可能对中魔作出论述。最初，在驱魔神父们的
封锁之下，中魔被视为是确凿无疑的，它本身提供了一种超自
然语言。但冥界的词语一旦流传开来，便与人类的词语并无不 101
同。它们不再局限于地狱中的某个场合，反而被人类所讨论，
不停地被不同的思想体系所引用，它们所指向的场合既是讨论
的对象，也是即将到来的解决方法的要素，那就是一座公共
广场。

4. 被告人于尔班·格朗迪耶

中魔话语围绕着巫师这个不存在的角色展开，并逐渐将其明确表述出来。与人们所想的不同，卢丹这座剧场并非因为这个可怕或神秘的人物才出现。它并不受这个人物的临近或现身的影响。它需要这个人物来让剧场维持运转。随着自身组织工作的展开，各项程序逐渐推进和细化，"中魔元凶"的轮廓、姓名、恶行变得愈发清晰。首先，驱魔的程序、语言的确定、对魔鬼危机的控制逐渐完善。但是，从这个系统的逻辑来看，要想这一切成为可能，必须有一个罪人。死亡能够让这种语言成为可能，允许这种语言出现（或许任何其他形式的语言也是这样）。归根结底，只有死亡能够证明这起事件的真实性，让这出戏剧成为真正的话语（discours véritable）。这个标题出现在当时许多关于卢丹城的小册子的封面上，小册子中的"结局"受到了这个标题的指引，然而，这个"结局"其实是隐藏在故事中的公设。必须有人被活活烧死，中魔话语才会是真实的。

因此，一张捕捉巫师的大网悄无声息地张开了，但过程 并非一帆风顺。我们可以发现最初，幽灵有着已故指导神父穆索的特征，后来将穆索取而代之的是令人害怕、让人渴望、被人拒绝的神父于尔班·格朗迪耶。抵抗的信仰指导者格朗迪耶取代不曾抵抗的穆索是有原因的，这是他们的修道院中那些活跃的女人的反应，她们自身也是教育者和指导者，地位也刚刚得到提升，但她们仍然受到一种神圣权力和一种被男性掌握的知识的制约。十年前（1622 年），在南锡（Nancy），修道院外的城市生活逐渐形成，一位医生被指控诱惑朗凡的伊丽莎白（Élisabeth de Ranfaing），这是另一个知识领域，但它仍将医生定义为指导者。一场"女性主义"反叛掩盖了自己的真实面目，把目标瞄准了被新知识占据的传统权力。

这位于尔班·格朗迪耶究竟是何人?

自负、虚荣、放荡?

　　米什莱后来写道："我反对那些纵火者，但也绝对不支持那个被烧死的人。出于对黎塞留的憎恨，而把死者描写成一个殉道者，这实在可笑。他是一个自负、虚荣、放荡之人，他罪不至被烧死，但应当被判终身监禁。"[1]

奥宾（Aubin）曾在卢丹城长期担任教士，也是一位当时的历史学家，他最了解这一事件，并为我们留下了一幅格朗迪耶的全身肖像画。奥宾的风格和格朗迪耶一样，总是衣着整洁，行走时必穿长袍，而且脸上扑了粉。他的言语比较克制，用风流指代放荡，用才智代替狡猾。不管怎样，语气和缓的用词准确地表达和概括了许多文献的主要内容：　107

能说会道之人

　　他身材高大，长相俊美，思想坚定而敏锐，衣着始终干净整洁，行走之时必穿长袍。他内外兼修，外表得体，为人彬彬有礼，侃侃而谈间体现出优雅。他布道的频率很高，兢兢业业地履行这项职责，大部分登上讲道台的僧侣都不及他。1623 年，在久负盛名的圣玛尔塔的塞沃尔（Scévole de Sainte-Marthe）的葬礼上，他发表了一番非常精彩的悼词，言语天赋尽显无疑。他对友人温文尔雅，对敌人横眉冷对。他嫉妒同一等级的其他人，绝不放弃自己的利益，坚决回击对自己的侮辱，因此他也得罪了许多人，其实他本可以使用其他手段来笼络这些人。他的高傲为自己四处树敌，他那不同寻常的风流秉性让他更遭人嫉恨。[2]

1634 年 9 月 7 日，在格朗迪耶被处死之后，曾在他身边生活多年的伊斯梅尔·布约（Ismaël Bouillau）在写给伽桑狄（Gassendi）的信中表达了自己对格朗迪耶的看法。布约是卢丹人，事件的现场目击者，也是一位擅长写作的博学之人，后来和杜普伊兄弟一同成为德杜图书馆馆长。

他为人道德高尚，但也有着人类难以避免的深重罪行。他博闻强识，善于布道，口才极佳，但他生性傲慢，爱慕虚荣，这导致大部分教区居民都成为他的敌人。他的美德也招致许多人的嫉妒，这些人只能依靠在民众之中诋毁神父来表显自己的德行。[3]

职业生涯

格朗迪耶出生在布埃尔镇（Bouère）（马耶纳（Mayenne））

的一栋小房子里，如今人们在小镇的一头还能看到这栋房子的遗址。[4]他的父亲皮埃尔和母亲让娜·勒内·埃斯提耶弗（Jeanne Renée Estièvre）共生育了 6 个孩子：于尔班、弗朗索瓦、让（三人均为神父，在卢丹城中魔事件期间，弗朗索瓦担任马尔塞–圣彼得教堂的副本堂神父）、勒内（普瓦提埃法院推事）和两个女儿（一个结婚，另一个女儿弗朗索瓦丝与母亲住在于尔班家中）。

在获得卢丹神父职位之前，于尔班的人生历程都是在教会中度过的。10 岁时，他前往桑特（Saintes）投奔身为议事司铎的叔父克洛德·格朗迪耶（Claude Grandier）。随后，他进入波尔多的玛德莲娜耶稣会学院。25 岁时，他被授予神品，成为神父。波尔多的耶稣会士出于利益考虑，向掌管马尔塞–圣彼得教区的普瓦提埃同僚热情推荐于尔班，1617 年，于尔班成为马尔 109 塞–圣彼得教堂的神父和卢丹圣十字教堂的议事司铎，并一直任职到 1633 年。[5]

言语的力量

他的讲话堪称奇迹。[6]在当时数量众多的文献中，有一份同时提到了他的成功和毁灭的原因。他拥有一种力量，言语的力量，他极善于吸引公众，因此他获得成功的原因一目了然。他最有名的作品是一篇葬礼祷告，它属于当时颇为流行的名人葬礼纪事题材，展现了这种体裁的主要特征。1629 年，在巴黎出版的《圣玛尔塔的塞沃尔的葬礼祷告》（*Oraison funèbre de Scévole de Sainte-Marthe*，圣玛尔塔的塞沃尔是普瓦提埃的法兰西财务主管，1623 年去世，享年 87 岁）巧妙利用生与**死**，进行了有趣的对比：

……他的死的确令人惋惜，但他的一生却让我们倍感慰藉。他在如此高龄离开人间，我们绝不应对此感到遗憾，他的年岁已经远超世俗凡人，他的声望就连那些最雄心勃勃的人也无法企及，他始终追求善的一生和他死时的情形都让我们渴望、期望和相信他的灵魂已升天国，他的肉身长眠大地，庄严之日来临之时，根据上帝和神谕的旨意，他将恢复年轻，不再衰老，他将重生，不再死去。[7]

格朗迪耶轻而易举地令教区女信徒臣服于自己的魅力，而且比她们后来所说的更容易。他出色的口才能够点燃这些女人的内心。然而，对这些卢丹的女人来说，与叮当响的金币和好地段的房产相比，这些心血来潮的幻想算得了什么？话语和迷恋难以掩盖无法改变的现实。格朗迪耶与让·德·阿曼涅克夫妇的通信虽然充满热诚，包含各种信息和关切，但却让人有这种感觉：同一种语言在他们的信件中有两种用途。格朗迪耶擅长使用言语文字，也乐在其中。公爵乐于给出自己的建议，讲述自己实施的措施，但在某种程度上，他与话语文字保持着距离，他会使用它们，但他的生活和工作重心却是当地的政治运作。[8]

针对格朗迪耶的审判持续了十年（1621—1631 年）。除了当下的动机，关于地位次序的纠纷、道德问题以外，它们也象征了一场战争，一方是外省团体，另一方是格朗迪耶这个相貌英俊的健谈之人、教会新势力、只懂得遣词造句之人，他这个外来者受到了不敢亮明身份的抵抗势力的排斥。对格朗迪耶的指控涉及他所打破的地位次序以及众所周知的桃色事件，相比之下，后者更难被原谅，这些指控悄无声息对格朗迪耶造成了威胁，但他似乎并不明白这些指控的严重程度。他自以为能够干扰某个小团体的语言，同时还不受惩罚，但这个团体在捍卫自己的仪式、等级和脸面时却变得更加凶狠，因为它对内部冲突的暴力或渗透到体制内的激情并无太多幻想。归根结底，格 朗迪耶遭受的谴责主要源自他的话语，而非行为；他招致的批判更多源于他傲慢的言论，而非他的所做所为。他在论战和诉讼中的胜利恰恰加速了他最终的失败。一部分公众舆论为他欢呼鼓掌，因为这就像一场戏。在他最终被处死的那场戏中，这部分公众舆论也鼓掌叫好。

每次他掉进由某部分公众的喜爱所编织的陷阱时，每次敌人用残忍的现实彻底打碎他引以为豪的口才魅力时，他都大惊失色，束手无策。但他仍然相信自己能够凭借如簧巧舌而脱身。1629 年 12 月，格朗迪耶因为一则道德指控而被关押到普瓦提埃主教府的塔楼中，他在写给主教拉罗什珀塞的信中使用了华丽的辞藻：

> ……如果您愿意，您的手，如同珀琉斯的舌头，能够治愈它造成的伤口。

实际上，他用一种可怜的语言表达了自己的态度转变和绝望。这是他在狱中写给普瓦提埃主教的另一封信：

> 我的敌人……希望毁灭我，如毁灭另一个约伯，共同催促着我往上帝的国度进发。因此我从他们的迫害中获得了益处，我的恨已化为爱，吁求报复的渴望已转为服务于敌人的热情，如果您能够让我回到他们身边，我将比以前更竭尽全力。如果能离开这里，我愿意回到他们身边，我在这里滞留如此之久，灵魂已

经痊愈，但身体却已无法让我的意志再继续坚持，它本就虚弱，这里糟糕的条件使它每况愈下，唯有精神保持完整，它在我遭受的折磨中变得愈加敏锐，却也让我更加痛苦。我宁愿死去，但我仍期待着从您的口中听到尚未成为全能之神的救世主所说的话（"拉撒路，出来"），好让我复活。这句话对我而言意义更加重大，因为就残酷程度而言，监狱之于我，远胜于坟墓之于拉撒路。拉撒路在墓中长眠，无需两个姐姐的陪伴，我却深陷悲惨之中，朋友们无法前来探望，也无法给我以慰藉，甚至无法看一眼囚禁我的监狱。

我感觉自己被抛弃的程度超过《福音书》中那个悲惨的地主，他虽深陷地狱火湖的永恒烈焰中，但仍有自由向拉撒路讨要一点水，清凉自己的舌头。我却无法见到自己的母亲，无法向她讨要或者给她一丝安慰。这样的残酷应当得到您的怜悯，如果不是上帝用他的恩宠让我变得坚强，并让我相信这一切都是为了让我谦逊，我可能早已死去。

113　　虽然我是清白的，那些指控都毫无缘由，但在上帝面前，我仍然罪孽深重：他想用这虚假的指控来惩罚我真正的罪恶。[9]

这种痛苦预示着未来。但格朗迪耶被释放之后，立刻重新开始炫耀自己的演讲能力和机智的文字游戏。

争吵不休的外省

1621 年，他拒绝将一座讲道台搬到教堂中，这为他招来了公众的辱骂；他还控诉刑事长官埃尔维（Hervé）。[10] 这场争执成了许多其他冲突的开端，这些冲突的原因包括地位次序被忽视，宗教仪式队伍被改变，对本堂神父的攻击等。形形色色的乡村争吵无所不包。随后有人提出了几起针对他的道德诉讼。此时针对他的指控涉及了一个更为禁忌的内容。1629 年底，这起事件被"提交至"普瓦提埃宗教裁判官处，随后被转到巴黎高等法院，总检察长比农（Bignon）根据 1630 年 8 月 31 日决议的最终裁决，援引因与受洗礼者之间的强迫性行为（incestes spirituels）和渎神而被判死刑的本堂神父博热（Beaugé）诉讼案，写道：

> 他（检察长）认同在诉讼程序中，没有滥用权力之处，因为该程序合法，宗教谈判官将被告人移交世俗法官只是依据职权，而非必须。[11]

格朗迪耶的案件从教会法庭转移到了世俗法庭。这种情形 114很常见，但仍有争议，洛巴尔德蒙的介入凸显了案件的世俗化过程。1630 年，继检察官之后，巴黎法庭决定将当事人发回给普瓦提埃的刑事长官，命其宣布此前宗教裁判官的预审结果，但不排除听取新的证词并加重宗教法庭诫谕的惩罚。[11]

格朗迪耶没有像裁决所要求的那样，成为普瓦提埃的阶下囚，他回到卢丹城，准备自己的辩护。这是一种冒失的行为还是一种挑衅的举动？他的弟弟勒内、诉讼代理人埃斯提耶夫（Estièvre）和德·阿曼涅克公爵让为了他在普瓦提埃和巴黎四处奔走。1630 年 12 月 14 日，达·阿曼涅克公爵在给格朗迪耶的信中写道：

> 在我看来，您的案件的进展只会一帆风顺。请时

不时告诉我您的消息、您要做的事情以及我应该给谁写信。如果像人们所说的那样，您周三要去巴黎并永远留在那里，我会命人挑选刑事信息并将其排除在外。您的弟弟（勒内）会告知您一切。不要忘记您的案件中需要做的任何事，请尽早去普瓦提埃，告诉有关部门您之所以没有尽早抵达，是因为我想亲自把您送到那里，这也是我写信给德·拉弗雷纳伊先生（Mr de la Fresnaye），让他告知国王检察官大人的内容。[12]

115　　尽管逮捕令已下达（1630 年 11 月 3 日），但审判一直拖延到 1631 年 5 月 24 日，最终的判决既没有给格朗迪耶判刑，也没有宽恕他，只是认为他暂时无罪。[13] 这是一个警告。

多情的神父

　　他的同乡尚皮翁（Champion）直白地说："有人指责他与年轻女子和已婚妇女交往过密，与一些出身大家族的寡妇不清不楚。"这个名声有充分的依据，它后来令修道院陷入疯狂。在卢丹城的小沙龙里，他的讲话堪称奇迹。他是卢丹城王室法庭的国王检察官、1614 年三级议会的第三等级议员路易·特兰坎家族的朋友，也是路易·特兰坎组成的文学和天主教小社团所向往的对话者。特兰坎是一位著名的历史学家，1638 年，他所著的《安茹萨沃尼勒斯家族谱系史》（*Histoire généalogique de la maison Savonnières en Anjou*）在普瓦提埃出版，出版商朱利安·托罗（Julien Thoreau）曾出版过许多关于卢丹城的短篇论著。特兰坎也是一位善于论战的学者，他在 1628 年出版的《反英国人，或对英国人企图掩盖战争造成的不公行为之借口的回复，以及对企图在卢丹城进行宗教改革的先生们的抗议》（*L'Anti-Anglois, ou responses aux prétextes dont les Anglois veulent couvrir l'injustice de leurs armes, avec une remonstrance à MM. de la Religion prétendue réformée de Loudun*）足以表明这一点，这是一部献给黎塞留的著作，出版商同上。格朗迪耶引诱了特兰坎的长女菲丽璞，并生下一个孩子，但对外宣称这个孩子是玛尔特·勒佩勒捷（Marthe Le Pelletier）所生。然而，卢丹城的百姓不会轻易受骗。

　　不久之后又出现了一则丑闻，全城为之震惊。这桩丑闻发生在国王推事、利戈伊男爵勒内·德·布鲁（René de Brou）家族中，他与当地所有的"名门望族"皆有联系，也是大法官纪尧姆·德·瑟里塞（Guillaume de Cerisay）的近亲。勒内和妻子多萝泰·热纳博（Dorothée Genebaut）（格朗迪耶经常借钱给她）去世后，三个女儿中最年轻的玛德莲娜尚未嫁人，她被托付给格朗迪耶，接受他的精神指导。她不善交际，对宗教虔诚，曾一度被修道院吸引，最后成为了告解神父格朗迪耶的情妇。

　　公众再次感受到了这位"精神导师"的魅力，这位神父失去了世俗权力和"民事管辖权"，但同时获得了另一种地位，巩固了某种心理层面的权威。随着他的权力不再能够影响宗教政治，人们对他的关注似乎转移到了私人关系领域，或者说他似乎受到了一个不再取决于他的政治组织的支配。导致旧的宗教社会四分五裂的发展进程有无数个标志，优缺点兼具的格朗迪耶不过是其中之一。在这个发展过程中，教会人士一方面承担了社会角色或者组成了向政府和公众施加影响的压力集团，另一方面参与了精神对话。对于第二个方面，言语逐渐不再是一种公共制度（institution publique），而成为一种私人关

116

系。绪兰用自己的方式证明了这一点，从 1635 年开始，他抛弃了引人注目的驱魔仪式，转而与被附身的天使的安娜进行精神交流。

117　　论独身

在格朗迪耶与玛德莲娜·德·布鲁的结合中，性关系是经过了一番认真研究和思考的，并用神学理论作辩解。除了圣玛尔塔的塞沃尔的葬礼祷告以外，格朗迪耶唯一撰写的文章就围绕这一点逐层展开。他的《论独身》(*Traicté du coelibat*) 是为玛德莲娜而写，他在这篇文章中，没有任何言语修饰，使用清晰易懂、简单明了的辨析推理，援引权威著作，试图证明教士可以结婚，让这个看起来无需掩饰的真理能够更好地被接受。这部神学论著是一种爱的语言，爱的激情体现在历史和经院哲学的论证中，他曲解了某项传统教义的内容，使其成为自己与爱人结合的理据。他把论文的叙述变成了一种怪诞的情感讽喻，一种奇怪的掩饰，他既揭露了赤裸的真理，又将其掩盖起来。在其他地方则相反（很快就出现在卢丹城的"教会人士"群体中），对迷醉、灵魂的情感、身体的"感情"的描述成了"神秘的语言"，"真正的"神学或者"新灵性"的语言。这是同一种变化的两个不同的方面。宗教语言的形态变化提前出现，随后被应用到了针锋相对的意图中去。

能言善辩的格朗迪耶所写的《论独身》的阐述方式具有明显的现代特征。以历史为依托的证据比其他证据更重要。自然法则凌驾于超自然法则之上。他的辩护词拥有清晰透彻、咄咄逼人的逻辑。他的创新之处在于问题的处理方式，而非这个在 16 和 17 世纪被多次讨论过的问题本身。

自然法则

所有类型的法则都允许祭司结婚，这一点必须指出，以消除这一领域的所有怀疑。

法则不过是一种纠正和引导人们行为的规则。它的功能是教授这项义务，促使我们去执行它。上帝本身就是一种至高无上的永恒法则，他的神谕永远正确，他以此掌管万物，指引他们走向终点。所有法则都源自这项永恒法则，例如自然法则、摩西律法（或律法书）和福音法则（即恩宠法则）。这些法则有着相同的源头和相同的目标，即让人类变得完美，因此它们彼此没有任何相悖之处，也不会彼此破坏，相反，它们会互相帮助，实现彼此的目标。所以，恩宠法则会让律法书更加完善，律法书会让自然法则更完备。故此，一种法则规定的内容不可能被另一项法则推翻……

因此，自然法则就像一个缄默的博士，一道神秘的光，神圣法则的一部分，永存的阳光照射到我们灵魂中的一道名为理性的光线，这理性让我们了解何为善，何为恶，促使我们选择其中一方，逃离另一方。这项法则不可侵犯，况且它建立在永恒的事物真理和独一无二、始终如一的理性之上。这项法则是自然，所有其他法律都源于它，受它驱动，否则它们都是极不公正的。自然法则提出了一项普遍的戒律，要求人类行善避恶，经过仔细观察之后可以发现，这一条就足以让人类幸福。因为行善避恶之人已经无需追求完美。但是，由于这项自然戒律太过宽泛，范围太大，

119

它的特性必须得到进一步阐释，这项工作需要由律法书来完成，教导人类什么是善，什么是恶……

婚姻和圣职

我认为，婚姻是自然法则明确规定的内容，况且，没有婚姻，自然法则会消亡，自然法则的主要意图，即保存物种和增加个体数量，也会遭受失败。

证明这项真理的第一个原因源自一条真正的准则：上帝和自然的一切行为皆有缘由。这就是为什么上帝和自然赋予男人和女人繁衍生息的欲望，还给了他们实现这一目标的工具、仪器或容器，因此人类可以也应当利用这些工具，因为如果这种能力不落实到具体行动上，这种欲望就没有任何用处。

为了证明这种欲望是恰当的、符合理性的，而非腐化堕落的天性的影响，我们必须注意到，在原罪出现之前的无罪时代，婚姻已经存在。《创世记》中描写的创始历史为这个理由提供了强有力的支撑。在《创世记》中，上帝在创造男人（亚当）之后，认为他太孤独，就创造了一个女人（夏娃），为他提供帮助和慰藉，并命令他们繁衍生息，让大地充满生机，男女之间的爱情和谐又独特，男人甚至可以为了亲爱的另一半而抛弃父母。

或许您会告诉我，知不知道婚姻是一件健康、神圣的事物并不重要，重要的是它是否适合于教士和祭祀。对此，我的回答是，我们最早的先祖（亚当）是教士，宗教与理性造物一样古老，人类被创造之时，就必须要承认和崇敬他的造物主，为他献祭，祭祀如同宗教不可缺少的灵魂。因此，最早的人为上帝献上了祭祀，他也因此成为祭司，虽然他已经结婚。继他之后，该隐（Caïn）、亚伯（Abel）、亚伯拉罕（Abraham）、以撒（Isaac）和雅各（Jacob）都成为了祭司，而且都有妻子。因此结论便是，在自然法则中，婚姻与圣职并非互不相容。

至于律法书，翻阅过《旧约》的人非常明白，里面从未提到过独身。相反，婚姻被视为一种伟大的荣誉，无法生育的妇女甚至会遭受诅咒。至于祭司，要知道整个以色列民族是上帝的选民，受到上帝的爱护，它被分成 12 个支派，其中只有利未（Lévi）的支派是上帝挑选的祭司，担任圣职，但这丝毫不影响身为旧法（l'ancienne loi）祭司的利未后人娶妻生子……

121

每个男人的自由

我们生活在恩宠法则的掌控下，那么接下来需要证明的是依据这项法则，教士可以被准许结婚。我要说，这是允许的，因为它没有被强迫，也没有被禁止，所以每个男人都有这项自由。必须考虑的是，根据自然法则，在世界诞生之初，为了让人类遍布世间，婚姻是必须的。根据摩西律法，婚姻不是绝对必须的，但却是有用的、值得尊敬的，它的对立面被视为耻辱。福音法则涉及世界的衰落，在该法则中，婚姻不是必须的，它也不像独身那样令人尊重，但是每个人都有根据需要结婚或者为上帝的荣耀恪守贞洁的自由。因此，只要阅读了与《新约》相符的新法则（即福音法则），我们就会发现它没有任何要求或禁止结婚或保持贞洁的内容。圣保罗主张结婚，但并没有反对独身，每个人都有根据感召做出选择的自由。婚姻受到赞颂，成为一项重要的圣事。贞洁也受到赞扬，被视为一种尊贵甚至合乎福音的美德。在这两种状态中，上帝都会得到颂扬；它们拥有各自的吸引力，值得推崇的赞美的优点，人们可以根据自己不同的爱好和倾向进行选择，并认真对待。简言之，用圣保罗的话进行总结：结婚是正确的选择，保持处子之身是更好的选择。于我而言，做出正确的选择就够了。其余的就留给可以做出更好的选择的人……

事关偏好的选择

现在我们来看看这位地位崇高的、永恒的教士在为基督教奠定基础时，是如何自我管理的。他组成的使徒团体中既有已婚男子，也有未婚处男，例如圣彼得和圣约翰，这证明了教会应当接受和承认这两种身份状态……

但是，您或许会告诉我，福音书中说道，使徒为了追随耶稣基督，放弃了一切，因此他们也抛弃了妻子，这才是真正意义上的放弃一切。这是问题的关键所在，这一章节是独身法则的基础，所以必须对其认真研究。

我们都同意使徒为了追随救世主，抛弃了一切，甚至他们的妻子，但这只是出于礼节和便利，而非出于义务。使徒的责任要求他们前往不同地区，宣讲福音，拖家带口必然造成极大不便，所以他们离开了家人，这不是出于义务，而是为了方便出行，与个人幸福相比，他们更重视为上帝服务……

我们需要注意的是，《圣经》常常要求我们放弃某些自己真爱的事物，但这应当被理解为是一种事关偏好的选择，而非绝对意义的放弃。与妻子共同生活，并不意味着要彻底抛弃父母，因为这违反了自然法则，如同我们在上文中所述，任何其他法则都不能废止自然法则；它只能表明，如果不能和所有家人共同生活，丈夫更倾向于和妻子共组家庭，而非父母。

这就是格朗迪耶的阐述风格。他追溯历史，回顾古希腊人的思想，随后研究中世纪，引用卡里昂（Carion）和布拉格的哲罗姆（Jérôme de Prague）的《编年史》（*Chroniques*）（关于他所阅读的内容：卡里昂是约翰·纳哲林（Johann Nägelin）的笔名，宗教改革家、马丁·路德的追随者梅兰希顿（Mélanchton）随后对这部著作进行了修订；布拉格的哲罗姆是捷克宗教改革家扬·胡斯（Jean Huss）的弟子）。他最后分析了纯洁誓言（le voeu du cé-libat）（他认为这个誓言只能约束宗教人士），并总结道：

炽热的渴望

124

阻止一个男人结婚与禁止他进食一样残忍，况且他对这两者有着同样的渴望。对婚姻的渴望甚至更加炽热，这种渴望更加甜蜜，让人更难以承受，进食只能维持这短暂的生命，婚姻却可以让人生儿育女，让孩子替自己活下去，逝者的肉身虽然埋葬在土中，孩子们的祈祷却能让他的灵魂上天堂。[14]

图尔的医生瑟甘（Seguin）坚信中魔是真实的，他在 1634 年 10 月 14 日写给康坦（Quentin）的一封信中提到了这篇在卢丹城人尽皆知的《论独身》。他的信很快就发表在《法兰西信使报》上：

他（格朗迪耶）在一本手写的反对教士独身的小册子中坦白了这个问题，这让人怀疑他是否已经结婚。需要注意的是，这本小册子是写给他最亲爱的情妇的，她的名字在书中和标题中皆被隐去，这本小册子最后以这首二行诗作为结束：

若你那善良的头脑意识到了这一点

你就应让自己的道德之心暂且休眠。

我必须向您坦诚，这份论著写得很好，行云流水一般，但最后的结论却有问题，暴露了他的恶毒。书里面没有任何魔法倾向的内容，如果别处没有足够的证据，我们似乎无法从中得出涉及魔法的结论。[15]

事实上，那些证据都是由民事审判程序提供的。中魔的话语谈到了巫师，司法和政治权力杀了他。

5. 卢丹城的政治：洛巴尔德蒙

舞台上，驱魔神父和中魔修女尽力扮演着自己的角色；舞
台下，其他势力和动机也参与进来。它们最初出现在卢丹城中，
只是因为中魔话语导致事实真相的扭曲。魔鬼论因此成为对政
治的隐喻，随后，政治逐渐决定了事件的走向。中魔事件与确
立新公共秩序所引发的冲突并无关系，但这些冲突却悄无声息
地参与到这起事件中来，并使用了中魔事件中的词汇和信息资
料。这些冲突渐渐成为推动事件发展的动因，它们公开了自己
在事件中的身份，将这起事件为己所用，然后撕掉它的面纱，
让它成为虔诚宗教信仰或私人好奇心的猎物。

上诉至国王

1633 年，洛巴尔德蒙男爵来到卢丹城，他是国王任命的专
员，负责卢丹城堡的拆毁事宜。他的到来让事件出现转折：中
央集权政治开始参与其中。对手已经猜测到王权的意图，做好
了准备，但各方都缺少足够的信心和根除对手的力量，所以他
们几乎都需要上诉至君权或国王权威。让卢丹城当地的事件参
与者吃惊的是，这些上诉（常常只是一些言语威胁）有着令人

心惊胆战的影响力，它们提前为中央权力的介入打开了一道缝。

因此，1632 年 12 月 12 日，主审法官瑟里塞、民事长官路易·肖维和助理夏尔·肖维在一封写给普瓦提埃主教的信中指出，于尔叙勒会修女的驱魔神父巴雷说了和做了多件藐视王室权威和司法权限的事情。[1] 这是一种模糊又常见的抗议。当这种抗议成为现实时，它就能够压倒所有上诉者，让王权采信自己的话。大反派洛巴尔德蒙终于来到了卢丹，在此之前，人们以为这不过是说说而已。

搞破坏的先生们

1633 年，这位市长来到卢丹城，他的任务是拆毁包括主塔楼在内的卢丹城堡，这与中魔事件没有任何关系。8 月，他把自己收到的委任状的副本寄给了卢丹城的梅曼·德·西利（Mesmin de Silly）：

德·洛巴尔德蒙大人：

听闻大人受领王命之后，勤勉于拆毁卢丹城堡一事。因此，本人写此信，以表赞许。城堡主塔楼仍未拆除，但本人深信大人必能彻底夷平之，不留一物。

本人亦得知卢丹城门被用作堡垒，若心怀恶意之人将其占据，城内百姓必受干扰。望大人可从城内开凿城门，消除居心叵测者之企图。本人深信大人定能不辱使命，便不再赘述，愿上帝保佑，德·洛尔巴德蒙大人。

1633 年 8 月 6 日，写于蒙特罗（Montereau）

路易·菲利波（Louis Phélypeaux）[2]

131

　　几天之后，洛巴尔德蒙收到了信中提到的委任状。它取代了 1632 年 5 月 13 日路易十三在鲁瓦扬（Royan）颁布的诏书，国王在这些诏书中将一份礼物送给了他早年的贴身侍从让·德·阿曼尼克和国王秘书之一米歇尔·卢卡（Michel Lucas），他考虑了这些人的职务、领地、卢丹城堡的壕沟和外城墙，后来他认为卢丹城堡没有用处，并决定将其拆除，只有主塔楼得以保留，以保证卢丹城及其居民的安全。[3]

　　拆除城堡得到的建筑材料有一部分被米歇尔·卢卡占据，132另一部分归了德·阿曼尼克。

新政治平衡

　　1631—1632 年，让·德·阿曼尼克施展各种各样的手段，想要保住卢丹市长的位置和成为他私人官邸的主塔楼。他为自己取得的胜利而沾沾自喜，但这些胜利只是幻觉，例如他说服格朗迪耶联手对付共同的敌人，或者暂时战胜了前来拆毁城堡的人（他称其为"搞破坏的先生们"），他还认为自己得到了洛巴尔德蒙的支持，因为不久之前，国王委派洛巴尔德蒙来到卢丹城参加德·阿曼尼克之子的洗礼仪式（1630 年）：

　　　　我非常开心看到所有这些尊贵的大人都来到这里，
　　　　男爵大人（德·洛巴尔德蒙）也兴高采烈。我的妻子
　　　　看到所有这些来探望她的人，必定热泪盈眶。

　　德·阿曼尼克为国王效力，不停地在各地奔波，远离巴黎和卢丹，成为自己阴谋的受害者，他没有估量到政治势力变化的严重性，也没察觉到反对他的利益各方的影响力。御前首

相秘书卢卡大人对国王路易十三的影响力很大，身在卢丹城的

友人及时向他通风报信，所以如今他已成为此前的政治伙伴德·阿曼尼克的敌人。

邻居黎塞留

更值得注意的是，黎塞留的家族领地（距离卢丹城不到 20 公里）的面积刚刚扩大，升格为公爵领地（1631 年 8 月），他自然想要巩固自己的势力范围。此时的黎塞留已经到达个人政治生涯的巅峰，正如马修·德·莫尔格（Mathieu de Morgues）所写，黎塞留已经成为红衣主教、御前首相、海军司令、陆军统帅、掌玺大臣、司法大臣、财务总管、炮兵统领、国务秘书、公爵、三十个地方的市长、多座修道院的院长、统领两百名重骑兵和两百名轻骑兵的上尉，德·莫尔格最后不得不用"等等"省略其他头衔。[4]

1631 年 9 月 25 日，德·阿曼尼克在给于尔班·格朗迪耶的信中写道：我在那座城市（巴黎）见到了一些朋友，他们相信德·洛巴尔德蒙已经身在卢丹，他们还告诉我，我无论如何都会心满意足。

确定吗？未必如此，因为他又接着写道：然而，据说一切都会被拆除，甚至连城墙也不例外，目的一方面是为了消灭这座城市，御前会议的一位推事将接管该城市的司法权，另一方面是为了建立黎塞留公爵领地。[5]

与德·阿曼尼克不同的是，洛巴尔德蒙是一个现实主义者，他没有表现出任何急躁。他耐心地观察着国王和红衣主教的意

愿所向。他与红衣主教的首席秘书、里诺士修道院院长米歇尔·勒马乐（Michel Le Masle）保持联系，我们在下文中也可以发现，他与这位秘书的关系最亲密。他也知道黎塞留在日理万机的同时，依旧坚定不移地确立王室规范，继续推进中央集权大业，并关注着在拉罗谢尔之围（1628 年）后一切可以被新教徒当作避难所的地方。

洛巴尔德蒙

洛巴尔德蒙效忠于中央权力，对政府忠心耿耿（黎塞留后来如是说），他在一个充满危机的时期为红衣主教执行了不少明确而紧急的任务。他以特使（与法国大革命时期的特使相同）的身份来到卢丹，目的是为了执行一项命令。他应当高效灵活地执行一项政策，但他也有自己的打算。他同样衡量了支持自己的力量以及他所参与的冲突的激烈程度。就在此时，格朗迪耶收到了一封信，似乎是卢丹市长给他写的最后一封信（9 月 7 日）。德·阿曼尼克开始担心了，但为时已晚。他已经无法回到卢丹，便请求格朗迪耶关注城中发生的一举一动。德·阿曼尼克提到了刑事长官埃尔维及其岳父梅曼·德·西利这两位红衣主教派之前的选择，后者是洛巴尔德蒙在卢丹的可靠线人，但他并非传说中的双面间谍。[6]德·阿曼尼克继续 135 写道：

> 我非常生气，毫无疑问，这个五大三粗的刑事长官和他的岳父招致了卢丹的毁灭。[7]

洛巴尔德蒙在卢丹城仅仅停留了两个月，他所听闻的只有魔法和魔鬼论，他也观看了一场驱魔仪式，得到了一些信息。他对此之所以感兴趣，一方面是因为他妻子家族中有两个姐妹在于尔叙勒修会中，另一方面是他在 1625—1629 年，在贝阿恩（Béarn）预审过一些关于巫术的诉讼，当时他是波尔多高等法院的在俗推事（conseiller lai）。然而，令群情沸腾的卢丹居民吃惊的是，他不向外人表露自己的想法：

> 遇到奇特的场面时，他从不让人发现自己的任何情感。回到家中后，他被这些年轻女子的可怜惨状深深触动了。为了掩盖自己的感受，他在餐桌上接待了格朗迪耶的友人，以及一同前来的格朗迪耶。[8]

在同一个月里，路易·德·波旁亲王（Prince Louis de Bourbon）这位著名的旁观者特意再次经过卢丹城，自从 1616 年天主教徒和胡格诺派之间举行会议之后，他就再没有来过此地，这次他却略微高调了一些。这位亲王不急于表现出他极端的宗教虔诚；目睹了在为他组织的驱魔仪式中被魔鬼附身的修女的种种举止之后，他激动万分，几近狂喜，他向驱魔神父表示自己心满意足。

136

"补鞋女"事件

在这座城市中，正在发生的事情导致历史被翻出故纸堆，一件往事也浮出水面。凯瑟琳·阿蒙（Catherine Hammon）是一个外号"补鞋女"（la cordonnière）的卢丹女子，她不仅面容姣好、聪明机智，也受到命运垂青，得到王太后玛丽·德·美第奇（Marie de Médicis）的宠信，成为其近身侍女。她以女主人的名义暗中参与卢丹事件。无论对错，她都被卷入一份激烈抨击黎塞留的册子的出版之中，即《王太后的补鞋女致德·巴拉达斯先生的信》（*Lettre de la cordonnière de la reine-mère à M. de Baradas*, 1627）。这封檄文名义上是写给侍卫弗朗索瓦·德·巴拉达（François de Baradat）的，他曾是国王寝宫第一近身侍卫，1626 年失宠后被逐出宫廷。红衣主教的得力秘书夏庞蒂埃（Charpentier）着重突出了这封信中的亵渎君主之罪：

> 可以说这个世纪里不受约束的自由已经导致多起类似罪行，但没有任何一起能够如此血腥、如此危险……这是针对国之重臣的恶意诽谤……而且，更可怕的是，它攻击和冒犯了国王本人，指责国王轻率随意、变化无常，它甚至枉顾国王世人皆知的美德，批判他道德堕落，令人生厌。[9]

这封信的作者是谁无从考证，但信件的内容却将怀疑指向了卢丹。人们相信"补鞋女"曾给巴拉达写过信： 137

> 我希望您愿意来到我们卢丹，您会了解更多卢丹人。只要机会允许，我将列一份这些人的名录，寄送给您。

最终只有一个名叫雅克·隆丹（Jacques Rondin）的印刷商被逮捕，他是一位出生在巴约城（Bayeux）的拉奥格蒂埃爵士（sieur de la Hoguetière）。隆丹被捕之后，随即被移交至沙特莱大法院（le grand-cour du Châtelet），他本人对罪行予以否认，但仍被判绞刑，最终被发配到罗什福尔（Rochefort）做苦役。

格朗迪耶：诽谤文章的作者？

然而，就在同一年，第二份标题相同的诽谤册子出版了，内容没有那么粗俗，但更加尖刻，而且对国王倍加恭维，认为他应当远离周围那些佞臣。格朗迪耶从 1617 年开始就与凯瑟琳·阿蒙联系甚密（他刚刚来到卢丹，凯瑟琳·阿蒙在同年回访此地），他是不是这第二封"补鞋女"信件的作者呢？谣言都这么认为。不管怎样，当凯瑟琳的妹妹、并非修女的中魔女子之一苏珊娜·阿蒙（Suzanne Hammon）指控格朗迪耶为巫师时，他和这起危险的事件联系在了一起。根据梅纳热（Ménage）所述，黎塞留的心腹"灰衣主教"（Éminence grise）约瑟夫神父在卢丹城安置的嘉布遣会修士很可能将此事告知了他们的庇护者（约瑟夫神父），不过约瑟夫神父在德奥弗拉斯特·勒诺多（Théophraste Renaudot）的城市（即卢丹城）中也有许多其他线人：

> 卢丹的嘉布遣会修士为了向敌人（格朗迪耶）复仇，给身在巴黎的同僚约瑟夫神父写信并告诉他，格朗迪耶是一份名为《卢丹城的补鞋女》（*La Cordonnière de Loudun*）的诽谤册子的作者，这份册子充满侮辱性的言词，直指红衣主教黎塞留本人及其出身。[10]

许多历史学家都认同嘉布遣会修士的看法，但这是不是修士们自己的看法还值得思考。在这一切之中，哪里是传说的结束，哪里是历史的开始？这份证词来自同时代的一位充满好奇

138

心的观察者，它证明了针对嘉布遣会修士的蜚语，也揭露了某位蹩脚文人散播的反对政权的谣言以及对格朗迪耶造成威胁的流言。谣言的数量越来越多。所有这些带有指控特征的事情令卢丹迷雾重重。到底什么是真？什么是假？卢丹人无法做出确信无疑的判断，越来越焦虑，他们终将做出让步，寻求一种本能的安全感。既然无法发现真相所在，他们将确定一个真相出来，但每个人心中的真相并不相同。

1632 年 11 月 30 日的任命状

10 月末，主塔楼被拆除后，洛巴尔德蒙返回巴黎，途中在希农（Chinon）会见了驱魔神父巴雷，并从巴雷口中了解到最新消息。洛巴尔德蒙在吕埃尔（Rueil）拜见了黎塞留和约瑟夫 139 神父。米歇尔·卢卡得知了这些情况。国王议会在吕埃召开，参会者除了国王和红衣主教之外，还有掌玺大臣塞吉耶（Séguier）、财政总监布蒂耶·德·沙维尼（Bouthiller de Chavigny）、国务秘书菲利波。这次议会确定了一些程序，11 月 30 日，塞吉耶草拟并签署了一些任命状：

> 国务会议和御前会议顾问大臣德·洛巴尔德蒙大人将启程前往卢丹，如有需要，其他地区亦将列入行程之中，在此期间，他将：
>
> 尽职调查迄今为止格朗迪耶被指控的一切事宜，以及此后出现的新情况，乃至被格朗迪耶的巫术所召唤的魔鬼所附身和折磨的卢丹于尔叙勒会修会和其他人员的相关事宜；
>
> 了解驱魔仪式和上述中魔现象最早出现之后的一

切情况；

命令相关特使提交调查记录和其他文件；

现场出席以后举行的驱魔仪式，记录一切；否则需要提交证据，证明上述事宜的合理性；

对于整个事件，无论有何种反对、上诉和否认，都要裁定、调查、执导和完成格朗迪耶以及所有相关涉案人员的审判，直到最终审判，但最终审判除外；鉴于这些罪行的性质，不予考虑上述格朗迪耶可能提出的延期要求。

国王陛下要求外省所有市长、刑事长官、司法执行官、司法总管、司法副总管、市长和助理长官以及所有其他官员和臣民为上述事宜提供一切支持和援助，如果有需要时，提供相关司法协助和监狱。

洛巴尔德蒙拥有了覆盖卢丹和一切必要地区的完整权限，他能够审查与中魔相关的任何事件，开启针对格朗迪耶的预审。他可以凭借这项权限，忽略各种反对、上诉或延期要求（虽然在原则上，这些手段都是允许的，可使用的），但却不能对格朗迪耶有罪与否进行表态，也不能自行宣布审判。

这些任命状颁布之后，国王和国务秘书菲利波立刻签发了两项敕令：

为了允许上述德·洛巴尔德蒙大人将格朗迪耶及其同谋逮捕并拘禁在安全场所，相同指令颁发给所有军队司法官吏、司法副执行官、司法副总管及其副官和低级警务人员，以及所有其他官员和臣民，为上述政令的执行提供帮助，并为此而服从德·洛巴尔德蒙大人的命令，所有市长和刑事长官必须应要求提供相关司法支持。[11]

最终，路易十三命令特使（德·洛巴尔德蒙）把一封信转 141
交给主教德·拉罗什珀塞，国王在信中建议主教关注于尔叙勒
会修女事件，并解释称此事属于教会管辖范围。国王的话中不
乏幽默，因为卢丹城神父要接受的是世俗预审。虽然这一事件
不一定属于教会司法管辖（虽然当时的法律原则总体上排斥宗
教裁判权，哪怕涉案的是神职人员，但这一原则并不统一），它
却有可能受到了主教的操控。这标志着转折点的出现。

黎塞留："以儆效尤"

在黎塞留看来，这项决议的速度、严肃性或"与众不同
的"特征都不如其目标令人震惊，即格朗迪耶召唤而来的魔鬼
所导致的女子中魔事件。尽管采取了惯常的预防措施，但似乎
木已成舟，事情已经发生。无论红衣主教多么迷信或锱铢必较，
他还是遵从了自己严格推行的"理性"——国家理性（raison
d'État）。此时国家正面临着更严重的事件以及充满战争、危险
和死亡的使命，黎塞留按惯常的规则处理了这起令人心烦的事
件。多年之后，黎塞留在《回忆录》（*Mémoires*）中做出了解
释，这很明显是为自己辩护：

> 国王陛下依照法律，解决了邪恶之人在王国之中 142
> 引起的混乱，他不得不再次动用自己的权威来巩固教
> 会，为教会提供必要的手段来处理一段时间以来恶灵
> 在教会内部引起的骚乱，具体来说就是卢丹的某些于

尔叙勒会修女。

1632 年，卢丹的几个于尔叙勒会修会似乎被魔鬼附身，红衣主教在从吉耶纳返程途中，根据收到的建议，派遣几位教会中德高望重和极为虔诚之人前往该地，为他如实汇报情况。他们将这些修女分开，单独取证，了解到这些修女在夜间休息之后，有几位修女听到门被打开，有人拾阶而上，举着昏暗的灯光来到她们的房间里，并引起某种恐慌。

所有修女一致认为她们在房间里看到了一个陌生男子，据她们描述，此人正是卢丹城圣彼得教堂的神父。该神父向她们口吐污秽之词，试图用亵渎宗教的言词来获得她们的同意。此人数次露面之后，有几位修女遭受折磨，做出一些被恶灵附身或纠缠之人的动作。她们的告解神父和其他几位虔诚而智慧的神父为她们施了驱魔仪式。但是，这些修女被解救之后，中魔现象卷土重来，魔鬼凭借新签订的契约重回人间。

然而，由于这类事情多存在欺诈行径，通常真相很简单，但天真的宗教虔诚却常导致人们相信这种实际上并不存在的事情，红衣主教不敢对提交给他的报告擅下定论。此外还有许多人为格朗迪耶辩护，称他是一位相貌英俊、博学多才之人，但是普瓦提埃主教不久之前曾谴责过他，强迫他在限定时间内去职，但是格朗迪耶就这项判决上诉至波尔多大主教，最后被赦免。然而，这起事件变得公众皆知，那么多修女被魔鬼附身，红衣主教无法再承受从四面八方而来的控诉，便建议国王使用王权，派遣顾问大臣德·洛巴尔德蒙大人前往卢丹，调查这起事件，防止在当地享有

声望的格朗迪耶阻碍证人阐述真相，并将格朗迪耶押
至昂热城堡……[12]

从"引起某种恐慌的昏暗灯光"到红衣主教"无法承受"
的公共"混乱"，我们可以看到巴黎方面对这起事件的态度变
化。黎塞留并没有相信"天真的宗教虔诚"，至少他对"似乎"
被魔鬼附体的修女的言辞将信将疑，但那样一个宗教战争结束
不久的时代，他无法容忍一个制造混乱者的存在，而且此人还　144
有可能是诽谤文章的作者。为了同时捍卫王权，确保对王权的
尊重，巩固对神职人员所进行的改革，他意图以儆效尤。[13]格
朗迪耶成为了一项政策的牺牲品。如同官方历史所写的那样，
他被王室司法机构所逮捕，但困住他的是卢丹谣言织成的网。

"成功的运气"

12月8日，德·洛巴尔德蒙男爵让·马丁（Jean Martin）
来到卢丹城。他穿过城市冰冷的街道，前往位于希农的保
罗·奥宾家中下榻，后者是梅曼·德·西利的女婿；他也带着
必胜的决心走进了正式的历史之中。两年后的1636年8月28
日，他在给红衣主教的信中写道：

> 大人，我已经建立了密切的通信联系，因而能够
> 得知我职权范围内各省所发生的一切，我在这些地区所
> 受到的爱戴和崇敬令我惶恐。大人，我有幸成功履行交
> 给我的一切使命。承蒙您的恩赐与仁爱，我自认必须终
> 生为您效劳，这是我长久以来竭尽所能所做之事，并为
> 之投入了毋庸置疑的情感。[14]

在即将开始的审判中，作为格朗迪耶的对手，这位男爵是个奇怪的人物，他为人极为自信，是国王和红衣主教的忠实仆从，既野心勃勃，又精于算计，心狠手辣。他的父亲马修·马丁（Mathieu Martin）是吉耶纳地区的法兰西财务主管、波尔多高等法院官署的庭丁（audiencier），他在1607年买下了科特拉（Coutras）附近的萨布隆（Sablon）城堡和磨坊，并获得了三个层级（高级、中级、初级）的领主司法权。1590年左右，让·马丁出生在波尔多，1611年与诺尔的伊莎波（Isabeau de Nort）成婚，1612年继承了岳父在波尔多高等法院在俗推事的职位。1624年，他向国王提出请求并获批准，将萨布隆教区和布罗蒂耶尔镇（Brautière）更名为洛巴尔德蒙。1627年，他成为波尔多高等法院审讯第一分庭庭长，从此他的职业生涯开始飞黄腾达，他被要求领导贝阿恩地区巫师审判特别法庭，从此这成了他的专长。他的成功接踵而至，下列年份成为他青云直上的重要标志：1629年，位于阿让(Agen)的吉耶纳审理间接税案件的最高法院的第一庭长；1631年（11月4日），半年期顾问大臣；1631—1632年，鲁瓦扬城堡、蒙特罗（Montereau）城堡和卢丹城堡拆除专员，等等。1635年12月，他成为都兰省（Touraine）、安茹省（Anjou）、马耶纳省、卢丹纳省及周围省份的司法、治安和财政总监。不久之后，他负责调查圣西兰学说（1639年），在里昂审判森克-马尔斯（Cinq-Mars）（1642年）并负责处理卢韦耶中魔事件等。1653年5月22日，身为国王议事会常任顾问大臣的他在巴黎去世。[15]

忠于国王的仆从

对洛巴尔德蒙而言，效忠国王等于造福大众[16]。国王的政策就是他的行为规范，但洛巴尔德蒙并不认同中魔论者心思简单。1634 年，医生敦坎（Duncan）用自己的方式进行了表述：

> 德·洛巴尔德蒙非常明智，并不急于把自己对中魔的看法强加给其他人，而且他多次证明了自己不反对那些与自己意见不同之人；我可以确信，他只求别人赞扬他忠诚、尽职地完成了国王的委托，仅此而已。[17]

他力求成功。然而，当他的良心与自己的信念和公职利益并不冲突时，当暴力冲突为心狠手辣和口是心非的做派戴上了勇敢和忠诚的面具时，这位特使也会将自己视为拨乱反正之人。他深感人民经受的贫苦是不公正的，而且他为了人民的利益而反对好战分子或征税官。

他后来在给塞吉耶的信中写道：

> 迫于形势，国王的臣民们承受着沉重的苛捐杂税。但是，先生，最可怕的邪恶源自那些奉命去征收民脂民膏之人的劣迹，还有那些暴行昭著的好战分子。我到处都能听到呼喊叫嚣，内心最坚定之人都会为之震惊。[18]

147

一场讨伐

洛巴尔德蒙在卢丹城的任务开始有了一种使命感，它成了一场类似十字军东征的讨伐。对洛巴尔德蒙而言，这是一个机遇，一种"恩赐"，国王要求他面对的人也是中央权力和上帝权力的敌人。他在私人通信中，表达了自己对天使、圣童耶稣、神迹等的虔诚。他似乎表现得很真诚。对宗教的虔敬弥补了他为了成功而显露出的心狠手辣，同时把一种私人虔诚与公共法则联系在了一起。但是一种更个人化的准则把生活的两部分统一了起来。国王的敕令被视为以前的战争和宗教狂热的后遗症。政治对宗教虔诚重新加以利用，使其成为自己的武器，附带而来的是一种宗教传统和宗教情感。

　　从这个角度来看，"世俗的"和"宗教的"已经不再有区别。作为世俗之人，洛巴尔德蒙从他的政治地位中获得了某种教会职位。他在国王的讨伐中发现了一种近乎圣职的权力。他凭借着宗教机构在世俗机构中的影响，获得并扮演了一个神修导师的角色。这位特使把这一时期所特有的从宗教向"政治"的过渡视为一种偶然。从此，对洛巴尔德蒙来说，教义或神修的错误就像魔鬼神秘的反叛一样，成了国王管辖范围内的案件，况且这些案件涉及国家，世俗法官也有权审理。[19]

　　提高在俗教徒的地位、创立某种政策、让宗教圣物为国家服务等目的都证明了任何手段都是合理的。因此，洛巴尔德蒙身处一种"天阶体制"（hiérarchie céleste）之中，只不过这种体系被移植到了国家理性之中，与此同时，一些教士将这种体系与一种圣职学说和"教阶体制"（hiérarchie ecclésiastique）相结合。在若干年里，他都以于尔叙勒会修女的神修导师和庇护者的身份出现，任何人都无法否认。

　　因此，洛巴尔德蒙发现了一场意义重大的战斗，敌人是反对国王的魔鬼，他也找到了职业生涯的意义所在。1634年，一个溜须拍马的卢丹人为洛巴尔德蒙写了一首拙劣的诗，如同这首诗所暗示的，他想成为国家的大天使，手持宝剑、效忠国王的圣米迦勒：

　　　　您受国王的派遣

以国王的名义

定罚恶魔并将其粉碎

如同圣米迦勒再临 [20]

……

　　一切反对权力的势力都有着魔鬼的面孔。在这位大天使面前，卢丹城的魔鬼终于撕下了它的面具。

6. 预审初期

（1633 年 12 月—1634 年 4 月）

洛巴尔德蒙立刻采取行动。他召集了司法调查的所有成员，命令骑警队长官、拉格朗日贵族纪尧姆·奥宾指挥的警务人员于黎明时分在圣十字广场逮捕了格朗迪耶。

逮捕

奥宾在格朗迪耶住所的房间、衣柜和其他场所都贴上了国王封条，命令卫队警员之一、贵族让·普盖（Jean Poucquet）把格朗迪耶带到昂热城堡，随行护卫的有卢丹和希农的警员和监狱看守。[1]

12 月 7 日、9 日和接下来的几天（以及 1634 年的 1 月 1 日和 31 日），在格朗迪耶的母亲让娜·埃斯提耶弗在场的情况下，洛巴尔德蒙、梅曼、埃尔维、检察官布尔诺夫（Bourgneuf）和国王律师默纽奥（Menuau）搜查了格朗迪耶的家。根据《特别 法庭记事簿》（*Registres de la Commission*），搜查的文件包括：

1. 一份格朗迪耶为了证明教士能够结婚而写的独

身论手稿。

2. 两页写满下流无耻的法语诗歌和散文的纸张。

3. 两封卢丹司法执行官写给巴黎总检察官的信件副本，这些信件是为了说服后者，于尔叙勒会修女中魔事件是一起骗局。

4. 总检察官对上述两封信的一封回信。

5. 几份普瓦提埃主教颁发的豁免令，允许圣彼得教区许多家庭参加格朗迪耶举行的宗教仪式并在教堂中领圣体。

6. 一份（包含理由、阐释和论据的）谏书形式的演讲，其目的是为了证明卢丹城中并不存在任何中魔事件……[2]

从 12 月 12 日起，相关人员展开了一系列调查，内容涉及对格朗迪耶不利的投诉。普瓦提埃主教提交了一份"罪行检举书"，上面列举了他对格朗迪耶的指控，如今在卢丹的教堂里，我们还能在讲道台上读到这份检举书。19 日，相关人员再一次进行调查，让娜·埃斯提耶弗为身在昂热的儿子写了一封信。

让娜·埃斯提耶弗

……这么久以来我们没有给你写信或寄送物品，千万不要以为我们铁石心肠或不想这么做，而是直到现在我们才找到方法。你深陷痛苦之中，我们所有的朋友都感同身受，祈祷上帝能够看到真相，为你洗刷冤屈。你也要听从上帝的意志。我们希望他能够保护你，并使司法部门了解你的清白。

153

你只需写信告知你现在的处境。我们为你寄去一件衬衣、一条衬裤（caleçons，让娜·埃斯提耶弗写的是caneçons，这符合当地法语的发音）、两双袜子、三双拖鞋、两个领圈、两对袖套、四块手帕、两块睡觉时用的头巾、一件……[3]一双哔叽长袜、你的牙刷、拖鞋、细头带和……十个比斯托尔金币以应对微不足道的开支。如果你还需要其他东西，写信告知我们。我们祈求上帝赋予你勇气。你的弟弟弗朗索瓦和妹妹需要你的保护，我也永远需要你。

致吾儿

你的母亲和好友

让娜·埃斯提耶弗[4]

一位母亲的控诉

12月27日，她向洛巴尔德蒙提交了一份诉状：

致尊敬的国王议事会议事大臣德·洛巴尔德蒙大人，

妇人让娜·埃斯提耶弗以自己及儿子于尔班·格朗迪耶的名义向您提出谦卑的请求。格朗迪耶为卢丹城神父，此刻被关押在昂热城堡监狱中。

最近五六年以来，我儿格朗迪耶的某些敌人试图利用虚假而危险的指控，夺走他的荣誉和性命，他成功摆脱这些指控却让这些人恼羞成怒。

他们之中的某些人并未放弃恶毒的意图，他们利用权力对圣于尔叙勒会的某些修女施加压力，声称这些修女被魔鬼附身，借由她们之口污蔑我儿施展巫术。

如果我没有弄错，这纯属诬陷，格朗迪耶曾对此提出诉讼，并上诉至司法机构。大人，您为了拆除城堡而在此地停留时，他们便已如此得寸进尺，甚至唆使您参与此事，并寻求委任状来执行对格朗迪耶的审判。事实上，您带着坚定的信念离开此地时，曾在希农停留一天，听取皮埃尔·巴雷大人的汇报，他正是这桩悲剧和阴谋的始作俑者之一。随后您前往巴黎，继续寻求委任状，本人将在合适的时间和地点证明这一点，甚至会使用您自己的书信。

您听取讹传之后，突然获得委任状，违背了所有司法秩序，您突然来到这座城市，抓捕了我儿格朗迪耶。

您此前离开之前，已经和西利大人及其家属、国王律师皮埃尔·默纽奥和我儿的其他主要敌人有过通信，您再次来到这座城市之后，在您的命令之下，他们不顾司法秩序，出现在格朗迪耶的逮捕现场。

在我儿格朗迪耶被捕之前，您已经在西利大人的女婿布尔诺夫大人的家中居住数日，尽享款待，他也是格朗迪耶的敌人。

此后，您在这座城市的另一处客栈中下榻，这并非您平时的住宿之地，这么做是为了与格朗迪耶的敌人们保持密切沟通，您每晚都和他们秘密共处直到深夜。

您任命了一位年轻的律师（皮埃尔·富尼耶（Pierre Fournier））作为国王检察官，来处理此事，此人源自默纽奥律师的推荐，默纽奥曾在不同地方炫耀此事。

此前，您对我儿格朗迪耶的案件并无了解，但您

155

却表现出了一种不利于他清白的态度，这说明您存在偏见，导致您倾向于上述敌人。这种偏见也体现在您对许多人所说的话，您希望人们相信波尔多大主教大人在 1632 年 12 月 24 日递交给黎塞留的处理于尔叙勒会修女中魔事件的处理是失败的，您也迫使大主教大人在您府中承认这一点，为此，您还把自己教区的神父带到他面前，讲述宗教规定。然而，相反的是，最近，在您和许多人在场的情况下，大主教大人在黎塞留城堡中表示，他的处理方式严格符合教会规定，不可能有任何其他解决方法，这与您所讲述的大主教的态度相去甚远。您利用一切手段帮助和偏袒的是上述敌人的邪恶意图。

反对洛巴尔德蒙的上诉

此外，由于您妻子的缘故，您是普瓦提埃主教大人的亲属，出于非常正当的考虑，主教大人已经选择回避。我也听闻您与于尔叙勒会的某些修女也有亲属关系。

大人，出于上述原因以及其他在适当的时间和场合被提出的缘由，请您回避您所推动的针对我的儿子格朗迪耶的诉讼和审判。[5]

特使的回复：考虑到上述委任状，以及并不存在真正的或合理的回避的理由，他下令不予理睬……事实上，委任状将这起案件排除在了一切常规司法管辖权限之外，包括管辖卢丹地区的巴黎高等法院，无论有何种反对、上诉和否认，委任状都

有效。因此，取证工作继续进行，12月28日，"任何人都不得
恐吓证人，如果遇到证人不合作的情况，上述国王检察官可以
进行相关调查。"[6]

1月7日，让娜·埃斯提耶弗向皇家公证人提交一份文件，
对这项敕令提出上诉。6日，她请执达吏将1632年12月24日
波尔多大主教为修女驱魔仪式所签发的文件和命令的副本送到
了洛巴尔德蒙手中。她也把关于未来审讯的文件、建议和指令
寄给了身在昂热的儿子：

> 不要回答德·洛巴尔德蒙大人的任何问题。他
> 被要求回避……你的朋友们希望很快能够赶走这位带
> 有偏见的特使。千万不要回答任何问题。如果他前去
> 听取你的证词，就告诉他上述诉状里要求他回避的理
> 由……[7]

1月9日和10日，被指控方的弟弟弗朗索瓦·格朗迪耶提
交两份新诉状。也是在10日，一份反对洛巴尔德蒙的预审判决
（appointement，针对庭审时无法立刻解决的复杂案件，下令要
求书面商议的预判决）上诉书被送到洛巴尔德蒙处。12日，又
出现了另一份附带"对法官的控告"（prise à partie）的上诉书。

"如此扭曲的做法"

158

17日，一份要求特使回避的新诉状被提交。让娜·埃斯提
耶弗并未偃旗息鼓，她已经领导了许多类似的战斗。除了洛巴
尔德蒙以外，她发动的针对格朗迪耶其他主要敌人的战斗更加
猛烈。在她看来，于尔班真正的秘密对手和敌人来自卢丹，他

们不仅操纵了特使，而且对他纠缠不休。在数年之中，她与儿子一起，与卢丹城里能够被明确身份的魔鬼进行斗争。她是一个已定居卢丹 17 年的女商人，数量众多的法律文件和诉讼档案可以证明这一点，但没有任何文件提到过她的丈夫。在邻里之间，她似乎是一个陌生人，她也明白这些邻居各自的算盘。当更严重的危险来临之际，许多"友好的"人都变得沉默不言，或者加入匿名的窃窃私语之大流。

她表示将上诉至具有管辖权的主管法官处，这说明她相信这些法官能够帮助自己和儿子再一次摆脱当地的敌对势力。但她是否明白自己所面对的是什么样的新势力？她在给洛巴尔德蒙的信中写道：

关于您对我儿所进行的刑事诉讼预审，我已经了解并将向具有管辖权、没有任何嫌疑的主管法官进行核实。

您摒弃了多位为被告辩护的证人的证词，没有做任何相关记录。

对于其他的证词，您大幅删减了对被告有利的内容，只命人记录了对被告不利的信息。

您曾经说过，并希望记录一些不利于被告的内容，但证人并没有讲述这些，它们纯粹源于您自己的意志。

您试图暗示和说服其中一位证人，按照您的指示，上报一起严重的罪行；当您发现他并不愿服从时，便对其进行恐吓，声称如若不从，就会导致四位已经作证的证人被害；为了更方便地诱导那些所谓的证人说出我儿的敌人所编造的内容，您将他们召集起来，送到圣于尔叙勒修道院中，那里恰恰聚集着那些谋划了

159

铲除我儿的阴谋的敌人。

但从那之后，您预料到针对证人的如此扭曲的做法最终会为您招致诋毁，城中已经有人开始窃窃私语，悄悄讨论，您找到了另一种权宜之计，不再出现在上述取证场合中。在您的许可和串通之下，那些不断纠缠您、同时也是我儿的主要敌人和秘密对手的城中官员中的两位把证人带到自己面前，用贿赂、承诺、恐吓和威胁作为手段，试图让他们就范，甚至威胁一位妇女，如果她不按他们的要求提交证词，就将其投入监狱。这些官员宣誓时仿佛他们是这起案件的法官，自此之后，如果他们发现自己无法诱导证人服从自己的邪恶意图，他们就将其打发掉，不准他人听到其证词……[8]

160

上诉请求被再次驳回，除非让娜·埃斯提耶弗上诉到国王那里。她上诉之后，洛巴尔德蒙继续处理案件，但贝特朗（Bertrand）和其他所有法律官员和警员被禁止采取类似行动，无论是重复上诉还是其他原因，否则将被判处惩戒性的处罚。1月 15 日，这项敕令送达吉勒·普盖（Gilles Poucquet）。[9]

格朗迪耶的沉默

卢丹城的调查取证结束之后，特使洛巴尔德蒙即刻前往昂热，随行的是书记官雅克·诺泽（Jacques Nozay）、卢丹律师皮埃尔·富尼耶和普瓦提埃主教的代表议事司铎克勒内·德·莫朗。在昂热主教克洛德·德·鲁埃伊（Claude de Rueil）的许可下，他连续 8 天审讯格朗迪耶（2 月 4—11 日）。格朗迪耶遵循母亲在信中的建议，拒绝回答，但他承认了在其家中搜出的契约、传票、债据和其他文件，其中包括《论独身》（但他并未承认这组作品是写给谁的）。11 日，洛巴尔德蒙启程返回巴黎，后来从巴黎带回了国家参事院的判决，该判决规定：无需关心眼下提交至高等法院的上诉，因国王陛下已经废除该上诉，所以，德·洛巴尔德蒙大人务必继续采取行动，处理格朗迪耶事件，任何反对、上诉或质疑都不得对其产生影响；为完成目标，国王重新任命特使的任职期限，尽可能长久，以防止巴黎高等法院或其他法官审理此案。另外，国王禁止当事人向高等法院或其他法官控诉，违者罚 500 利弗尔。[10]

返回卢丹

4 月 9 日，洛巴尔德蒙回到卢丹后，第一个决定就是将格朗迪耶押送回卢丹城。格朗迪耶被关押在一栋私人住宅的阁楼里，所有窗子都被封上，烟囱被堵死，房门由警员邦当看守，这个名字和驱魔神父特朗基耶的名字一样充满讽刺。*他的身体和精神都被彻底监禁，任何人不得与他交谈。在昂热监狱中，格朗迪耶创作了一部祈祷和虔思集，他在狱中忏悔，领圣体，与圣彼得学院教堂的议事司铎皮埃尔·布歇（Pierre Boucher）自由交谈。在后来的审判过程中，布歇为格朗迪耶提供了帮助。囚禁之外，房间里还有人监视，有人监听，有人说话，都彭神父后来写道：

> 几个月以来，格朗迪耶的房间里有两个嘉布遣会修士，他们奉上级（拉罗什珀塞）之命，不分昼夜，纹丝不动，为格朗迪耶向上帝祈祷，每天都在他的房

---

* Bontemps，字面意为"好时光"；Tranquille，字面意思为"安静的"。

间里做弥撒。我不知道这有什么作用。[11]

不管怎样，当地的监狱都无法提供如此适合强制招供和制造心理压力的监禁条件。

一个儿子的秘密

让娜·埃斯提耶弗再次写信，她的儿子回复道：

母亲：

我收到了您的来信以及所有寄来的东西，除了哔叽长裤。我耐心地承受着痛苦，但相比之下，您的痛苦让我更心疼。我的环境绝对谈不上舒适，连张床都没有。请您尽量让人把我的床带进来，因为身体无法休息，精神就不堪重负。最后，请给我寄一本《日课经》、一部《圣经》、一部圣托马斯的著作，聊以慰藉，此外，请您千万不要悲伤。我希望上帝能还我清白。

我需要我的弟弟、妹妹和所有好友的帮助。

母亲，亲爱的儿子听候您的吩咐。

格朗迪耶[12]

格朗迪耶的孤独处境更加凸显了他和母亲的关系问题。对格朗迪耶而言，在没有父亲、所有人都避而不谈的情况下，女人似乎就成了自然法则。在那段如日中天的时期，格朗迪耶或许能够得到所有女人，但她们很快就会离开或消失，所以他的生活中其实只有一个女人。在那段如日中天的时期，他充分展现了自己的演讲才华，那些语句像女人一样闪耀之后就消失不见；在那些语句背后，对母亲的依赖既让他从中受益，又让他成为受害者和短暂的叛逆者。他不知道应当隶属于哪个"偶像"或哪条法则，所以他把自己的时间用于尝试，并拒绝将偶像或法则打破。格朗迪耶的秘密存在于他和让娜·埃斯提耶弗的关系中，这也是他为何向外界表现出如此傲慢或"唐突"，在面对囚徒命运时表现得如此"耐心"。

7. 中魔女子的舞台

（1634 年春）

格朗迪耶神父被小心谨慎地监禁起来，司法体系把他当作对象，先把他隔离起来，然后将其消灭。那些中魔女子也被以同样的方式单独囚禁起来。她们被按照不同的类别区分开，这种分类尚且不具有科学性，但符合城市地区的特征。司法体系对她们进行了分类。在洛巴尔德蒙的关照之下，天使的让娜、耶稣的路易斯、圣阿涅斯的安娜（Anne de Sainte-Agnès）被安置在民选代表和律师让·德拉维尔（Jean de la Ville，他也是米歇尔·卢卡的顾问）家中；萨齐利的克莱尔（Claire de Sazilly）和献堂瞻礼的凯瑟琳（Catherine de la Présentation）被拘禁在议事司铎莫拉（Maurat）家中；圣十字的伊丽莎白（Élisabeth de la Croix）、圣莫尼克的玛尔特（Marthe de Sainte-Monique）、圣灵的让娜（Jeanne du Saint-Esprit）和塞拉菲克·阿尔谢（Séraphique Archer）被安置在尼古拉·穆索（Nicolas Moussaut）家中；其他修女被囚禁在寡妇巴洛（Barot）家中，她是米农的一位姑母。很明显，这些人之所以被选中是因为他们很可靠。此外，隔离这种行为（已经有了科学性）更具典型特征。对于格朗迪耶和修女们，分隔和选中对象是司法预审的两个互补面。

司法体系打破了魔鬼话语或修道院魔法阵组成的统一体。168 它有一个与之相反的属于自己的"理由"，而且这个理由是"分析式"的。它挑选了需要医生检查的目标。权力比科学领先一步，它没有把自己的评判强加给科学，但却为其确立了一种统一的认识论，医生将以此为基础做出表态。

驱魔神父

司法体系的介入改变了中魔事件谋划者之间的角色平衡，因为分析和操作程序都被特使一手掌控，驱魔仪式变成了一场演出，其戏剧特征逐渐增强。

在人群面前举行仪式的地点也得以确定。表演这些可怕又神圣的"游戏"的人员数量有所增加和更替。巴雷和米农辞职之后，已经身在卢丹的加尔默罗会修士成为他们的接班人。四位嘉布遣会修士被正式任命，即拉克坦斯神父（并非改革派教士加布里埃尔·拉克坦斯（Gabriel Lactance））、特朗基耶神父（拉罗谢尔嘉布遣会会长）、普罗泰（Protais）和埃利泽。随着这些修士的任命，国内或国际组织给当地机构带来的压力越来越大。周围大城市的驱魔神父比那些"乡野"驱魔神父更受青睐。普瓦提埃主教的神学讲师吉约托（Guilloteau）和利摩日修169 道院的改革派教士加布里埃尔·拉克坦斯成为驱魔神父团队的新成员。这两人的入选代表着拉罗什珀塞主教（以及反宗教改革派）战胜了更自由派、更"独立"的波尔多大主教。

秘密的和公开的

驱魔仪式也有专门的规定，这些仪式要服从的首要原则就是区分什么是秘密的，什么是可以公开的。中魔修女被分别隔离在不同人的家中，这可以确保私密的内容不外露；公开的内容此后要受到世俗规则的约束。驱魔仪式有自己的地点和时间，它们同时在马特莱（Martray）的圣十字教堂和圣彼得教堂、城堡圣母礼拜堂、于尔叙勒会礼拜堂和加尔默罗会礼拜堂中进行。圣十字教堂的主祭台通常是修道院长的位置，在主祭台的正面，人们搭起了一座露天舞台，公众可以看到舞台上的一切行为。在教堂的偏祭台里，靠着舞台的地方，放有几张床铺，上面放着普通的床垫，床头位置有一条长枕头，这是为了防止中魔修女在抽搐的过程中弄伤自己。

中魔修女每天离开她们的秘密住处一次或两次，与此同时，她们也放弃了那里的平静生活。图尔的一个教士说：

> 看到她们从未停止过遵循教规，从未中断过修会 170
> 的宗教活动，真是令人钦佩。您可以在她们状态正常
> 的间歇去单独探访。您会发现这是一些聪慧而谦逊的修
> 女，她们在您面前做着手工或纺纱，她们乐于听到别人
> 谈论上帝，了解为上帝效劳的途径。当她们的狂躁暂时
> 消失时，她们经历着信仰的考验，准时准点忏悔，领取
> 圣体，精神平和而宁静，并无任何中魔迹象。[1]

一场演出

惊厥抽搐是专门为聚集的人群准备的。魔鬼附体这出悲剧只为广大信教民众上演。一位教士悄悄地说："私底下，展现在您面前的是另一幅场景。"修女们以小组为单位，走遍了卢丹的大街小巷，把自己在寓所里对宗教的虔诚变成了面向群众的

演出。她们自己带着或者从圣器收藏室中领取连身内衣和绳索。如果某位"中魔修女"拒绝去教堂参加驱魔仪式，相关机构委派的教士之一就会前去找她，然后她就会乖乖跟随前往。修女们一走进教堂，就会被绑起来。

> 这些年轻女子来到教堂接受驱魔，她们被绑在一条长凳上，头部枕着枕头，双手戴上手铐，手铐与长凳相连，但稍一用力就能挣脱；她们的双腿和腹部被皮带绑在长凳上。乍看之下，这仿佛是在训狮。然而，魔鬼一旦出现，人们就会给女子们松绑，让她们彻底自由；她们被绑起来时是正常女子，被松开时就是魔鬼。[2]

171

即便在古罗马的露天竞技场中，狮子也是要被放出牢笼的，这是演出的条件。

清晨，"年轻女子们"全部参加弥撒，有时她们没有任何躁动；但大部分时候，宗教仪式刚一开始或者在弥撒过程中，惊厥抽搐和身体扭曲便会出现，驱魔仪式便立刻开始。

女演员登场

下午有同样的入场仪式，英国作家托马斯·基里格鲁（Thomas Killigrew，外号为"旅行者"的他也来到了卢丹）描述道：

> 教士从教堂祭坛处呼喊一位中魔修女的名字。她走进偏祭台，随行的另一位修女已经被清除了魔鬼发

狂的症状。这两位修女都站在教士身旁，在主祭台前
祈祷，在半个小时的时间里，她们没有出现任何躁动。
祈祷结束之后，中魔修女转身面向教士，教士在她脖
子上套了一条挂满十字架的绳子，然后在脖子上打了
三个结。中魔修女再次跪下，继续祈祷，直到绳索绑
好。然后她站起来，把念珠交给同伴，向主祭台行屈
膝礼之后，走向一个形状像床的座位，这个座位的一
端已经为驱魔而改造过。我发现偏祭台里有好几个类
似的座位。床头紧靠主祭台。中魔修女来到座位旁时，
如此谦逊，如此平静，我甚至觉得她已经不需要教士
的祈祷了，她应当被恢复自由。她躺在座位上，帮助
驱魔神父用两根绳索绑住自己，一根绑在腰部，另一
根绑住双腿。修女被绑好之后，看着教士来到自己身
旁，他手中拿着圣体盒，里面放着圣体。她吐了一口
气，四肢开始颤抖起来，似乎十分惧怕即将承受的
折磨。[3]

172

修女面对着来到身边的圣体，进入表演情境，如此一来，
公众所期待的战斗就此开始。暗夜的魔鬼和白昼的神灵都是不
见其形的，被羞辱的女人和教士挥舞的圣体光[*]之间的对抗就是
他们的斗争形式。受害者身上没有任何宗教标志，她被束缚着
（但也没有被绑得太紧，否则痉挛抽搐就没法表现出来），暂时
将自己交给了魔鬼，这样她才能被祭献给手持金色武器、逐渐
靠近的胜利者。从这层含义来看，舞台上已经不再有人，存在

---

[*] 也称圣体供显架，通常为镀金银制品，正中间可以嵌入圣体，四周呈放射
性线条，表现出"圣体发光"的主题。

的只有角色。

　　对于舞台上的演员而言，他们的目标是迫使魔鬼表现得像战败的叛乱者一样，逼迫魔鬼展现出基督耶稣的神迹。这座舞173 台的目的是为了创造出一些假想，来揭露那些人类表象背后的势力。这场表演消除了男女之分，透过它，人们可以看到发生在一个超自然的、内在的世界里的景象；这个景象超越了人类自身，其布景就是通往另一个舞台的幕布。某些人认为这很悲惨，另一些却认为它很滑稽，因为它或许只是一场表演，揭露超自然现实不过是诡计而已，接连出现的布景和场面的结合也只是障眼法。

年轻女子

　　那么这些中魔女子是谁？ 17 世纪的女巫或女性中魔案件中的主角通常是一些年轻女子，这些中魔修女也不例外。皮埃尔・德・朗科（Pierre de Lancre）早在 15 年前就在贝阿恩发现了这一情况："如果说所有女巫都是老太婆，那绝对是骗人的谎言……" [4]

　　卢丹的大部分中魔女子是于尔叙勒会修女，这是一个当时成立不久的修会（1592—1594 年），它最初在法国南部地区招174 募了许多年轻女子，它坦陈修会创立之初的艰难困苦，这一点与那些把自己的起源编织成传说的修会不同。有一位最早为她们进行辩护的人曾说过，这些年轻女子就像希腊神话中的女战士 [5] 一样，前往一些缺乏慈善、教育和静修的荒凉地区传教。她们住在一些屋顶摇摇欲坠的陋屋之中，不太了解封建领主的游戏规则、当地风俗和错综复杂的局面，她们虽然勇气可嘉，但也遭遇了幻象和恐惧。

于尔叙勒会

于尔叙勒会的中魔现象不断增加，例如在普罗旺斯埃克斯（1611—1613年）、蓬图瓦兹（Pontoise）、圣雅克郊区（Faubourg Saint-Jacques, 1621—1622年）、卢丹和奥克松（Auxonne）等。个体案件数量众多，例如17岁的安图瓦内特·米克隆（Antoinette Micolon）被一些魔鬼的"声音"纠缠不休，企图上吊自杀；身体健康的弗朗索瓦丝·德·贝尔蒙（Françoise de Bermond）被"地狱幻象"吓得魂不附体，深夜的孤独和黑暗让她不堪忍受；图卢兹的雅盖特·德·梅尼耶（Jaquette de Maynié）被类似的幻象和一股令人难以忍受的恶臭纠缠不休，一个神秘的声音一直在谴责她的无神思想和偶像崇拜行为，让她绝望；布尔日（Bourges）的修女耶稣的皮奈特（Pinette de Jésus）在深夜里看到魔鬼向她做鬼脸，对圣母玛利亚的画像做出各种无耻下流的行为，口吐无数骗人的花言巧语等等。[6]然而，这一切都并非她们所独有。成千上万类似的怪物和恐慌在某个时期不仅侵扰着其他修女的想象，也扰乱了公众的集体想象。这种情况在当时的编年史记载中俯拾皆是。或许当这种暴行进入社会语言之中时，当夜间的幻象成为白昼的表演时，当礼拜仪式中充斥着怀疑和亵渎神灵的话语时，当焦虑在中魔和驱魔仪式中找到突破口时，那些在无数学术论著中占据重要地位的 175 魔鬼和幽灵也泄露了自己的秘密。

无论如何，在对这些表现进行分化、确定、寻找并试图分离的活动中，存在着人的回应。与接收谜团的视觉相比，强迫实施诡计、对现象进行分类的权力已经成为创造知识的学科的权力，它同样拥有治疗功能。

魔鬼图谱：清单

我们在下文中可以看到，特使的权力不仅表现在医生对疾病的分类上，也体现在清点和识别中魔女子以及附身的魔鬼这一方面。审讯笔录中搜集了分散的证据。人们从中发现一种奇怪的地理定位形式，中魔人员的家族情况与魔鬼所处的身体位置同时出现。具体来说，三种参照标准（社会群体、天使等级（魔鬼由此堕落）和人的身体）构成了一种坐标体系，如此一来，这些女子都被赋予了一个身份，她们之中的大部分人的身份都已经被隐藏，分类也是按照"宗教名字"进行的。下面是一个根据多份清单[7]制定出来的列表，它结合了社会、魔鬼和医疗这三种体系，能够满足定位和识别身份的需求。想要在这份"事
¹⁷⁶ 实"名录中明确方向，我们必须了解的是，在当时的天使研究中，从高到低的天使级别分别为：炽天使（Séraphins）、智天使（Chérubins）、力天使（Vertus）、能天使（Puissances）、权天使（Principautés）、主天使（Dominations）、座天使（Trônes）、大天使（Archanges）和严格意义上的天使（Anges）。

I. 修女

A. 中魔修女

1. 天使的让娜，修道院长，30 岁

柯兹男爵（Cozes）路易·德·贝尔西耶（Louis de Belcier）与席耶家族（Chilles）的夏洛特·德·古尔马尔（Charlotte de Gourmard）之女；诺热莱男爵（Nogeret）路易·德·巴贝齐约（Louis de Barbézieux）之侄女；桑斯大主教奥克塔夫·德·贝尔加德（Octave de Bellegarde）之外甥女；等等。

七个附体魔鬼：

利维坦（Léviathan），由炽天使堕落，盘踞在前额中央；

阿曼（Aman），由能天使堕落；

伊萨卡隆（Isacaron），由能天使堕落，盘踞在胸部右侧最下面的肋骨处；

巴拉姆（Balam），由主天使堕落，盘踞在胸部右侧第二根肋骨处；

阿斯蒙蒂斯（Asmodée），由座天使堕落；

贝希摩斯（Béhémoth），由座天使堕落，盘踞在胃部。

2. 耶稣的路易斯，28 岁

诺热莱男爵领主路易·德·巴贝齐约与杜泽朗夫人（Dame Douzerant）之女。

两个附体魔鬼：

卡隆（Caron），由力天使堕落，盘踞在前额中央；

艾萨斯或艾萨尔（Easas; Easar），由主天使堕落，盘踞在心脏下方。

3. 圣灵的让娜

前者之姊。

一个附体魔鬼：刻耳柏洛斯（Cerbère），由权天使堕落，177盘踞在心脏上方。

4. 圣阿涅斯的安娜，19 岁

拉莫特–布拉赛侯爵（marquis de la Motte-Brassé）让和佩洛奈尔·德·科尔努（Perronnelle de Cornu）之女。

四个附体魔鬼：

阿萨弗（Achaph），由能天使堕落，盘踞在前额中央；

阿斯蒙蒂斯，由座天使堕落，盘踞在心脏下方；

比利特（Bérith），由座天使堕落，盘踞在贲门处；

阿卡厄斯（Achaos），由大天使堕落，盘踞在左太阳穴。

5. 圣约翰的克莱尔（Claire de Saint-Jean），杂务修女，30 岁

出生在萨齐利，红衣主教黎塞留的亲属。

七个附体魔鬼：

波吕西翁（Pollution*），由智天使堕落，盘踞在左肩；

埃利米（Elimy），由力天使堕落；

桑斯范（Sansfin），又名格朗迪耶，由主天使堕落，盘踞在胸部右侧第二根肋骨处；

奈福塔利（Nephtaly），由座天使堕落，盘踞在右臂；

扎布伦，由座天使堕落，盘踞在前额中央；

圣母之敌（Ennemi de la Vierge），盘踞在颈部下方；

康布皮桑斯（Concupiscence**），盘踞在右太阳穴。

6. 圣十字的伊丽莎白，22 岁

出生在巴斯塔德。

五个附体魔鬼：

阿吕梅特单布莱特（Allumette d'impureté***），由智天使堕落；

卡斯托林（Castorin），由主天使堕落；

卡夫（Caph），由座天使堕落；

阿加尔（Agal），由大天使堕落；

塞尔斯（Celse），由大天使堕落。

7. 献堂瞻礼的凯瑟琳，33 岁

出生在奥弗雷（Auffray）。

三个附体魔鬼：

皮诺（Penault），由权天使堕落；

卡乐弗（Caleph），由座天使堕落；

---

* 字面意义"污染"。

** 字面意义"淫欲"。

*** 字面意义"肮脏的火柴"。

达利亚（Daria），由大天使堕落。

8. 圣莫尼克的玛尔特，25 岁

卢丹市民、马格努（Magnoux）大人赛尔弗（Serph）之女。

一个附体魔鬼：塞顿（Cédon），由力天使堕落。

9. 塞拉菲克（Séraphique），初学修女，17—18 岁

被巴鲁克（Baruch）附体或纠缠。

（备注：1634 年 12 月之前，最后四位修女未进行驱魔。）

B. 被纠缠或"被施巫术"的修女

10. 道成肉身的加布里埃尔（Gabrielle de l'Incar-nation），修道院副院长，35 岁

夏尔·德·福热尔·德·科隆比耶（Charles de Fougères de Colombiers）和弗朗索瓦兹·德·玛农（Françoise de Manon）之女。

被三个魔鬼纠缠：巴鲁克、贝希摩斯和伊萨卡隆。

11. 圣方济各的安吉莉克（Angélique de Saint-François），32 岁

莫里尼耶尔（Morinière）男爵雅克·德·普威尔（Jacques de Pouville）与路易斯·德·克莱罗沃（Louise de Clairauvaux）之女。

被一个魔鬼纠缠：刻耳柏洛斯。

12. 圣体的玛丽（Marie du Saint-Sacrement），25 岁

拉马亚尔迪耶尔（la Maillardière）男爵梅里·德·波瓦里耶 179（Mérit de Beauvalier）与玛丽·德·拉斯里（Marie de Rasilly）之女。

被两个魔鬼纠缠：比利特和卡乐弗。

13. 圣奥古斯丁的安娜，30 岁

尚普瓦罗男爵（sieur de Champoireau）弗朗索瓦·德·马

尔贝夫（François de Marbef）与让娜·勒布朗（Jeanne Le Blanc）之女。

14. 圣尼古拉的勒内（Renée de Saint-Nicolas），34 岁

被一个魔鬼纠缠：阿加尔。

15. 圣母往见的玛丽（Marie de la Visitation），36 岁。

16. 耶稣诞生的凯瑟琳（Catherine de la Nativité），初学修女，22 岁。

17. 圣加布里埃尔的玛丽（Marie de Saint-Gabriel），初学修女，20 岁。

（备注：最后还有四位修女，但顺序未定：

安娜·戴斯库布罗·德·苏尔蒂，被埃利米纠缠；

她的妹妹被同一个魔鬼纠缠；

玛丽·阿尔谢，被佛尔尼卡西翁（Fornication*）纠缠，由天使堕落；

德·丹皮埃尔小姐，洛巴尔德蒙的妻妹，天使的安娜的亲属。）

II. 在俗修女

A. 中魔女子

18. 伊莎贝尔（Isabelle）或伊丽莎白·布朗夏尔（Élisabeth Blanchard），18—19 岁

六个魔鬼附体：

马隆（Maron），由智天使堕落，盘踞在左乳房；

佩鲁（Perou），由智天使堕落，盘踞脏心脏下方；

别西卜（Belzébuth），由大天使堕落，盘踞在左腋下；

地狱之狮（Lion d'Enfer），由大天使堕落，盘踞在肚脐下方；

180

---

*　字面意义"私通"。

阿斯塔罗特，由天使堕落，盘踞在右腋下；

不洁之煤（Charbon d'impureté），由天使堕落，盘踞在左胯骨下方。

19. 弗朗索瓦兹·菲拉斯特罗（Françoise Fillastreau），27 岁

四个魔鬼附体：

布斐蒂松（Buffétison），由能天使堕落，盘踞在肚脐下方；

苏维雍（Souvillon），由座天使堕落，盘踞在大脑前部；

考达卡尼斯（Caudacanis）或狗尾（Queue de chien），由座天使堕落，盘踞在胃部；

雅贝尔（Jabel），由大天使堕落，在全身各个部位游移。

20. 莱昂斯·菲拉斯特罗（Léonce Fillastreau），前一位女子的妹妹，24 岁

三个魔鬼附体：

埃斯隆（Esron），由座天使堕落，盘踞在大脑前部；

卢锡安（Lucien），由大天使堕落；

路德（Luther），由大天使堕落。

21. 苏珊娜·阿蒙，被洛特（Roth）附体。她是"补鞋女"凯瑟琳的妹妹，前文已经提到凯瑟琳的野心以及取得的成功。（苏珊娜涉足的是魔鬼研究领域，而非政坛。）

22. 玛丽·波里约（Marie Beaulieu），外号"殿中人"

被一个魔鬼附体：塞东（Cédon）。

23. 一个住在修道院里的年轻寄宿女子。 181

24. 德·拉斯里小姐，被魔鬼附体，她的驱魔仪式没有在卢丹城进行，而是在奥梅尔（Omelles）的家中。

B. 被纠缠或"被施巫术"的女子

25. 马尔特·提波（Marthe Thibault），被魔鬼贝希摩斯纠缠。

26. 让娜·帕斯吉耶（Jeanne Pasquier），被魔鬼利泽尔（Lezear）纠缠。

27. 玛德莲娜·贝利亚尔（Madeleine Béliard）。

"家族"和"盘踞地"

这份列表是虚假的还是真实的？这也是当时几个月来一直被询问的问题。什么是真实的？这个列表的各个部分保持连贯统一，许多清单证明了它的真实性，这些清单有着自己独特的分类方式，罗列着"魔鬼的名字、它们的盘踞地和中魔女子的名字"。[8] "女子们"属于不同的"家族"，这些家族按照等级排列；她们不同的身体部位是魔鬼的"盘踞地"，这些堕落天使的排序也遵循了它们降生时的阶位。这些清单确定了中魔者的家族与魔鬼盘踞地、社会阶层与魔鬼巢穴之间的各种"比例关系"，主要内容就是这份列表。由于魔鬼既是附体者又是特征，同时也是附属和地位的象征，因此修道院长、黎塞留的亲属或侯爵的女儿身上的魔鬼数量更多，等级也更高。魔鬼在前额、胃部或肚脐下方等部位的"盘踞地"既表明它们的既有特征（描述比较详细，例如傲慢、易怒、多舌、淫秽等），也表明它们在天国的职能和身体生理功能之间的隐秘联系。一张完整的关系网络保证了身体结构的内部统一。

变动的列表

然而，列表的各个组成要素是不断变化的。在驱魔仪式的过程中，一个姿态的改变就会让身体内的另一个魔鬼"盘踞地"成为核心。中魔修女的眼神变化意味着另一个魔鬼出现，随之而来的是地狱的另一种结构形式和控制心理的新手段。列表在不断变化，宇宙格局也随之改变。想要追踪这些微妙的变化，只了解词汇表是不够的，必须更加注意且适应对魔鬼语言的破解。

都彭神父对这种语言已经非常熟悉，他写道：

> 这里有许多不同的女子，她们每个人都做出许多不同的动作，每种动作都很少见，有时还很新奇。面部神态的变化绝非正常，她们每个人都被数个魔鬼附体，有时，某个魔鬼为了躲避驱魔仪式的力量，被迫放弃，但狡兔三窟，它偃旗息鼓之后，另一个魔鬼立刻将它取代。但这个过程绝对会被人看到，因为魔鬼在相互替换时，女孩脸部表面也发生改变，看起来就像另一张脸。眼睛呈现出其他颜色，极其明显，不单是驱魔神父，任何近身之人，例如我和其他几人，都可以轻而易举辨识出来。同样令人吃惊的是，当变化发生时，中魔修女不会做任何怪异的鬼脸，她的脸保持正常状态，只有眼睛的颜色和目光在一瞬间发生变化，这也表明变化源自导致中魔发生的内在原因。[9]

183

一条证据：契约

虽然拉罗什珀塞在 4 月 14 日才来到卢丹城主持公开的驱魔仪式，但他断然表示：

> 我来到这里，不是为了知道中魔是否为真。
> 我已经相信它的真实性。[10]

然而，驱魔的进度令人不满，这位来自普瓦提埃的大人对此颇为不悦。在一个封闭体系内部，根据某些"符号"来把某些要素归因于另一些要素，这远远不够。这个体系不是独立自给自足的，内部要求外部来证实情况，这揭露出该体系内的不安全因素。必须提供证据，一些能够依靠"证据被召唤和接收的地点"进行解释的中间现象，与这些现象有着深刻关联的是陌生的外部事物、充满着"不相信"或"好奇"的观察的世界、不被相信但却被观察到的现实。因此，驱魔仪式所呈现的是契约、物证、增加"依靠中魔修女的动作和言语所作的论断"之分量的物品，例如据称是与魔鬼签订的合同文件，能够暴露真相的废弃物，真实的签名，肉眼可见的排泄物等。实际上，中魔自身的证据没有它被强加的证据数量多。这些证据更像是中魔导致的结果，而非促使中魔产生的原因。

契约是一张有魔鬼签名的纸张，所有人都可以看到、触摸到，它能够让一个逐渐松散的体系的各个要素紧密联系起来。这份契约维系了各要素之间的关系，就像一个金属固定夹加固了一堵开裂的石墙上的石块。但是，"现世"与"冥界"之间的联系却令人暗生诸多疑虑，因此，这种联系及其跟踪目标必须能够表明魔鬼可能或者的确存在，这是最终目的之一，并且要依靠"不相信者"和外来的旁观者在魔鬼话语中所发现的内容。"不相信者"受到召唤，他们要依靠自己对这份文件的看法，来证实中魔现象支持者的内部解释。如果结论模棱两可，那就需要发现了中魔现象可理解的一面的证人去证明其神秘的另一面，让被感知到的事实去掩盖意义，把交给公众的契约转变为与公众签订的契约，用两份类型不同的列表中的一个要素去捍卫某种言语。对每种阐释而言，这个目标都至关重要，但它也受到自身双重性的限制。我们从这个微不足道的症状可以看出，客观真实的空间代替了模棱两可，与此同时，社会公众的阐释正在瓦解。

因此，契约是这则故事中的证据。它是切实的、可供核验的。它可以是毛发、灰烬、脱落的指甲或头发、橘籽、血液或痰液（里什莱（Richelet）说这是"一种最容易挥发的成分，只要稍微用火加热，就会变成淡然无味的清水"）。简而言之，中魔修女把她们的废弃物和"排泄物"认定为"契约"。

生产技术

这种证据是如何得到的？它是如何被"生产"（produit）出来的（如今我们理解为"生产"的这个词，在 17 世纪的意思是"揭露"）？1634 年 5 月 17 日的一次驱魔仪式的笔录揭示了这一点，这些发生在 4 月和 5 月的驱魔仪式都把寻找证据作为目标。雷科莱神父和拉罗什珀塞主教在圣十字教堂中进行了驱魔，里面挤满了各种各样的人。文献中的"我们"指的是撰写记录的洛巴尔德蒙。

> ……雷科莱神父控制了修女天使的安娜，命令利维坦现身，神奇的是，修女的脸呈现笑容，优雅而亲切。
>
> 问：*Quo profectus eras hodie mane?*（你今天早上　　186
> 做了何事？）答：我最远去到了皮卡迪。
>
> 利维坦在被要求取出契约时说："我丝毫不在乎你说什么。拿出契约，我就没有了任何控制力。其他魔鬼将会取笑我，就像我嘲笑阿斯蒙蒂斯一样。"
>
> 被迫服从时，修女那张优雅的面孔变得狂怒，并且出现剧烈的痉挛。驱魔神父继续施压，逼迫利维坦

拿出契约。

"你以为你在和谁说话？"修女口中说出这句话。

问：*Quis es tu?*（你是谁？）

答：贝希摩斯。

听到回答后，驱魔神父命令贝希摩斯退下，要求利维坦回到修女的头中，并借用修女的口和舌来说话。修女出现几次剧烈的痉挛，身体各个部位都出现强烈的扭曲，她的脸又回到了微笑、优雅的状态，可见利维坦又占据了她。

驱魔神父趁机按照主教大人的要求，将其束缚住。主教此前告诉驱魔神父，为了成功迫使魔鬼拿出契约，必须把圣体从圣体盒中取出，将其放入这位修女的口中，他也预料到这种方法会让修女更加狂躁。主教走到驱魔神父、中魔修女和我们所在的台上，坐在一把矮凳上，抓住修女天使的安娜的双臂。利维坦受到主教和驱魔神父的压迫，竭力反抗，主教把圣体放进修女口中，修女的身体出现极其可怕而剧烈的抽搐，并爆发出恐怖的喊叫声，与此同时，我们吟唱三次《圣母经》(*Salve Regina*)。

随后，魔鬼仍被要求拿出契约，它借由修女的口说话时，嗓音急促慌张，仿佛从胸膛深处发出：

"在那里寻找。"

问：*Ubiest?*（在哪里？）

答："在这里。"

问：*In quo loco?*（在哪个地方？）

魔鬼用同样急促慌张的嗓音说："在大人下面。"

修女狂躁不安，魔鬼提到的是主教或者我们，"大人"这个词并没有明确指出到底是哪一位，于是问它：
De quo domino loqueris?（你说的是哪位大人？）

魔鬼借由修女之口，急促地回答："主教大人。"

废弃物

主教大人从矮凳上站起来，在他的长袍下面、左脚旁发现了一张纸，里面似乎包裹着什么东西。主教把它捡起，想要将其放到我们手中，但是修女或者魔鬼借由修女，拼命试图将它夺走，但她无法成功，我们把这张纸放进自己的一个口袋里，与此同时，我们吟唱《感恩赞》（*Te Deum laudamus*），对这次巨大成功表示感谢。　　　　　　　　　　　　　　　　　　188

随后，主教大人告诉我们，魔鬼阿斯蒙蒂斯在离开修女天使的让娜的身体几天前，曾在修女阿涅斯的驱魔仪式中靠近他，并告诉他，利维坦的契约上沾染了血迹并要求我们查看是否为真。我们随即从口袋里掏出那张纸，将其打开之后，发现还裹着一张纸，这张纸上有许多血。我们试图打开第二层纸，查看里面有什么，却发现它很难打开，仿佛被胶水粘住一样。我们担心强行打开会将其破坏，里面的东西会掉出来。我们周围有无数人围观，给我们带来了极大的不便，我们重新把第二层纸裹起来，将其交给书记官，留在审判时使用。

让修女天使的安娜躁动不安的魔鬼被要求退回到　189
它们平时的盘据地之后，修女发誓告诉我们，她完全不记得自己在驱魔过程中说的话和做的事，她的思想和意志没有丝毫参与。

驱魔仪式结束之后，我们想要离开，中魔的修女们又出现了剧烈的躁动，主教和驱魔神父命令魔鬼停止作祟，这些症状才停止。我们随后离开……[11]

这份契约在人体排泄之处被找到。如同血液在体内循环，它能够证明由表面现象组成的世界的内在性。它先是在主教座位下面，然后在特使的口袋中。和其他情况一样，随后要在巫师身上找到这些血迹的出血口。根据对象／证据，有血迹的位置越来越多。每个位置都有扭转乾坤之力（deux ex machina）。

"我否认上帝"

格朗迪耶为魔鬼所写的契约有三份，一份用拉丁语[12]，两份用法语，其中只有"副本"在驱魔神父手中，"原本"保留在地狱中。下文是第二份源自地狱的文字（extracta ex inferis）：

190　　　　我否认上帝、圣父、圣子和圣灵、圣母玛利亚和所有圣人，尤其是施洗者约翰、胜利的教会（Église triomphante）和战斗的教会（Église militante）*、所有圣餐、所有相关祈祷。我承诺绝不行善，只竭尽所能作恶，我丝毫不渴望为人，只希望我的天性转变为魔鬼，为我的王和主人路西法效劳；我承诺，即便被迫行善，也不会以上帝之名，而是出于对他的鄙视，荣耀全部归于魔鬼，我把自己献给魔鬼，并祈祷魔鬼妥

---

* 基督教神学理论把教会分为战斗的教会（现世信徒）、胜利的教会（天国诸圣）和受苦的（或净化的）教会（炼狱灵魂）。

善保管我献上的羁绊。

于尔班·格朗迪耶 [13]

想要变成魔鬼的欲望在哪里？从哪里可以发现客观的善行与隐藏其中的邪恶意图之间的微妙对立？答案并不复杂：就是那些修女自己。

欲望的野蛮世界

虽然在精神领域，意图和行为的区别是由来已久的，但在这一时期，这种区别有了全新的、危险的影响力。它能够让人在精神层面做出区分：信仰和它的"成果"不再被视为一体，虽然它们不可分割；善意必须有善行，虽然善行不一定出自善意。在当时的许多宗教人士看来，意义与符号之间的区分是一把双刃剑，恪守宗教规则和宗教规则掩盖的邪恶天性被区分开来，但这种区分却是危险的。善行和恪守规则是表象，内在的 191 现实是欲望导致的野蛮暴力，敏锐之人发现这一点的同时，也心生恐惧和担忧。

审查信仰的做法早已确立，确信无疑的宗教虔诚也要经受审查，某些机构的意图和行为本可以与基督教精神保持一致，但却信誉扫地，所有这些因素不断地把真实的经历隐藏于规律的宗教生活背后。不可告人的阴暗意图四处蔓延，这难道不就是现实吗？信守教规或许只是一种假象（那些从忙着祷告和缝纫的修女口中了解信息的老爷们对此又有何了解？），隐秘的恶念或许只是想象中的幻觉与混乱（但如何才能确定？如果一个人说的是自己都无法理解的不可言喻之词，他的建议又有多少可信度？），对真相的寻求就在这两者之间游移不定。

我们已经看到，许多于尔叙勒会修女此时已陷入绝望，将她们带入这种境地的是一种确定但并不可靠的经历，同时出现的还有信仰所不允许的怀疑和强烈欲望。基于所接受的神学思想体系，她们只能把这种现实归结于魔鬼，在地狱般的暗影中认出它，这暗影已经蔓延并分裂了她们的内心世界。

如果这内在的故事是真实的，必须有人把它说出来，坦白出来，把它重新引入社会语言之中。与魔鬼签订契约或者（几乎是一回事）假设他人与魔鬼签订契约，扮演被魔鬼附身的角色，这既是利用可以支配的文化材料，让人们了解表面（我是魔鬼），也是让一个过于沉重的秘密（我要求自己的真实身份被承认）流传开来。如此，修女从自己的表现癖中获得了一个关于自己和社会的真相。

招供的好处

修女们扮演了一个有利可图的角色，因为这个角色排除了其供认的内容。中魔的修女是受害者，他者（魔鬼或巫师）是罪魁祸首。当她们在教堂里的表演过程中面对公众忏悔时，她们的错误就被免除了，对她们而言，这场演出也是一种礼拜仪式。她们摆脱了错误，因为可怕的真相发生在"无意识"状态中（一个被她们忘记、不属于她们的别处）、一段被隔离的时间段内。那个让人无法容忍的秘密只存在于那个被小心翼翼紧闭起来的空间里，禁锢这片空间的是一系列开始和结束：驱魔仪式的开始和结束、无意识状态的开始和结束、魔鬼附体的开始和结束。除去可怕的时间段之外，其余时间段都是正常的，人们看到的只有"虔诚的"修女。一股力量使她们在魔鬼的伪装下公开表示"我就是这样"，也正是这股力量让她们能够自保，自称"我不是这样"，并向教会代表要求说"告诉我，这不是我"。

从这个角度来看，这场戏是一场名副其实的驱魔仪式。修女们已经不再是那些不知道自己是否被附体、等待着司法进行裁决的"巫师"，因此这场仪式就更有必要。例如这位被判死刑之人所说的话，雅克·多顿（Jacques d'Autun）也曾引用过：

> 让我的精神痛苦万分的是，我不知道我是否有罪。因此我请求您告诉我，一个人是否可以在不知情的情况下成为巫师，如果这是可能的，我可能属于这种情况，虽然我并不知道。

与这种依赖社会审判的情况不同的是，于尔叙勒会修女拥有自我评判的能力。她们知道自己身上有巫术存在。因此，修女利用社会来摆脱某种神秘的异常情况，社会也利用中魔修女，以戏剧化的形式排遣自己的不安。这些女演员和她们的观众之间的共谋带来了诸多益处，巩固了驱魔仪式的效果，这出戏也有着巩固社会治安的一面。

无神论的灾难

这种解决方法能够解决被提出的问题？这是一种答案还是权宜之计？审讯记录中无数次提到渎神之言、对上帝的否认、为了让中魔修女忏悔而施行的枯燥乏味的束缚，这里面清晰可见的问题就是"无神论"。它不仅是《无神之战》（*Athéo-machie*）、《反无神论》（*Discours contre l'athéisme*）或《驳无神论者和不信教者》（*Discours contre les athées et libertins*）、《无神论》(*Atheomastix*)、《胜利的无神主义》(*Atheismus triumpha-tus*)等一系列著作的主题，也是反对无神论者的政治措施、司法审判或社会预防手段的关注对象。最先涉足论战的"无神论者"是每个教会的异端、不尊奉习俗的信徒等。但很快，争论的焦点就变成了上帝是否存在。1630年左右，由博学者和怀疑论者组成的不信教者团体形成，但在1655年左右消失不见（大约在中魔现象消失之时，这一点需要注意），随后在1680年前后再次出现。在当时的100年前从未被提及的"无神论"成为众所周知的事实。它并不专属于学者。和许多人一样，方济各会修士让·布歇（Jean Boucher）到处揭露这一点：

> 如今你到处都可以见到一个胡子卷曲的人不停地向你发问：为什么上帝创造了世间法则……？为什么乱伦被禁止……？为什么上帝之子道成肉身？[14]

据梅森纳（Mersenne）所述，单是巴黎就有至少五万名无神论者。对很多人而言，最危险的是那些自称君子但实际上比魔鬼更恶劣的人，他们的准则是，人要根据国家的宗教来行事，但要有自己的信仰。[15] 毋庸置疑，这有些夸张。但这个问题在人们脑中徘徊不散，尤其是被布道者不断提醒的人。绪兰神父在他所著的一本关于卢丹的作品《实验科学》(*Science expéri-mentale*)中指出了这一点：

> 我要说，虽然无神论的主张在基督教徒中并非常见，但它却是一种很容易就在脑中形成的诱惑……

他想说的是暗示上帝并不存在的主张。

他接着又说：

> 教会提出的上帝虽然是大部分基督徒日常崇敬的
> 对象，但有些人却对此提出异议，有时甚至有反对信
> 仰的强烈意图，善良之人时常受此诱惑。[16]

当时的宗教著作证明了诱惑很容易形成，善良之人时常受
到蛊惑。中魔时期结束之后，天使的让娜（无论她的心理状态
如何）用自己的方式讲述了魔鬼借由她口所表达的恐慌或反叛：

渎神之言

> 我的脑中常常充斥着渎神之言，有时我不加任何
> 思考，无法自制地将其高声喊出。我能察觉到一种持
> 续不断的对上帝的厌恶，看到他向那些皈依之人展现
> 善意和平和，我心中涌现无尽的仇恨。我常常想要捏
> 造谎言去惹怒他、去冒犯他。
>
> 此外，他让我对自己的宗教誓愿产生了巨大的反
> 感，有时当他占据我的思想时，我很想撕烂自己所有
> 面纱，还有我能够到的其他修女的面纱。我一边把它
> 们踩在脚下，用嘴撕扯它们，一边诅咒着我开始信教
> 的那个时刻。这一切都伴随着狂躁的暴力。[17]

诱惑和魔鬼有关联，常常伴随着绝望：

> 在绝望之下，我决心堕入地狱，灵魂救赎对我而
> 言已无所谓。[17]

196

天使的安娜放弃了自己，任由魔鬼支配。她从中找到了一种命运。将她俘获的既有言语的力量和对魔鬼的痴迷（按照朗科所述，魔鬼生性喋喋不休），也有成为习惯的充斥着舞蹈和语言的狂欢，个人救赎和道德约束在集体疯狂中消失得踪影全无。

为了安心而受折磨

还有别的情况。和当时的许多人一样，为了反对怀疑论者，伊夫·德·巴里（Yves de Paris）声称这些悲惨的灵魂将承受绝望的折磨和担忧。[18]

197　　怀疑和渎神不仅应当被供认，也应当受惩罚。驱魔仪式对中魔修女实施的就是这种惩罚。她们必须承受这种痛苦，内心才能获得安宁。从这个角度来看，她们从受害者的身份中获得了益处。她们心甘情愿接受体罚，然后回归宗教"阶层"，也让宗教阶层回归自我。她们要承受极端的痛苦。在那些年里，成百上千的女巫要求被烧死或者主导自己的死亡，[19]在审判最后一天来临之前，为了获得内心安宁，她们就选择死亡，在终极惩罚中获得永远的救赎。总而言之人们的言语有传播的功能，但唯有死去、"自裁"才能使其发挥作用，否则其功能便不会实现。

虽然卢丹城中上演的是一出以语言为基础的悲剧，但自从它登台之后，悲剧色彩已经被削弱。然而，结构的相似之处仍然存在。这些庆祝活动已经不能再被称为庆祝活动，而是一些令人精疲力竭的操练，修女们从中获得了受害者的身份，在这个以净化为目标的舞台上承受严酷的法律的惩罚。然而，这出戏虽然成了一出悲喜剧，它惩罚和拯救修女的任务只完成了一半，或许根本没有完成。中魔成了摆脱时间和怀疑的方式、天与地之间的对抗、本质与可见的交汇点。实际上，它是末世论想象的重复。在这出戏中，人体排泄物具有了超自然现实的涵义；女演员成为绝望的受害者；情节的时间成了被浪费的时间；虚构的事情成了值得赞扬的功劳。

在四月份的一场驱魔仪式中，让娜说：我是疯子让娜……疯子于尔叙勒。我的脑子是倾斜的。你们最好把我带到圣马蒂兰。198

她对驱魔神父拉克坦斯说：噢，我会让你的时间白白浪费。

她自言自语道：必须受折磨……我们是稳重的骏马。噪音不会惊扰我们。

在一场消耗战中，她们像牛马一样工作。因为可怕的庆典还在继续，这是每天的任务。被宣传吸引到这里的路人却摇着头离开。一个名叫尚皮翁的卢丹人讲道：

> 最初的驱魔仪式结束后，谣言四处流传，不仅在法国，甚至蔓延到整个欧洲，虽然所谓的魔鬼所呈现的迹象不过是丑恶的鬼脸和恶心的姿态，但人们却大声宣扬，声称这些魔鬼在卢丹城的大街小巷横行，被运到教堂尖塔处的姑娘们飘浮在空中，此外还有其他类似传闻。人们从四面八方涌向这里，一睹这疯狂的景象。汹涌的人潮令当地旅店人满为患。令人称奇的是，大部分人在这里逗留一周或两周，等着看各种各样的魔鬼。最后他们离开时也并没有增长多少见识。[20] 199

没有看到期待的奇观并不意味着这不是一场重要的表演。尚皮翁不过是一个街头巷尾的八卦传播者。一直到不久之后，这场演出不再严肃，只剩古怪。

亚马逊女战士的反叛

从另一个角度来看，中魔也是一场女人的反叛，这些女人充满攻击性和挑衅性，她们带着功能多样的魔鬼面具，在光天化日的驱魔仪式中展露自己的欲望和要求。她们所处的时代有女性摄政者、女性改革家、神秘的女圣人或文学先驱，那是一个《贵妇凯旋》（ _Le Triomphe des dames_ ）被吟唱、《女强人列传》（ _La galerie des femmes fortes_ ）出版的时代。她们是受过良好教育的教育家，出身名门，她们就像懂得服从的价值的亚马逊女战士 * 一样组成了年轻团体（于尔叙勒会），但是团体中的修女们却时常能够忤逆她们的神父。她们的告解神父穆索已经去世，其他经历过这段历史的神父也与幽灵无异。格朗迪耶却并非如此。让娜写道：

> 在那段时期，我提到的神父常常用魔鬼来挑拨我
> 对他的爱意。它们总是给我想要见到他、和他说话的
> 欲望。有好几名修女也有同样的感受，虽然我们彼此
> 并未交流。相反，我们彼此尽可能躲着对方……
>
> 如果我见不到他，我的内心会受到欲火煎熬，当
> 他来到我面前（深夜，梦中），想要引诱我时，善
> 良的上帝使我心中涌起巨大的厌恶之感。如此一来，
> 我所有的感觉都改变了。我对他的憎恨程度超过对
> 魔鬼……[21]

中魔的修女们面对的是男人，同时面对的也是神父。在驱

200

---

* 希腊神话中生活在欧亚大陆交界区的纯女性部落，以勇猛善战著称。

魔神父面前，她们已经没有了以前的女巫的尊敬和顺从。她们羞辱这些男人，嘲讽他们，攻击他们，主教也没能幸免。来自利摩日的嘉布遣会修士、正直的拉克坦斯神父也遭到女院长的嘲讽：带着你的乞丐褡裢，滚回你的利摩日……你希望我赏你一耳光吗？

神父气得满面通红。魔鬼对此不以为然：啊！你跟我摆架子！请你说话时优雅些。

面对尼姆和沙尔特的主教、黎塞留的秘书、洛巴尔德蒙和一批权威学者时，萨齐利的克莱尔的火力丝毫没有减弱，驱魔神父们不断重复同样的招数，他们彼此低声窃窃私语，然后让修女重复他们说的内容，这是向公众表明她确实被魔鬼附身的标志。她对见多识广的加尔默罗会修士埃利泽神父说：您以为 201 我是生活放纵之人。您真的是在试探这些先生们的耐性。他们会对国王和红衣主教说什么？

她对洛巴尔德蒙说：至于您，阁下，您露馅了。到目前为止，您欺骗了那么多人，但是您被发现了。

她搂着埃利泽神父的同伴，在他耳边说他的脸颊适合亲吻，她又靠近红衣主教的首席秘书德·罗什大人，对他说：你太老了。相比她接下来的举动，这已经算客气了。一位驱魔神父非常可怜地记录道：她随后狠狠踢了我们两脚。一份驱魔仪式记录提到：修道院女院长很快就变得躁动不已，或许是魔鬼借由她给了高尔神父（Gault）一个耳光，驱魔神父拉克坦斯神父为了惩罚魔鬼，给了修女天使的安娜五六个大耳光，但修女却笑个不停。[22]

他们彼此不用尊称，打成一团，脸庞又红又肿，这些场景几与家庭争吵无异。

野蛮的猎人

驱魔神父们则化身为"野蛮的猎人"[23]，报告里把他们形容为女人的猎人和身体的征服者。在愉快的公众面前表演的"混乱的游戏和仪式化的打斗"既揭露又否认（借由这是一场表演这件事实）了性与宗教之间的关系。这种言语行为的功能在于表现"被压抑之物的回归"（le retour du refoulé）以及被科学和宗教话语清除得所剩无几的性。

因此，1634年5月8日，这场男人和女人之间的争斗：

> ……随后，驱魔神父（拉克坦斯神父）迫使魔鬼（天使的让娜）去崇敬圣体，让她摆出他要求的所有姿态，如此一来，所有旁观者都赞赏不已。他甚至下令让修女趴在地上，抬起头，双臂和双脚被绑在身后，然后就这样松开，再绑上。
>
> 当这个女人恢复神智之后，她又被命令吟唱《勿忘恩典》（Memento salutis），而她想要朗诵《万福玛丽亚》（Maria mater gratiae），人们突然听到她口中发出一个可怕的声音："我否认上帝。我诅咒她。"随后她发狂一样咬了自己的舌头和手臂，驱魔神父竭尽全力都无法阻止。
>
> 拉克坦斯神父看到这一切，猛地把中魔的修女扔到地上，恨恨地用脚踩她的身体，然后用一只脚踩着她的喉咙，重复好几遍：Super aspiden et basilicum ambulabis et conculcabis leonem et draconem。[24]

弗洛伊德认为17世纪的病理情况很容易解释，如同露天矿藏一样。[25] 这句拉丁语证明了弗洛伊德的观点，它出自《圣经》诗篇 91 篇：

> 猛狮和眼镜蛇，你必踩在脚下；
> 壮狮和大蛇，你必践踏在地。[26]*

通常，这句诗要在崇敬圣母玛利亚的礼拜仪式中使用，玛利亚被视为新的夏娃，她战胜了曾经是伊甸园中的诱惑者的蛇。它在男人与"魔鬼般的"女人作斗争的过程中被再次提到。这个"魔鬼般的"女人拒绝归顺圣母，站在了"说谎者之父"（魔鬼）的队伍中，她在封闭的舞台上代表了狮子和恶龙。

是你，于尔班·格朗迪耶

这场斗争以及 1634 年 6 月 23 日下午于尔班·格朗迪耶与 9 名修女、3 名在俗修女在圣十字教堂中的对质记录让我们逐渐有了一种想法。当时在场的还有洛巴尔德蒙、拉罗什珀塞、入会的和不入会的教士、德约男爵（希农司法长官）、德拉巴尔男爵（de la Barre）、德·布雷泽男爵（de Brézé）、富尼耶律师（国王检察官）等，当然还有格罗洛（Grolleau）、雅盖（Jacquet）和布里昂这三位医生和无数围观民众。加布里埃尔·拉克坦斯提出让格朗迪耶来为中魔修女驱魔。洛巴尔德蒙亲自记录了这个场景： 204

> ……格朗迪耶被要求继续进行驱魔仪式，当他质

---

* 译文据"圣经"新世界译本。

问魔鬼是谁把它们送入修女身体中时，所有那些疯狂的修女说，或者魔鬼借由她们之口说：

"是你，于尔班·格朗迪耶。"

格朗迪耶表示这是假的，他不相信任何人或魔法师有能力把魔鬼送到任何人的身体中去，那些疯狂的修女说是他把魔鬼送到了自己身体中，他身为魔法师已有9年之久，阿斯蒙蒂斯曾在贝阿恩（洛巴尔德蒙所认为的巫术之地）见过他，大约是在圣约翰瞻礼节前的一天。魔鬼阿斯蒙蒂斯借由狂躁不已的修女阿涅斯之口承认了此事。

格朗迪耶质问它们（魔鬼）是否能够回答用希腊语提出的问题，疯狂的修女们或者她们中的大部分人表示格朗迪耶下过命令，并和它们签订契约，如此一来，那些魔鬼除了法语不会讲别的语言。她们其中有人说，如果他自己想要用希腊语提问，它们会作答。修女凯瑟琳告诉我们，她从未学过阅读和写作，但她凭着惊人的自信经历了考验。

魔鬼韦里讷和阿斯塔罗特分别借由修女克莱尔和修女伊莎贝尔之口表示，如果教会允许，它们立刻就能展示魔法师留在修女身体上的印记，它们信心十足地说，他做的恶比所有魔法师加起来都要多……

随后，格朗迪耶向主教大人请求，如果自己是魔法师，而且是自己把这些魔鬼送入到修女体内的话，他可以命令这些魔鬼立刻扭断自己的脖颈。听到这席话，所有疯狂的修女都用愤怒和暴躁的声音喊道：

"啊！如果可以的话，这立刻就可以实现，但是你很清楚，无论是教会还是司法都不允许这么做。"

　　我们和主教大人都随即表态，我们不能也不愿意批准此事。恰恰相反的是，主教大人明令禁止这些魔鬼做出伤害格朗迪耶本人和我们（洛巴尔德蒙）的行为。主教大人已经知晓，格朗迪耶曾多次向我们提议同一内容，我们均表示此事不可能得到批准，他必须使用其他方法来自证清白，此事亦记录在报告中。与此同时，那些疯狂的修女立刻暴怒起来，到处都是混乱、恐惧和疑惑，鉴于此，我们告知主教大人必须尽早结束这起诉讼……

206

　　所有那些修女都躁动起来，其暴力程度超出以往，她们那扭曲的身体、狰狞的面部、可怕的抽搐、高声叫喊和亵渎神灵的言词都超出想象，难以形容，无法表述，所有在场旁观之人都表示看到了地狱景象。

　　随后我们命人将格朗迪耶押送回监狱……[27]

恐惧和笑声之间

　　这群暴怒的修女想要扭断格朗迪耶神父的脖子，撕扯他的身体，在这群悍妇和神父的正面冲突之后，事情是否可以像伊丽莎白·布朗夏尔对都彭神父所说的那样："来，神父，看这里。你从未见过这样的场景吧？"但是80年前，若阿基姆·杜贝莱*在写给朋友、神父和医生雷米·杜尔坎（Remi Doulcin）的诗中描述了与卢丹城旁观者类似的感受：

　　　杜尔坎，有时候我看到那些可怜的女孩，

---

*　Joachim Du Bellay，16世纪法国七星诗社的重要成员。

她们的体内藏着魔鬼，或者看起来如此，
她们的身体和头颅的动作让人心生恐惧，
她们做的事情如同古老的女预言者；

我看到最强悍之人也束手无策如同白痴，
面对那种狂怒的力量他们一切皆是徒劳，
不管怎样我发现他们记不起自己任何学识，
他们却被认为是你们之中最老练智慧之人；

我听到她们的吼叫令人毛骨悚然，
我看到她们的白眼翻起骇人至极，
我毛发耸立，无言以对。

然而当我看到一名僧侣吟诵拉丁经文，
上下触摸她们的腹部和乳房，
我的恐惧消失不见，不禁哑然失笑。[28]

8. 医生的视角

（1634年春）

四月中旬，先后有一批医生被召唤到卢丹城，负责听诊、
触诊、观察和喂药，与此同时，为了在教堂中举行允许公众观
看的驱魔仪式，驱魔神父的人员得以更换，人数也增加了。这
批医生包括夏尔·奥热、弗朗索瓦·加雷（François Carré）、
阿尔丰斯·考斯涅、马修·方东、樊尚·德·佛、让-弗朗索
瓦·格罗洛、安东万·雅盖、加斯帕尔·茹贝尔、丹尼尔·罗
吉埃，还有外科医生阿兰（Allain）、弗朗索瓦·布里昂和勒
内·莫努里，药剂师皮埃尔·亚当（Pierre Adam）。其他医生来
自普瓦提埃、图尔、苏缪（Saumur）、尼奥尔（Niort）、拉弗莱
什（La Flèche）、勒芒（Le Mans）、巴黎、蒙彼利埃等。他们
撰写的报告的数量也不断增加，1634年的《特别法庭记事簿》
收录了包括在格朗迪耶死之前撰写和签名的28份报告，这还不
是全部。[1] 医学出版物的数量同样令人咋舌。

乡村和大城市

医生之间的争论揭露的不仅仅是一个社会阶层的新的"好
奇心"。卢丹是一座悲剧的舞台，知识领域的变化也在这里上

演。在当时人们所称的"医学"领域，有些事正在被打破，有些事正在诞生。1632 年，荷兰画家伦勃朗（Rembrandt）绘制的油画《杜尔博士的解剖课》（*La leçon d'anatomie du Docteur Tulp*）展现了认识论历史上的一个重要时刻。在卢丹城，面对需要诊断的对象，一门科学显露了它的野心、分歧、正在发生的变化、理念的转变或僵化，甚至它的困扰。然而，学说上的分歧与城市和农村之间的社会差异有关联，至少公众舆论这么认为。许多地方出版的名为《为于尔班·格朗迪耶先生辩驳的陈述书》（*Factum pour Maître Urbain Grandier*）（1634年 8 月）的讽刺小册子就是例证，它控诉的是那些"中魔主义者"：

> 他们使用的是哪些医生？其中一位来自丰特沃（Fontevrault）（阿尔丰斯·考斯涅），他从未获得行医许可，因此被迫离开苏缪。至于那些来自图阿尔的医生，有一位（让-弗朗索瓦·格罗洛）年轻时大部分时间都在卢丹的一间店铺里裁量缎带和帽子；还有一位（弗朗索瓦·布里昂）也同样无知，波尔多大主教认为他极其无能，他也是特兰坎妻子的近亲。来自希农的医生非常愚昧，大城市的医生们不让他插手任何事务，甚至他的脑子也有点糊涂。来自米尔博（Mirebeau）的医生（安东万·雅盖）也一样，他是米农之妹的亲属。总而言之，所有乡村医生……
>
> ……在这起有着如此影响力的事件中，附近城市（例如图尔、普瓦提埃、昂热或苏缪）的许多最博学、最有名、经验最丰富的医生或药剂师却没有被召唤，因为这样头脑清醒的医生不受欢迎。[2]

213

人们也指责来自沙泰勒罗（Châtellerault）的医生无能。无论是事实错误还是判断失败，分界线是很清晰的。想要把好医生和坏医生区分开，精明的国王律师使用的是一种成见，即"乡村"不如"城市"，他根据自己的等级观念，以重要性为标准，按照升序排列了小村庄、乡村、市镇（有集市）和城市。医生自己的名字被忽视了，他们被按照地点类别进行"分类"，他们的地位要参照某个社会文化中心而定。这几乎就足以区分"愚昧者"和"明智者"。知识有自己的地域分布，卢丹周围是一个由"乡村"构成的狭窄圈子（希农、丰特沃、图阿尔、米尔博、沙泰勒罗），良医所在的"大城市"构成了一个范围更大的圈子（昂热、苏缪、图尔、普瓦提埃等）。

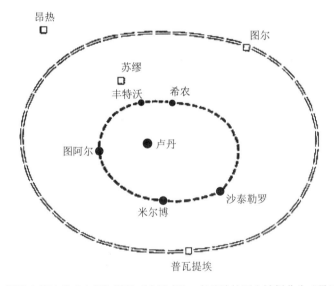

根据来源地是"乡村"还是"大城市"，卢丹城的医生被划分为"愚昧者"或"明智者"，但是距离也决定了权威。

内科医生、外科医生和药剂师

214

另外一种差异更不易察觉，但同样严重，那就是内科医生、外科医生和药剂师之间的社会职业差别。在证词的下方有一个规定非常严格的标记，它规定了签字的顺序以及官方文件抬头的事项顺序。首先是内科医生及其头衔，然后是外科医生，他们是医学技术人员、助手。内科医生"拥有"（该词在司法角度的含义）视野和知识，外科医生的地位是从事手工活的劳动者。外科医生迪奥尼斯（Dionis）解释得很清楚：医生掌握和分享所有的理论知识，留给我们的是实践和操作。很多医生认为给人放血就是把自己贬低到与手工业者相同的地位。说或者了解是一回事，做或者操作是另一回事，两种职业类别之间有着明显的地位差别和距离。

至于皮埃尔·亚当这种药剂师，他们没有被记录到前面所提的文件中。他们被排除在真相得以证实的地点之外。我们可以回忆一下墨守成规的居易·帕坦（Guy Patin, 1600?—1672年）在他的《一位医生写给儿子的特别训诫》（*Préceptes particuliers d'un médecin à son fils*）中所写的：

> 药剂师是医生的绊脚石，医生应当聪明地避开这类人。永远不要为了帮助药剂师，而做任何有违良心和荣誉的事情……如果你从他们的药店拿走四个盒子，其余那些刷了漆的彩色盒子都是骗人的，里面只有看起来像胡椒和生姜的老鼠屎。药店和药剂师这个专业的出现不过是为了方便某些医生和愚弄那些想要被骗的民众。一名医生必须欺骗自己和良知才会给病人开很多药，他甚至往往会让自己遭天谴，杀死病人。[3]

215

216　职业的"等级"分配是否符合科学、技术和贸易（或者帕坦所说的店铺）之间的等级关系？它是否意味着在三种接触身体的方式（理论知识、手术、药物）之中，存在着一度侧重于表征（representation）的分类？如同职业组织结构的最高等级，科学的最高层次里存在景观（spectacle）。

观察和检查

医生的首要任务是"观察和检查"，以及跟踪和记录身体的表现。他们的行事方式就像是创作《世界剧场》（*Theatrum Mundi*）或《世界宝鉴》（*Miroir du Monde*）（以前的世界地图册）的作者，为自己的作品加上一条格言：如果你想观察（布格诺（Bouguereau）在他的地图册《法兰西剧院》（*Théâtre françois*）上就是这么写的）。他们描述病人就像在描绘一片土地、一种地形，还配有"情感"或动作、突然的变化等。但是他们描述的就是土地呈现在他们眼中的样子。他们的证词就像是用文字描述视觉图像，它们讲述的是目光的移动过程。

因此，最早一批顾问在 1634 年 1 月 30 日给出的下列"证明"和"证词"略显简单：

> 我们身为内科医生和外科医生，向所有相关人员证明，根据国王议事会和枢密院顾问洛巴尔德蒙大人的命令，我们前往卢丹城的于尔叙勒会修道院，观察和检查该修道院的女院长。我们发现她的面部各处均有擦伤和抓伤，尤其是两颊、下巴和喉咙下部。她的面部有凝固的血迹，所以我们用葡萄酒和水勾兑的溶液对其进行清洗，随后我们更清楚地发现她的右脸颊的两处伤痕比其他伤口更深、更宽……等等。
>
> 我们的上述证词均属真实。我们签字为证。**1634**

217

年 1 月 30 日。

罗吉耶医生，医学博士

阿兰，外科医生。莫努里，外科医生。[4]

"经过仔细考量的"现象组成了一出细节丰富的"戏剧"，也成为了最初的真相，这位医生成为"证人"，并"向所有人证明"。在场观察的医生人数越多，证词的可靠性越高。有多少事情有可能被忽略！所有这些事情都应当被记录在"宝鉴"之中，视角越来越多，顾问团体的力量也得到增强。那么多人亲自观察了同样的表面现象，书面汇报的篇幅也在增加，描述在不断累积。他们在追求精准的同时，也注重修辞手法，因此细节也遵循着空间色散原则，数量越来越多。

怀疑

然而，他们在热衷于寻找更加可靠的视角和更加宽广的观察面时，也表现出一种忧虑。他们需要确定性，也害怕失去它。他们看到的**究竟**是什么？他们的感知中混入了幻觉，在观察的同时心中暗生怀疑，就像一只虫子钻进了一个饱满的果实中。

这种怀疑会引发思考，我们在下文中会提到，但不管怎样，景像最终导向一种模糊不清的含义。如同巴洛克艺术中的无数形象一样，"好奇心"具有双重特征，它有着欢乐的一面，也有着不安的一面。

观察者的不安从"惊奇"转变为"恐惧"，但大部分时候并未直接表现出来。这种不安隐藏在观察目标身上，但又被其暴露出来，因为观察目标有着令人恐惧或吃惊的特征。因此，在格罗洛、布里昂和杜克洛（Duclos）医生的报告中（1634 年 4 月 17 日，这份报告太长，无法全部引用），从中魔修女到做检查的医生，再到公众，震撼（étonnement，在 17 世纪，这个词的意思是"恐怖"或"惊愕"）或恐惧（horreur）都无处不在，不专属于某一个群体。这个故事中有惊恐，一种无法确定范围的惊恐，它源于确定性的缺失。

医生们描述了他们在于尔叙勒会小礼拜堂的弥撒仪式中观 219 察到的情况：

震撼和惊恐

......不久之后，我们同样在伊丽莎白·布朗夏尔的身上见到了令人震惊的动作，每个动作都让她自己感受到超出以往的震撼和惊恐。这样的动作和狂躁也出现在上面提到的弗朗索瓦兹（菲拉斯特罗）和伊丽莎白身上，一直持续到弥撒领圣体之后。在弥撒圣祭常典开始之前，伊丽莎白的身体出现巨大而可怕的扭曲，她的腹部向上抬起，头和双腿向后弯，她如此这般蠕动到祭坛处，然后她的身体又呈现出新的扭曲形态，她的后脑勺距离神父的脚只有两步之遥，她在向上爬的过程中，猛地抓住神父的白色长衣，企图打断他正在进行的仪式。驱魔神父的同伴拉克坦斯神父想要把她从那里拉走，阻止她继续做这种野蛮的举动，前面提到的布朗夏尔突然把他绊倒在地，他费了九牛二虎之力才挣脱她的双手。

然后，神圣的弥撒快结束时，布朗夏尔的妹妹莱昂娜·本雅明（Léonne Benjamine）和其他两个修女一样，开始大肆辱骂，口吐极为恶劣的渎神之词，并威胁要杀死彼此，莱昂娜狂吼着："以上帝的名义，我要杀死那个女孩。"

我们认为所有这些事情都绝对超出了自然的力量和途径，我们每天都极为震撼和惊恐地在这座城市的于尔叙勒会修女身上发现同样的情形。[5]

评判

这些报告所宣布和证实的"真相"常常带有一种表面形态各异的要素，它和其他要素都属于医学检查取得的成功，即此事超出了自然界限。如同其他信息一样，这则在文本中获得的重要信息隐藏在被观察到的事（考斯涅医生所说）或者被评判和被观察到的事物（考斯涅医生所写）的表象之下。这则信息很危险，它既是人们所见的，也是人们所想的。1634 年 4 月 14 日，罗吉耶、考斯涅、加雷、杜克洛和布里昂医生更加直截了当地宣布：我们认为有一些事情超出了自然界限。[6]

但是，1632 年 11 月 30 日，布里昂表示，

他曾前去于尔叙勒会修道院探望名为天使的让娜的女修道院长，她出身柯兹家族，是萨齐利的圣约翰的克莱尔的姐姐，也是苏缪城的德·布雷泽元帅的中尉德·维尔纳弗大人的外甥女。观察了这两位修女在安静和症状发作时的情况之后，（考虑到超出自然界限的可怕行为）我们断定有恶灵附体，我们根据各种不同症状推断出该结论，同时我们认为其他四位修女也受到了恶灵侵扰。上述内容均属真实。[7]

为观察而了解

在这种医学描述（déduction médicale）（déduire 在 17 世纪的法语中是描述的意思）中，观察到的事实也必定被归结为"超出自然界限的情况"，正如同修女会与家族头衔和称号联系起来一样。被发现的是"柯兹家族的"让娜，或者德·布雷泽元帅的中尉德·维尔纳弗大人的外甥女克莱尔。依据社会的普遍认知，通过"女儿"可以了解一个家族的本质。同样，肢体的扭曲和形态可以让人立刻理解超出自然界限所针对的现实。无论如何，医学界都是如此，它要求在病人身上识别出它所确定的疾病类型，以及病人呈现出的具体情况（成功与否取决于能够找到的"迹象"的数量的多少）。

然而，观察的作用并未被轻视。相反，医生努力根据他 222 所观察到的情况，对他所知道的内容进行补充。他搜寻的是疾病类别概念的表现形式。他仔细审视的知识应用是一种以全新的、可见的形式呈现出的内容。总而言之，他在不知情的情况下有所发现。这件事做起来很难，因为必须分辨那些被观察到的无数场面为何以及如何与有限的医学类别相联系。因此，医生的仔细审视是观看与判断，或者注意与思考的结合，但是面对这些非同寻常的现象，这种结合变得越来越不可靠。人们容易陷入两种情形之中，一种是单纯的再次识别，只接受能被观察到的已知事物，另一种是把未知事物当作经验储存起来，这是另一种唯经验论的形式化。对第一种情形而言，判断限制和抑制了注意；对第二种而言，观察破坏了判断。

"留心不要变得经验主义"

面对非同寻常的现象，知觉（la perception）所具有的地位和对自然的界定都受到了质疑，这些争论的核心概念就是经验。有些人（居易·帕坦是比较极端的代表）认为：

> 留心不要变得经验主义。始终要思考，经验只能被视为理性以及你所获得的科学的仆人。方法论和经验论即便不属于教条主义，仍是你需要仔细避开的两个有害的极端。希波克拉底所言极是：经验为虚（*Experimentum fallax*）。一个不思考的医生绝对称不上合格的医生，只能是庸医。必须根据理性来为病人放血、清除、拔罐，让他服用或禁用葡萄酒。[8]

即便对"所获得的科学"信心十足，居易·帕坦在谈及卢丹城时，仍然表示：

> 如果我没有亲眼见到，就不会相信有男人或女人会被魔鬼附身，我怀疑这种事情是不存在的。[9]

想要相信，就必须见到？他拥有的知识不够吗？实际上，他拥有的知识让他认为自己看不到那种情况。如果所见之物与自己的知识相悖，他还会相信吗？他能否会在"理性"和"教义"中找到支撑，消除与这种假设有关的危险疑问？

为怪事提供空间：可能性

许多医生聚集在一起，关注着卢丹城的一举一动（就像伦勃朗所描绘的围绕在尸体周围的医生），他们观察的内容已经达 224 到了医学的边界。他们采用了什么样的标准来断定"看到和观察到的事情是否超出了自然的普遍法则"？一些至关重要的问题被提了出来。一方面，他们必须确定在自然之中，什么是可能的，什么是不可能的。如果不依靠他们的知识，又该如何评判？从这个角度来看，问题关键就是他们应当把自己忽视的怪事纳入疾病范畴之内，还是将其排除在外。对怪事进行思考时，什么才是最合理的？是从理论上可以被理解的方面？还是应当被视为"不同的"或"超自然"的方面？未知事物应当被归为可理解事物的范畴之内还是之外呢？

概括性最强的选择（一切都可以用医学术语解释）并不一定是最科学的，因为它拒绝为自己设定一个能够保证严谨性的界限，它认为一切都是"自然的"，但只是重复了某种宗教学说的无所不包的宇宙模型。这个难题源于两个无法解决的问题，一个是确立**医疗**范围，另一个是确定**自然**秩序。这是有社会文化原因的。每个时代都有自己特定的取舍。

医生可以取代神学家，世俗知识取代教会知识就是例证。伊夫林医生（Yvelin）后来谈到卢丹的中魔时，明确表示： 225

> 在这种情况下，医生拥有凌驾于神职人员之上的特权，因为他们知道如果这种忧郁在疑病症患者体内滞留，就会形成非常有害的蒸气和气味，从而产生所有这些看起来如此奇特、如此诡异的结果……[10]

这种地位可以为医生和政治家提供一种明确的角色，但是医生也可以选择放弃这种地位，接受超自然现象，将其视为与自己的领域并存的内容，他发现神学家的思想划定了他的领域范围，并且仍以上帝的名字要求他的忠诚。

观察到的幻像

另一方面，经验本身也引发疑问，招致怀疑。所呈现的与真实存在的之间有什么关系？这在当时的后唯名论哲学中是一个老生常谈的问题。医生们的表述也体现了这个问题，他们阐述的内容从他们观察到的逐渐变为他们认为自己观察到的。这个"认为"是一个具有欺骗色彩的过程，它导致幻觉的出现，而幻觉始终是危险的。当他们思考观察到的事实是自然还是非自然时，他们必须要问自己：他们**究竟**观察到了什么？"确凿的（véridique）、真实的（véritable）、真理／真相（vérité）"这些词反复出现在叙述的开头或结尾，这也恰恰承认了叙述的弱点及其缺少的核心，即感觉本身。

由于事件异常，解释又互相矛盾，对观察的怀疑便趁虚而入。因此，医生们也以自己的方式承担了社会的不安，中魔则是这种不安的症状之一。在周围一片怀疑的氛围之下，他们认为这种不安是一种源自认识论的不确定性。欺骗是存在的，但在哪里呢？这个问题类似要确定未知事物的位置。对某些人而言，出错的是知识，必须回归信仰主义 *，盲目相信从其他地方了解到的真理。对另一些人而言，具有欺骗性的是经验，正如帕坦所说的"经验为虚"。感觉会出现偏差，或者如同敦坎医生

---

* fidéisme，一种贬低理性、宣扬盲目信从、以信仰代替知识或赋予信仰以一定意义的学说。

后来提到卢丹城时所说的"想象会出错，它是虚假的、受损的，它会欺骗辨识力"。[11] 除非错觉可以被怪罪于当事人的诡计和假装，被观察到的事情可被归因于此，问题也随之解决。这种假设是最具诱惑力的，但却很难被接受。它和"神迹解释说"一样，并不能让所有医生满意，虽然他们将其视为一个不可忽略的要素。

谨慎探索

这些问题尚未成为主要议题之前，就已经出现在对一起特殊病例的日常检查之中，它们与职业惯例和道德问题紧密相关。因此，"图尔医生瑟甘先生"在报告中小心谨慎地阐明和解释了 227 自己的个人立场：

> 先生：
>
> 　　如果我拒绝您对我的要求，那便是拒绝我对您发过誓的友谊。如果没有您的坚持，我可能不会对这样一起涉及魔鬼的事件提出自己微不足道的看法，我在卢丹城期间没有见到任何您所不知道的情况……我相信，各种各样的书面文字所公布的内容已经在包括新桥（Pont-Neuf）在内的各地流传。您肯定已经读过了巴尔丁（Bardin）先生写给朋友的与此事有关的信件，我相信您也是他的朋友之一。在此之后，我只能同意您的要求，除此之外，我无法让您满意。
>
> 　　他在信中已经精辟阐释了骗术不可能存在的原因，我无须赘述，但我想表述的是，在那些可怜的受害者状态正常的间隙，我与其中大部分有过交谈，她们回

答的话语非常天真，让我不由得认为她们无法长时间承受如此可怕的邪恶。直到此时，我才完全信服，说实话，最开始时，某位驱魔神父对驱魔仪式不加掩饰的热衷曾令我心绪不宁。

228 精神之疾？

到底是什么导致了精神之疾，我更加犹豫不决，因为和许多人一样，我认为它是有可能发生的。首先，医生撰写的与修女中魔有关的报告是以他们所做的检验为基础的，我不明白他们认为双倍剂量的泻药没有发挥作用必然是超自然原因导致的。德奥弗拉斯特（《植物志》（*Historiae plantarum*）第九卷，第 18 章）记录了有些人曾经吞食过嚏根草，但却没有出现任何症状，其中有一个人名为厄乌德姆斯（Eudemus）。有一天，他在集市上服用了 22 份嚏根草，整个上午都没有离开那里，回到家中之后，他便洗澡、吃饭，根本没有呕吐。德奥弗拉斯特把这种情况归因于习惯的强大作用，一旦我们的身体习惯之后，哪怕是最可怕、最令人无法忍受的毒药也会无效。

因此，我们之前曾经注意到这些可怜的修女身体羸弱，她们的身体已经习惯了，所以感受不到任何变化。此外，她们的体液或许没有经过恰当的准备，无法对药物产生反应，极端的抗药性导致药物的功效彻底消失，因此，第一项检测不足以证明是魔鬼阻碍了药物的功效。

此外，我认为她们的狂躁没有固定发作时间再正常不过，但是在驱魔神父的命令之下，她们的狂躁在某个确定的时间发作和结束就很奇怪了，这是我看到的、经常发生的情况，但有时也不会出现。然而可以确定的是，这通常不会偶然发生。因此，我们可以推断出，原因必定不是疾病。我并不认为它像人们假设的那么明确，我认为想象会受损，理性也会被扰乱，这就导致她们相信自己是被魔鬼附体的，她们的思维被这种错误不断侵扰，所以她们更乐意设想自己处于那些能够产生幻觉的场合之中。几乎所有精神疾病都有这种情况，根据诱发物的不同，发作的程度有可能加倍。因此，我们有必要认为这些可怜的女子落入如此怪诞的精神状态，当她们受到驱魔神父的刺激时，就会勃然大怒。

我们同样可以认为，她们突然出现的变化都是这种堕落的想象导致的结果，我们每天都能观察到这些女子的想象所拥有的力量，所以对此也见怪不怪。这种想象更常见于女性，所以更不能说它导致了这种疯狂，否则就过多涉及了我并不相信的内容。

这里必定有魔鬼恶行 230

如果没有一个狡猾的阴谋，如此不同寻常的疯狂不可能出现在数量如此众多、特征如此不同的人身上，而且以同一件事为目标，所以我坚信这肯定是魔鬼所为，我宁可相信魔鬼，也不愿怀疑一些从未受过恶劣评判的正直之人。

的确有些事情会动摇这种信念，也时常让我困惑。但是当我反复思考做出这些事情的到底是魔鬼还是一些比别西卜更可怕的人时，它们证实了我的想法，它们似乎能够摧毁魔鬼是敌人这种真理，但却更加坚定了我的信念。

有人会对我说，为什么要如此谴责那些不相信中魔之人，甚至要揭露他们为巫师？我承认自己不够聪明，无法解释这种惊天骗局。我认为这是一种影响范围很广的危险报复，只有上帝才能够将其消除。您可以相信您愿意相信的内容。但我要再次表示，这里要么有极其邪恶的行为，要么有魔鬼存在。否则，这些女孩怎么会讲一种我们认为她们从未学过的语言、准确回答各种各样的问题，甚至最深奥的神学问题？我自己时常亲眼目睹。她们如果没有经过长时间学习，怎么能够做出各种各样的高难度动作？我所说的并不是那些超自然动作，虽然有很多有能力进行评判的人证实了这一点，但我并没有亲眼见到。我向您提到的也不是她们向大部分法官（其中包括深信不疑的科特罗（Cothereau）院长大人）所展示的预言或特殊的符号。德·罗奈·拉齐利先生（Launay Razilly）使用图皮南巴语（巴西的一种部落语言）提问，她们也用这种语言进行回答，我之所以提到这位先生，是因为我对他无比信任，您也了解他是一位可信之人。

根据我所观察到的，我认为最诡异的事情是她们时常陷入昏睡，仿佛得了嗜睡症一样，就算被扎也没有任何感觉。有时候，她们的狂躁状况会持续整整两个小时，要么是整个身体，要么是身体的一部分，尤其是头，但她们的脉搏和呼吸都没有任何改变。我们可以从中得出结论，魔鬼是造成所有这些狂躁动作的精神原因和实质原因。这就是我对这件事的所知和所想，我向您陈述出来，别无他意，只求讲述真相。[12]

弗洛伊德的介绍

巴伐利亚画家克里斯托弗·海斯曼（Christoph Haitzmann）在油画中描绘了他的想象（维也纳，1677—1678年冬），死去的父亲化身为长着乳房的魔鬼，手中拿着取代了父亲戒律的纸质戒律。

弗洛伊德在《17世纪附魔神经病病例》（*Une névrose démonique du XVIIe siècle*）中对此进行了分析：魔鬼与上帝的矛盾性；用魔鬼替身取代死去父亲的契约；对新戒律的服从以及附魔神经病患从中获得的好处的结合。（手稿，奥地利帝国图书馆）

幻象

上图：《死灵之书》（*Livre des spectres*）扉页，皮埃尔·勒卢瓦耶（Pierre Le Loyer），1586年，巴黎，法国国家图书馆；右图：《圣安东尼受试探》（*Tentation de saint Antoine*），雅克·卡洛（Jacques Callot），布尔日/布洛兹

　　令人毛骨悚然的幻象是风景画和经典文学的装饰。想象是历史的一部分。如同卡洛所描绘的建筑，书面作品也萦绕着变化不定的幻象，那就是读者的思想和他眼前的物体：主体生产的想法与他对世界的感知存在着一种危险的模糊性。

《战胜撒督该人》（*Saducismus Triumphatus*）扉页，约瑟夫·格兰维尔（John Glanville），1691 年，巴黎，法国国家图书馆

宇宙论把天上的天使和魔鬼分成了等级，当它摇摇欲坠的时候，天使和恶魔就来到了人间。相应地，人变成了天使或魔鬼。界线变得模糊。

《圣伊格纳修斯的生平事件》（*Episodes de la vie de saint Ignace*），加勒（Galle）和克拉埃尔（Collaert）的版画（罗马，1609 年），巴黎，法国国家图书馆

罗耀拉的伊格纳修斯（Ignace de Loyola）先后成为魔鬼的奴仆和主人。当魔鬼在夜间成为主宰时，便化身为人；白天当他被驱魔仪式驱逐时，就成为野兽。人作为权力的形象浮现。

词汇

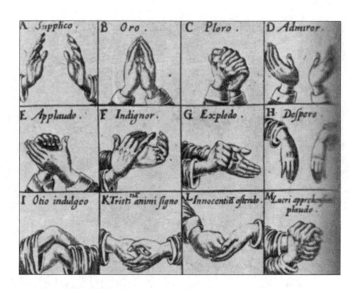

手的姿态构成了一套词汇。约翰·布尔沃（John Bulwer），《手语术》（*Chirologia*, 1644 年），巴黎，法国国家图书馆

物品就是语句。耶稣之名的祷文成为了可见之物的辞典。隐喻在图像空间中的分布透露了宗教"形象"（ligure）的缺失。维埃克斯（Wyerx），《耶稣各种名字的寓意》（*Allégorie des divers noms de Jésus*），巴黎，法国国家图书馆

　　谎言与真相、存在与不存在之间的战斗变得纠缠不休，十分怪异：围绕着一座敞开的墓穴或一个分裂的帝国的无休止的争斗。图中文字写道："每个人都认为自己正确，却没有看到每个人都是瘸子"。Gr. 德·曼德雷（Gr. de Manderer），巴黎，法国国家图书馆

身体的图例

　　微缩人体位于自然等级和超自然等级的交叉处：国王的身体，世界的孩子。罗伯特·弗拉德，《超自然》（*Supernaturali...*）（奥彭海姆（Oppenheim），1629 年），泰奥多尔·德·布里（Théodore de Bry）的雕版画。巴黎，法国国家图书馆 / 斯纳克国际（Snark International）

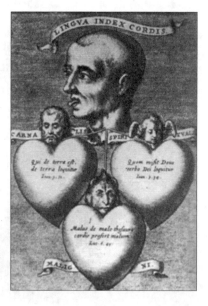

　　灵性的身体：多个头颅和心脏构成了一种神秘的关系。如果说舌头是内部活动的表现，那么相比于下方的象征神性、人性和兽性的头，上方的头代表了无形的欺骗。舌头讲出了那些隐形面孔的秘密。安东·维埃克斯（Anton Wierx）的版画，巴黎，法国国家图书馆

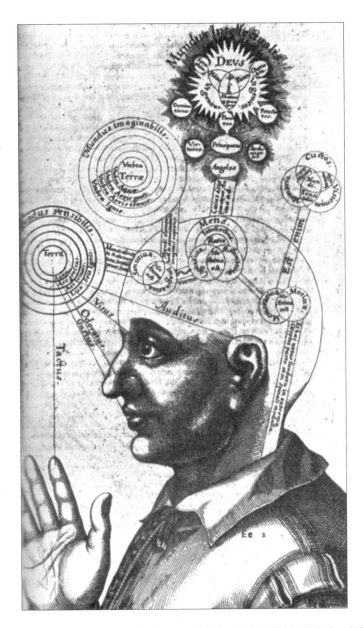

医学中的大脑：大脑是新的宇宙。大地和天空在颅骨内连接起来，颅骨内是知识的空间和客体。罗伯特·弗拉德（Robert Fludd），《两个宇宙的历史综论》（*Utriusque cosmi...*，1629 年），巴黎，法国国家图书馆

宗教战争把敌人描绘成了魔鬼。卢丹城这座剧场再现了失去拉罗谢尔（La Rochelle）的魔鬼逃离的场景，并呈现了一系列类似的"逃离"。巴黎，法国国家图书馆

面对恶龙的是一位新神：荣耀之王，他既是过去的圣乔治（saint Georges），也是未来的国家理性的太阳。《路易十三的寓意》（*Allégorie sur Louis XIII*，1617年），巴黎，法国国家图书馆

手和契约

民间图像中的天使的让娜：这个被附体的女人先后成为魔鬼的洞穴和上帝的圣龛；这个成为焦点的女人正在献祭自己神圣的长手。巴黎，法国国家图书馆

魔鬼开始写字（1634 年 5 月）：阿斯蒙蒂斯承诺"离开"让娜的身体。该文件被收藏到皇家图书馆。巴黎，法国国家图书馆

辉煌时期的于尔班·格朗迪耶（法
国国家图书馆）

最常被提及的女修道院长天使
的让娜（卢丹）

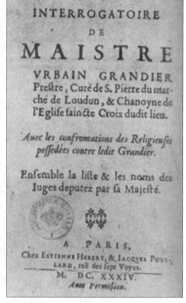

卢丹城的法官（法国国家图书馆）

在新桥贩售的小册子之一（法国
国家图书馆）

年轻时担任普瓦提埃主教的拉罗　　　暮年的绪兰。巴黎，法国国家图
什珀塞（1615年）。后来他的身材变　书馆
得肥胖。巴黎，法国国家图书馆

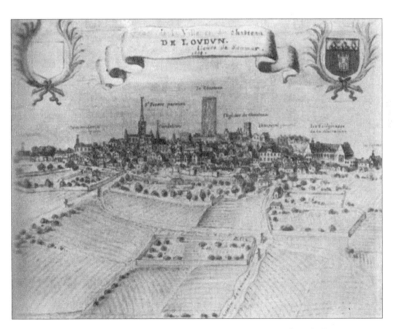

卢丹，大量耸立在田野中的钟楼。巴黎，法国国家图书馆

生动描绘了于尔班·格朗
迪耶在卢丹城被处死场景的图
像。普瓦提埃，勒内·阿兰，
1634 年。巴黎，法国国家图
书馆

被判处死刑的于尔班·格朗迪耶肖像画，巴黎，让·德·拉努（Jean de la
Noüe）。巴黎，法国国家图书馆

卢丹城的中魔

9. 如研究怪事般探寻真相

▎哲学的想象

诸多证据构成了一片如同女巫安息日集会的"密林"，瑟甘医生必须在这片密林中寻找真相，一个中魔女子曾向他透露蛛丝马迹[1]。医生、驱魔神父和神学家与她一起前往密林探寻。三年之后，笛卡尔也身处一片知识和印象所构成的森林，他在《方法论》（*Discours de la méthode*，1637 年）中写道：

> 在这一点上，我效仿森林中迷路的旅行者，当其在森林中迷路时，不应当到处乱撞，更不可停留一处，应当尽可能始终朝一个方向直线前进，纵然最开始的时候这个方向是偶然选定的，但是也不要因一些微不足道的理由就改变方向。这样即使不能准确地达到期望的目的地，至少最终也会到达某个地方，总比困在森林中迷茫要好。[2]

　　四足动物

　　卢丹城的博学者们采用了一种不同的方法。他们生活在一个由想象和谎言构成的世界中。他们在这个地方停留，渴望发现隐藏在想象中的理性，虽然那里有着世界上最可怕、最诡异的形象，[3] 或者从撒谎者的行径之中，辨别那些被颠倒或畸形的符号所隐匿的真相。他们的策略并不是离开那些被施了魔法的地方，相反，他们主动前来。他们被怪事所吸引，在那里逗留。如我们所知，在当时那个矫饰主义、巴洛克风格和贡戈拉主义*盛行的时期，这是一种普遍的现象。他们如研究怪事般探寻真相。

　　这一时期的医学之所以成为哲学的核心，是因为当时的疾病与真相的关系密切。对中魔进行表态的学者的目的不是让正常的事物摆脱邪恶，从欺骗中寻求真实，而是从处于畸形状态的自然（或超自然），从处于畸形或错误的状态的真相中去辨识真相。他们的意图很大胆，但却有可能转向对立面，因为它有可能让学者们思考自然是否并非病入膏肓或者真相是否并非一个不为人知的幻象。怀疑主义无孔不入……

　　因此，人们最初接受用病态的语言来描述常态，用魔鬼的语言来描述上帝，用兽类的语言来表述人类。医生相信自己接触的是神圣的修女、贞女和殉道者，但却把这些人比作四足动物（quadrupedia）。笔录所记载的无数话语其实是由喊叫和野兽姿态构成的，它使用了所有的动物种类构成了当时的想象世界中的诺亚方舟，仿佛对怪诞的生命或真理的赞赏与人类无关。在神与动物之间，或者在宇宙论或"万物核心"的组成要素之

237

---

　　* 17世纪西班牙巴洛克文学流派，提倡为高雅人士写作，作品堆砌夸张的辞藻，词句晦涩难懂，内容多反映人生无常、终归毁灭的悲观思想。

间，人类被忽略了。

但是这不也恰好准确定义了什么是人性？卢丹远离那个西拉诺·德·贝尔热拉克（Cyrano de Bergerac）所处的社会，后者在名为《反巫师》（*Contre les sorciers*）的信件中明确表示：我们只能相信一个人身上的人性部分[4]……

疯狂的符号和迹象构成了这片密林，在当时的背景下，人们必须分辨自己所处的环境，用尽全力去理解这些符号。他们必须破解这种病态的、魔鬼的或兽性的语言。他们必须使用一切智力活动工具，来破解真理所使用的外语。确立标准和规范迫在眉睫，因此每种技巧都被用来进行定义和识别。医生似乎忘记了自己的职责是治疗，对他们而言，诊断变得非常重要，他们也被要求表态。驱魔神父更重视展示中魔修女的疯狂，而非拯救她们。学者更重视给"真实"下定义，而非祛除邪恶。鉴别胜过了治疗。治愈的方法成为求知的手段。

恢复真实

238

或许医学或宗教仪式的职业实践所表现的只是它们与社会真理之间的关系（比其他地区和其他时代更加明显），社会真理是它们存在的前提和捍卫的目标。与它们有关的秩序逐渐衰落和崩溃，隐藏在治疗行为背后的目的显现出来。这个目的并不是治疗行为的初衷，但它与治疗行为的正常进行有关，即确立某种社会确定性，提供某种可靠的知识。泻药或烟熏、驱魔或祝圣变成了"理论"操作和调查手段。人们用它们来重新夺回"真实"，哪怕它已经变成了相反的东西。

卢丹的中魔令学者们失去了尊严，他们的知识被怪事所控制，正如同当时的人类学把疾病视为病人身上的闯入者，把魔

鬼视为基督徒身上的非法殖民者。解释畸形本是学者们如鱼得
水的领域，但这一领域却被夺走了，因此他们的目标就是要夺
回属于自己的东西。他们知道这些东西属于自己，但这一点却
已经不再明显。因此，他们必须夺回自己的知识，确保自己的
头衔是实至名归的，从错误的占有者手中夺回自己的权利。

所有这些寻找变质的真理的学者（医生、驱魔神父、神学
家）都会讲拉丁语，这一点或许并非无关紧要。不久之后，拉
239 梅纳蒂耶尔（La Ménardière）翻译出版了普林尼（Pline）的《图
拉真颂词》（*Panégyrique de Trajan*），基耶（Quillet）翻译了一些
拉丁语诗歌《恩利西亚多斯》（*Henriciados*）和尤维纳利斯（Juvé-
nal）的讽刺诗，等等。他们对自己的学习和娱乐的语言再熟悉不
过。在卢丹城，他们想要夺回属于自己的东西，就必须使用法语
和事实所构成的语言，这样的外语是畸形的、病态的、魔鬼的和
兽性的。拉丁语是他们的权利和头衔的核心，他们必须将其保留
在自己手中，才能与现实经历保持距离。几乎所有的医学报告和
所有的神学讨论使用的都是拉丁语这种能够证明他们的正统性的
语言。大部分时候，驱魔神父在与中魔修女讲话时，只说拉丁语，
这是他们作为教会代表的象征，教会是这些变得疯狂的神启的合
法管理者。他们也使用拉丁语迫使谎言之父（魔鬼）吐露真相。
如果双方在这一点上做出让步，那么其合法性就会消失不见。

药物和驱魔仪式

然而，讲同一种语言并不意味着医生和传统神学家就能够
和谐共处。他们有共同利益，但也是竞争对手。在每天的战斗
中，他们的权利都出现冲突。因此，1634 年 5 月 20 日，在三个
魔鬼从心脏的三处伤口"离开"天使的让娜之后，其中一个被

驱魔的女子向公众提出了关于医生知识的警告：

> 女修道院长的圣天使（saint Ange）迫使其中一个　　240
> 离开的魔鬼表示，它们想要让院长的三处伤口感染，夺
> 走她的性命。如果在伤口上敷上一些药物用来治愈或缓
> 解持续了将近三周的剧烈疼痛，这将允许它们完成其计
> 划。但是如果什么都不做，三周之后，伤口也会完全恢
> 复。信件的下方证明了这一点。任何伤疤都不会留下。
> 女院长非常希望人们能够使用人类的药物，缓解她的痛
> 苦，两周以来，她的伤口都在产生剧烈疼痛。但是人们
> 想要看看撒旦是否能够被迫表明自己的诡计。[5]

还有一次，驱魔神父展现了上天赐予他的对身体的权威，与
之相对的是下令开药或者放血的权力。至少在编年史作者的记述
之中，驱魔神父对血液发出命令时如同对大海发号施令的摩西：

> 她（天使的让娜）被喂下了一副锑剂，这种药水
> 的效力很强，只有最强壮的身体才能承受。在 24 小时
> 之内，人们仔细观察她，了解药物的功效。但此药水
> 完全无效。第二天，药的剂量加倍，第三天，剂量增
> 至三倍。即便如此，没有任何东西离开病人的身体。
> 她没有感受到任何药效，在三天之内，她神智正常，　　241
> 情绪平稳。修女的手臂被放了血，所有大人物都在场，
> 驱魔神父在她的手臂血流如注之时，命令修女身体中
> 的魔鬼止血。就在他下令的瞬间，血不再外涌，甚至
> 在手臂上方停留了相当一段时间。然后神父下令继续
> 流血，血立刻恢复之前的状态。各种各样的命令被重

复了数次，修女失血过多，最强壮的身体也会严重衰弱，但是修女虽然面色欠佳，但整体状态如常。药水失效令医生们大惊失色，放血时发生的情形也让他们非常震惊，他们一致承认这一切都不正常。[6]

医生的理论与实践和驱魔神学家的理论与实践是不同的，虽然它们常常属于同一种阐释体系。

窥视者

这些医生之中有一位来自巴黎。莱昂·勒图讷尔男爵（sieur Léon Le Tourneur）是一位德高望重的人文主义学者、巴黎大学的医学博士，1634 年 7 月 7 日，他在卢丹写了一封信，而且使用的是地道的拉丁语：

242　　　在巴黎，头脑总是被各种繁重的事务所占据，让人几乎无法承受，每个人都渴望在类似于伊萨基岛这样的地方休养生息……（莱昂·勒图讷尔男爵正要动身前往伊萨基岛度假）在朋友的劝说，尤其是上级的命令之下，我改道来到卢丹城，想要一探这著名的魔鬼妄想症的究竟，两年以来，它已在整个法国人尽皆知。我对如此怪异的景象充满了好奇，所以在这个发生过值得纪念之事的地方（monumentum）停留了一周。

他前来"探访"这个值得纪念的地方，就像医生探望病人一样。他在卢丹城的身份不仅仅是游客，更是一个"窥视者"（voyeur）。和他的同僚一样，他使用的词汇以一些不断重复的动词为核心：*admirari*（赞叹），*considerare*（察看），*contemplari*（凝视），*examinare*（端详），*explorare*（探察），*inspectare*（审查），*investigare*（调查），*mirari*（使惊叹），*notare*（注意），*observare*（观察），*reperire*（定位），*stupere*（使惊愕），*videre*（看），等等。与目光有关的动作总是搭配着一些形容词，例如 *accurate*（准确的），*sagacissime*（精准的），等等。这与显示出的内容的"错觉"形成对比。脸上所展露的难道不是一种假象吗？一种名为相面术（métoposcopie）的医学学科声称身体器官与面孔各部分有关联，并以此作为诊断依据，但这一学科在当时备受质疑。德·拉弗日男爵（sieur de la Forge）很相信这一学科，他是来自拉弗莱什的医生，极为擅长观察面部。勒图讷尔似乎有另一种解读方式（但这种方式似乎更不确定），他认为与面孔的各部分有关的不是身体部位，而是罪恶或美德：

> 额头、眼睛、面部表情和轮廓常常具有迷惑性。然而，在（卢丹城的）这些贞女身上，额头只代表崇高，眼睛代表谦虚，脸颊代表廉耻，嘴巴代表庄重又严肃的事情，整体的面部表情与欺骗相去甚远。[7]

南特医学院的医生彼莱·德·拉梅纳蒂耶尔（Pilet de la Ménardière）无法或者不愿意相信：要么我的感觉被迷惑，要么书本是具有欺骗性的。[8]

让身体说话

但是这一切都有待论证。医生们想要捍卫以观察为基础的某种知识，他们把治疗当作证据。因此他们的实践是为了"让身体说话"，用已知的内容来破解被观察到的现象。从这个角度来看，没有什么比修女们的嗜睡症或者彼莱医生、杜什纳医生（Du Chesne）和其他人所记录的警惕性睡眠（sommeil vigilant）更有害了。烟熏能够唤醒沉睡的、封闭的身体。驱魔神父从医生那里借用了这种与嗅觉有关的方法（以味道的"功能"为244 依据）：

> （阿涅斯）修女突然陷入昏睡，然后抽搐起来。待她再次昏睡之后，上述神父（拉克坦斯）用烟熏让她摆脱了昏睡，但随之而来的是剧烈的抽搐……[9]

这种方法到了特朗基耶神父手中就像酷刑一样，这位神父是对抗魔鬼的老手，他的行事方式比较粗暴：

> 他的行事准则就是必须迫使附身的魔鬼说话和作答……有时候，连续两天，附身的魔鬼似乎都没有折磨女修道院长。此时如有重要人物来到，并且表示想要看到中魔的迹象，为了取悦他们，驱魔神父就会对中魔修女使用一切他认为合理的手段，增加修女的痛苦，他认为除此之外，没有办法让这些魔鬼现身和说话。
>
> 例如，为了让女院长表现出超出正常范围的躁动，驱魔神父会激起她的愤怒。为了让撒旦说话，他会用快乐和愉悦来引诱。为了激怒修女，神父使用的是点燃的松脂蜡烛、掺了矮接骨木的硫磺以及类似物品所产生的烟，他用这种烟来熏中魔修女的脸，当痛苦超出承受范围并且失去耐心之后，撒旦就会现身。为了

激发修女的其他情绪，神父使用的也是同样野蛮的方法，可怜的女孩无法招架，只能声嘶力竭地大声哭喊、哀求。听到她哭喊的人跑来帮助她，却被眼前景象吓到，神父非常粗暴而无礼地驱散他们，导致他们再也不敢回去。[10]

药物

这种以护教论为借口的异常情况是治疗方法变动导致的极端后果，它证明了烟熏法的新用途。罗吉耶、考斯涅、格罗洛、加雷、布里昂、雅盖和杜克洛这些医生所使用的药物也是一样：

> 我们在奉命用药时，从症状最轻的开始，并考虑了病人的力量、年龄、性格和致病的体液。针对脾、肝、脑等部位的药物包括番泻叶、大黄、伞菌、红花以及类似的东西。症状更重的病人服用旋花块根、药西瓜及其在药店中贩售的化合物，此外还有绿蔥葵和藏红花。如上文所述，所有这些药物都没有任何效果。[11]

246

这些药物以泻药为主：番泻叶净化忧郁和大脑粘液（疯癫是不正常的大脑构造或者导致大脑异常的冷体液或粘液所引起的）；大黄质重、能发热、不含液体，能够净化胆汁（和旋花块根的效果一样）；伞菌能够净化痰液，等等。其他医生的用药包括发汗剂，多重功效的盐以及五味子。他们用这些药物制成了一种巧妙的、预制的、有软化作用的灌肠剂或者清洁效果显著的灌肠剂。

除了这些药物以外，还有其他方法。某些医生频频使用放血疗法。脉搏和汗液是主要的分析对象，吞咽、粪便和尿液较少被涉及，这是一些基本的检查。

这些各种各样的治疗方法都是用于论证的手段。它们被用来迫使身体"说话"，作为医学的证据。它们让身体像镜子一样，反映出医学知识的样貌。无论它们是否有效，这都能证明现象的超自然特征，也可以证实忧郁不能引发这一特征的理论。

247　确定证据

职业评论家才有资格确定什么能够具有论证功能，因为确定什么是因、什么是果的也是他。在《论忧郁》(*Traité de la mélancholie*)中，彼莱·德·拉梅纳蒂耶尔认为忧郁不会产生他在卢丹发现的情形，所以忧郁不能对其做出解释，但有些东西超出了自然范畴。定居在苏缪的苏格兰的哲学家和医生马克·敦坎在《论卢丹修女的中魔》(*Discours de la possession des religieuses de Loudun*)[12] 中把想象作为一种理论，将发生在卢丹的、根源并非欺骗的所有事情与之联系起来。1635 年，时任希农医生的基耶为法国神职人员所写的拉丁语《讽刺诗》(*Satire*)以及《在卢丹城访问中魔修女的九日全见闻》(*Relation de tout ce que j'ay veu à Loudun en neuf jours que j'ay visité les possédées*，1634 年)都基于同样的原因，提出了同样的立场。[13] 杜什纳的态度有更强的不确定性，虽然他的整体立场摇摆不定，他更倾向于站在"中魔主义者"[14] 一边。普瓦提埃医学院院长弗朗索瓦·皮杜 (François Pidoux) 在《医学实践》(*In actiones Juliodunensium Virginum… Exercitatio medica*)(当年再版一次)中毫不犹豫地批驳敦坎，并发表了《辩护》(*Deffensio*)反对杜瓦尔男爵，后者在一部以尤拉利乌斯 (Eulalius，意为"善言之人"）为笔名的作品中视皮杜为无知之人。[15]

忧郁物理学

真正的争论存在于理论领域。这些医生是哲学家，或者参考了某种哲学（宇宙学）以及能够解释卢丹所发生之事情的学说。因此，1634 年 9 月，彼莱·德·拉梅纳蒂耶尔在给巴黎友人杜布瓦-多芬（Du Bois-Daufin）的信中写道：

> 您精通自然哲学，所以我请求您，根据（亚里士多德的）《物理学》（*Physiques*），仔细审视（卢丹的）事件是否源自某种（自然）原因。

他在《论忧郁》中批评（把中魔修女的行为归因于忧郁的）可笑舆论，这种舆论的基础是一种民间谬论或者彭波那齐学派的哲学家的谬论。[16]

《论咒语，或论奇异现象的自然原因》（*De naturalium effectuum (admirandorum) causis, sive de incantationibus*）是意大利曼图亚学者彼得罗·彭波那齐（Pietro Pomponazzi）于 1556 年在巴塞尔（Bâle）出版的著作，1567 年再版。这部作品是彼莱·德·拉梅纳蒂耶尔的攻击目标，实际上，它是开创了现代哲学的作品中最大胆的一部。[17] 它明确了那些把事件归类为结果的原因。彭波那齐的设想源于想象，或者说是一种自然决定论（déterminisme naturel）*，他把能感知到的信息归于这种原 249

---

* 自然决定论不同于因果决定论，认为自然法则和自然规律统治包括人类社会在内的万物，认为偶然性和必然性共存，地位均等。

因，无论这些信息看起来多么诡异。1616 年，在巴黎，瓦尼尼（Vanini）在《论大自然的神奇秘密——世人的女王和女神》（*De Admirandis Naturae Reginae Deaeque Mortalium Arcanis*）中引用了彭波那齐的思想，甚至摘选了其作品。这部著作导致的争论存在于宇宙理论范畴，而非观察领域。这些争论明确了最奇特的症状里存在着何种"真相"。昂热学者皮埃尔·勒卢瓦耶（Pierre Le Loyer）在《死灵之书或灵魂、天使和魔鬼的显现和幻象》（*IV Livres des spectres ou apparitions et visions d'esprits, anges et démons*）（昂热，1586 年；巴黎，1605 年和 1608 年）中批评彭波那齐时就是这么做的，彼莱·德·拉梅纳蒂耶尔从该书中获得了很多启发，但很少提到它。

无论是当时所有"哲学家"所讨论的主题，还是以不同方式融合了气质学说（多血质、抑郁质、粘液质等）、四元素（火 / 炎热，水 / 潮湿，气 / 寒冷，土 / 干燥）、体液说（胆汁、黑胆汁、粘液、血液）、"有灵论"（自然，生命或动物）等内容的体系，关键都在于决定运用何种认识论，中魔修女的观察者要依赖于它，它迫使"学者"对可能性作出表态，无论这种表态是从备受争议的传统出发，还是以新理论的名义。

无辜的想象

让表面的事实呈现"根本原因"，这就是彼莱·德·拉梅纳蒂耶尔的意图。他对中魔深信不疑，认为卢丹城的"奇迹"并不仅仅是一种变化不定的体液所产生的结果，唤醒这种体液的是驱魔仪式中的工具和言语所导致的想象（Imagination）的力量。

他的回复是：不，幻想没有这种力量。他很了解这一点：

想象被人四处传播，成为那些无计可施之人的庇护，他们在卢丹事件中的伎俩已经用完，但不公正的行为却仍然持续，但是幻象并没有大部分人所想的力量。如果抑郁女子认为自己被魔鬼附身，中魔真的就因此产生，那么想象必定与上帝的观念同样有力。

……人类的思想是精神层面的，在某种程度上类似于造物的形式，但是它并没有让所想之物成为现实的功能。否则，如果我想想自己是一座沙堡，那我就真的变成了沙堡。同理，只要人们认为自己身体健康，就绝对不会生病，这种思想还能缓和性情，排除其他原因，让我们处于绝对健康的状态。

想象和判断

251

想象并不具备那种假想的力量，因此将其剥夺绝对是正义之举……

对想象有更深入了解的人非常清楚，想象所作的就是单纯地设想鬼魂（如今我们称之为幻觉）或者呈现相同事物的画面……当镜面映照出它面前的物体的原貌时，我们不能谴责它不够忠实，虽然镜面中的形象或许是世界上最可怕、最诡异的。如果我戴着有色眼镜去观察，我就不能责备我的眼睛看到的事物都带上了镜片的色彩，因为它们的自然功能就是察觉物体表现出的样貌，而不是去分辨这种样貌是真是假。

因此，在源自五脏六腑的热气所导致的昏睡中，或者热气升至大脑所造成的不适状态中，例如忧郁，我们会出现一些幻觉或其他不存在的事物，并信以为真，因为不洁的烟雾（人类思想的物质原因）会让人的判断力无法发现自己的错误，这不是想象，我说的是灵魂的能力，它应当被谴责，因为它没有发挥应有的功能……

但是所有的错误都源自我们的判断（虽然它是无辜的，虽然是灰暗的热气熄灭或模糊了它的光芒，导致它误入歧途），仔细检查那些它应当评判或监督的事物，我们会发现它对情况做出了错误的推理，把错误的想象视为真实的。严格来讲，只有理性没有纠正、没有区分真实与表象、真相与谎言时，这种想象才会具有欺骗性。

自然的界限

源自经验[18]的问题要求从理论角度做出决断，把视觉所提供的一切归类为有可能的事情。无独有偶，和视觉一样，想象的"真"和"假"也被剥夺了，它们应当由判断力来决定，判断力的价值只取决于它的自由度和推理。真相被封闭在判断和评论这两种行为之中，不再是观察的难题之一。但是它和思考者的个人裁断或者推理的正确性有关联，推理的前提只能是既定的（源自哪里？）。

这是一种笛卡尔式或前笛卡尔式的情境！此外，拉梅纳蒂耶尔把卢丹城的事件归因于超自然原因，这种原因的"真理"存在于事件之中，他也提出了自己的知识的自然范畴的界限。

我将其（自然）保留在事情之中，我知道它是

合情合理的，我也小心翼翼地避免不从中剥夺任何东西，我力求公正，不让它的领域受到超自然原因的损害……[19]

致君子

在他看来，成为"中魔主义者"，简言之，是一个决定，想要进行推理，就必须确定超自然因素，这种必要性是双向的。他提出了一个理由，让判断力充当评判或监督的角色。在《致君子》（*Aux honnêtes gens*）这篇献词中，他声明：

> 这份出版物是一部很久以前就准备好的著作的一部分，您会明白为何我迫不及待地为您写下这篇献词……我对您拥有这部著作没有任何意见，虽然人人都说孩童和书籍属于公众，但对于后者，我并不赞同。我认为我的作品更属于我自己，而非他人，因为它们源自我的思想，它必然是自由的，不受人类警察法律的束缚……[20]

由于这本书在出版时是匿名的，拉梅纳蒂耶尔又写道：

> 如果您觉得这是正确的，您肯定会觉得好奇并想要知道我是何人。如果这与您的品味不符，您完全不必知道作者是谁。再见。[21]

254

他在自己的作品中隐身，就好像从隐居之所观察它们一样，这隐居之所正是作品"诞生"的地方。他看待作品的眼光与公众不同。在某种程度上，可感知的事物的原因与其导致的结果地位相同，这些结果不会以自己的名义出现，它们只对了解原因本身的职业评论家"说话"。

1638 年，他成为国王的弟弟奥尔良公爵加斯东（Gaston d'Orléans）的顾问和医生，并出版了《论精神的本质》（Rai- sonnements sur la nature des esprits...）。随后，他被任命为国王的朗读教士，入选法兰西学士院。他对诗歌的兴趣愈加浓厚，1640 年，他出版了一本《诗学》（Poétique）。1634 年的他虽然是"中魔主义者"，但这并不代表他的思想落后。然而，面对极端的情况，他必须选择一个理论立场。

在支持超自然因果关系论的阵营中，有一些与他不同甚至相悖的选择，但它们和"中魔主义者"的选择一样，都与因和果之间的划分有关。它们认为必须在经验之中去理解真正的存在为何突然出现，这种存在是由理性所确定，它的核心或许也在改变；也必须把经验视为另一种不同的理性的出发点。一方面，我们可以看到笛卡尔理性主义的轮廓；另一方面，某种实证主义在卢丹城中以"科学"或"神秘主义"的面貌轮番出现。实际上，这些选择是互相影响的，因为它们无法脱离问题或者控制它们的体系。

反中魔主义者

当反中魔主义者对中魔"发表看法"时，他们也以忧郁、想象、自然和可能性为理论基础。但是他们的选择与彼莱·德·拉梅纳蒂耶尔相反。他们没有为了确定自然知识的应用范围而给理性设定界限，他们事先把所有能够理解的内容都纳入了自然因果关系论之中。在观察结果没有出来之前，这是一种挑战，一种大胆的思想选择。社会的宗教同一性出现裂痕让这种选择成为可能，这种选择最常体现在以传统形式进行的如实记录之中。

从"反中魔主义"的角度来看，未知之事或异事不能归结于超自然原因（而在其他地方已知的原因），也就是自然之外的原因；它属于未来对自然的认知。换言之，未知之事不属于另一种（被揭示的）认知，它源自未来的同一种认知；它呈现的是被理性所确定的能力尚不能及的内容。因此，从理论设定事实并非超自然开始，新的技术手段和"观察"就有可能出现。

因此，两大阵营对发生在卢丹的奇事的解释为同样的事实 256 赋予了截然不同的意义。例如，某些中魔主义者和某些非中魔主义者也承认（看到）某位修女的身体腾空，但是前者认为这是魔鬼所致，后者认为这是黑胆汁所致。拉梅纳蒂耶尔注意到，只有在驱魔神父把修女当作中魔者时，她们才会做出那些非同寻常的动作，想要平复这些修女无比狂躁的情绪，在说话时必须把她们视同大地的主人，用行动来证明没有人相信这些可怜的身体里存在着魔鬼。[22]

因此，拉梅纳蒂耶尔得出结论，只有在被教会质询的时候，地狱的力量才会显现；当驱魔神父对魔鬼发号施令时，身体才会出现抽搐，这种情况排除了黑胆汁体质对中魔修女的影响。相反，其他人从同样的事实得出了不同结论，以拉丁语、神圣的装饰物和命令为武器的驱魔神父能够撼动那些黑胆汁体质的女人，让她们按照人们所期待的方式来表现。

情爱妄想症

克洛德·基耶的诊断非常简单：癔病性躁狂（hystéromanie）。这位来自希农的医生年仅 27 岁。他有着拉伯雷式的性格，喜欢玩弄阴谋，是一位不知疲倦、博学多才的诗人，也喜欢美食和辩论。1636 年，他陪同德斯特雷元帅前往罗马，从此 257 开始了辉煌的职业生涯，他依靠的是黎塞留的纵容以及通过不受拘束的天赋打造的关系网。此人身材矮小、肥胖、面如红枣，但他的坦率和学识赢得了诺代的赞赏。根据诺代所述，此人认为：

> 最好称之为癔病性躁狂或者情爱妄想症（éroto-manie）…… 这些可怜的修女或魔鬼被困在四壁之间，发了疯，陷入了一种忧郁的妄想之中，被肉欲所折磨，实际上，她们的肉欲被满足之后，才能被完全治愈。[23]

这可以被视为医生的调侃，基耶后来在《美婴欲》（*Calli-paedia*，巴黎，1655—1656 年）中还认为星座符号对受孕有着决定性的影响。他首先坚持的是发生在卢丹的事情绝非"自然"，甚至还明确了被观察到的奇事的自然原因有哪些。

他的近邻和朋友、卢丹人伊斯梅尔·布约也有同样的想法。29 岁的布约正值壮年，他在 1630 年放弃了新教，皈依天主教并受领神品。他爱好天文、历史和东方语言，从 1631 年开始与伽桑狄常年保持通信。他热衷于传教，也致力于批判朋友格朗迪耶在受审期间承受的不公或沉迷于神迹的教徒的迷信。

258　　**一个怀疑论者：敦坎**

马克·敦坎是这些依靠信念和熟人联系起来的"博学之人"之中最年长的，他对卢丹城的事件的分析也是最透彻的。他已经出版了一部关于简明逻辑学。他对数学、哲学、神学、医学都很感兴趣，也在苏缪城中成家、行医。很快，他就收到英格兰国王詹姆斯一世（Jacques Ier）的邀请，赴英担任御医。他拒绝了邀约，留在了苏缪。他所写的《论卢丹于尔叙勒会修女的中魔》（*Discours sur la possession des religieuses ursulines de Loudun*，1634 年）招致女主顾布雷泽元帅夫人的责难，洛巴尔德蒙对此书的评论给这位贵妇留下了深刻印象。敦坎在此书中写道：

> 让我们假设此事没有任何欺骗或虚构的成分。那么是否可以由此得出结论，认为这些女子被魔鬼附体了？难道没有可能是她们因为疯狂和错误的想象而相信自己被附体了，但实际上中魔并不存在？如果有疯狂倾向的人被关在修道院里，困于冥想，她们很容易出现这种情况，而且会有不同的途径。
>
> 第一，它可能发生在斋戒、守夜祈祷，以及对地狱的惩罚、魔鬼及其诡计、上帝审判和其他类似事情的深入冥思之后。她们这样的人最好不要过这种孤独的宗教生活，因为与其他人的日常接触能够让她们避开那些邪恶。
>
> 第二，她们的告解神父曾经说过一句被误解的良言，这可能会导致邪恶出现。他告诉她们，某些邪恶的欲望源自魔鬼的诱惑和教唆，例如离开修道院和嫁人等她们或许曾有过并忏悔过的念头。她们感觉这些欲望时不时出现在心里，于是就相信自己被魔鬼附体，对地狱的恐惧让她们认为自己总是被魔鬼尾随。
>
> 第三，告解神父看到她们言行怪异，或许是出于

259

无知和天真，他想象这些女子被魔鬼附体或中了巫术，于是就用自己对她们的影响力说服了她们。

事实上，阿涅斯修女经常说，在被驱魔的时候，"她并没有被魔鬼附体，但是有人想让她相信，迫使她接受驱魔仪式"。1634 年 6 月 6 日，驱魔神父不小心把一些燃烧的硫磺滴到了克莱尔修女的嘴唇上，可怜的姑娘立刻大哭起来，说道："既然有人告诉我我被魔鬼附体了，我也就准备相信了，但并不能因此就让我承受这种折磨啊。"

她们其中两三个人一旦有了这样的想法，很快就会将其传播给所有其他人。这些可怜的修女非常相信同伴所说的话，更不敢对女院长有任何怀疑。于是她们惊恐万分，日夜回想这些事情，她们把自己的梦当成幻象，把恐惧当成魔鬼来访。如果她们听到黑暗中老鼠的声音，也会认为它是魔鬼，如果一只猫爬到了她们床上，她们也觉得是魔法师从烟囱进到房间里，想要玷污她们的贞洁……[24]

梦与书

彭波那齐借用想象的力量解释了神迹[25]，这种力量导致那些因为紧闭和传染而极容易受影响的人之间出现了两种危险，它们和当时的治疗一样，需要通风和隔离。精神就像某种液体，能够近距离传播。在敦坎看来，这种精神的传染或传播是某种心理和肉体病态的基础。它在很长一段时间内都将起到这种作用。1677 年，让·德·桑多尔（Jean de Santeul）依旧把下列"病例"提交给了为萨布雷侯爵夫人服务的瓦朗医生（Vallant）：

　　我们请求瓦朗先生说出对此事的想法：两个人的关系非常亲近，他们甚至会互相触摸。一个人有腹泻并伴有严重的绞痛，另一个人感觉良好。半小时或一小时之后，本来感觉良好的人开始腹痛，就像被针扎一样……

　　我们是否能够合理地认为这种突然出现的症状是因为精神在身体之间的传播并导致身体健康恶化？阁下，我们将您视为法官，请求您做出判断，我们将绝对遵从。[26]

261

　　被这些症状所掩盖的是那些"精神"，瓦朗医生了解这些精神，并因此成为评判者，他能够揭开这些"现象"的混乱或奇怪的表面。

　　因此，想象、梦或痴迷（这些暗夜之书，如勒鲁瓦耶所述）让学者们把目光转向印刷的书、可靠的出版物以及科学家确立的学说也就不足为奇了，所以数不胜数的"权威"所写的著作，尤其是古代的和专题的作品塞满了医生们的书房[27]，医生们的"判断"和"推理"写满了书的空白处或文章里。

　　根据《卢丹城圣彼得迪马舍教堂神父、圣十字教堂议事司铎之一于尔班·格朗迪耶先生的辩驳书》的记录，如果最博学的医生的判断是可信的，那么子宫窒息、普瓦图腹泻、高烧、癫痫病都可以导致一些前所未有、诡异至极的症状、抽搐、扭曲和怪相……可以作证的是西蒙·古拉尔（Simon Goulard，《令人惊叹之历史》（*Histoires admirables*）第一卷，第二部分）、布拉萨沃尔（Brasavole，《评希波克拉底的第65句名言》（*Commentaire sur le 65e aphorisme* *d'Hypocrate*），第五卷）、乌维耶（Uvier，《魔鬼的欺骗》（*Imposture des diables*），第三卷，第15章）和著名的外科医生彼格莱（Pigray，《外科术》（*Chirurgie*），第七卷，第六章）……[28]

262　　从白昼之书到暗夜之书，从"权威"到梦境，从相同到他者，学者们假设一种知识的文本是延续性的，他们有可能被剥夺（être déposédé）这种知识，而且他们必须辨别出它的各种畸形的形式，不断重塑对它的解读（或者说明）。

‖ 神学的骗子

263　　当驱魔神父试图让骗子（Menteur）说出真理时，他也在和手中的书作斗争，例如福音书、某位神学家的论著、米迦埃利斯神父（Michaelis）的《真实历史》（*Histoire véritable*）或其他魔鬼学权威的著作。根据一本名为《格朗迪耶先生致国王书》（*Lettre au Roy du sieur Grandier*）（并非格朗迪耶所写）的小册子所述，……没有什么是在米迦埃利斯神父的书中找不到原话的，他撰写了普罗旺斯中魔女子的历史，本地的中魔模仿的都是这本书中的记载……[1]

学者的确信之事

比《格朗迪耶先生致国王书》的作者所想的更严重的是，真实发生的事情也与这本书如出一辙。事件的性质，也就是事件本身，取决于一门能够界定精神之性质的学科。因此在卢丹中魔事件初期，向巴黎的神学大师请教尤为重要。他们远离奇事发生的地点，但他们可以在身处之地用一种知识来解释发生在卢丹的事情。这就是 1633 年普瓦提埃主教所咨询的四位索邦 264 神学博士寄去的答复（自然是用拉丁语所写）的意义。

> 我们是久负盛名的巴黎大学的神学博士，应声名显赫的亨利-路易·德·沙斯泰涅·德·拉罗什珀塞神父的要求，承上帝与教廷之恩宠，我们仔细阅览和查看了身在卢丹于尔叙勒会修道院的医学和外科学博士提交的事件和记录，我们认为有两位修女，即修道院长天使的让娜和修女萨齐利的克莱尔的确被魔鬼附身，应当将其作为中魔者进行监禁和处理。

魔鬼存在的证据

首先，根据医生的记录，他们和许多其他人都看到这两位修女在空中悬浮一刻钟，她们的身体虽有自重，但依然升空并保持悬浮。很明显，这不可能是自然发生的事情，必定有超出自然的力量让她们处于这种悬浮状态。这种力量必定源自魔鬼，很明显以上帝名义所 265 下之令或驱魔仪式可以证明这一点。虽然有人提出，除了在空中悬停之外，喷嚏也可以让中魔修女的身体晃动，降低身体在空中的高度，然而，即便没有其他证据，升空和悬停这两项就足以证明魔鬼的附体。

第二，上述修女躺在床上时，身体无需前倾，关节也无需弯曲，她们也能站起来，这是不可能自然发生的事情，亚里士多德的《机械问题》（*Mécaniques*）

和盖伦（Galen）的《论人体各部位的用途》（*De l'usge des parties*）等都有诸多论述。

　　有人说舞蹈演员和走钢丝的杂技演员为了让普通观众大吃一惊或让他们掏钱，有时会突然站起来，因此不能把这些修女突然站起来视为可靠的中魔证据。它会遭到两方面的驳斥，会被认为它是假的，与经验不符。一方面，当舞蹈演员站起来时，他们的身体并不是伸直的，而是处于一种弯曲的姿态，那不勒斯的特鲁卡多（Trucardo）用一张示意图描述过；另一方面，在站起来的过程中，腰部要前倾，但我们并没有在上述修女身上看到这一点，她们的身体是直挺挺的，没有任何弯曲，她们就在观察者和医生的注视下，站了起来。更重要的是，她们的躯干和关节没有任何弯曲。所以，修女站起来也是她们身上有超自然力量存在或者被魔鬼附体的可靠迹象。

　　第三，在驱魔仪式中，上述修女出现了可怕的抽搐、狂躁和扭曲，她们的面部、嘴巴和脸颊有着可怕的动作。在许多涉及脾脏、子宫、癫痫和类似疾病案例中，任何医生都从未见过这种情况。此外，这些躁动丝毫没有改变动脉的自然脉搏，没有导致脉搏加快；相反，从心脏收缩和舒张的角度来看，她们的身体处于一种平静、完全健康的状态。这绝对能够证明这些修女的躁动和折磨并非源于自然（否则脉搏会杂乱），而是源自外部媒介，即魔鬼。况且，在驱魔仪式等以上帝之名所下命令的力量介入之下，这些暴躁而诡异的症状才出现，只要驱魔仪式停止，这些症状就会消失，修女们也会恢复之前的平静。

266

无意冒犯

……这就是为何我们认定这两位修女（天使的让 267
娜、萨齐利的克莱尔）的确被魔鬼附体，任何认真仔
细检查了这些迹象的人都不会予以否认。

对于该修道院的其他四位修女，医学博士们认为
她们是被魔鬼侵扰而非附体，我们不愿给出意见，因
为她们的相关症状不如那两位中魔修女明显。然而，
如果人们希望我们检验收到的信息，并据此给出某种
判断的话，我们无意冒犯诸位医学博士，但我们认为
她们是被魔鬼附体，而非被魔鬼侵扰。侵扰是魔鬼作
为外部媒介。驱魔仪式或其他手段迫使这四位修女表
现出的症状似乎源自内部。但我们不做最终评判，我
们更希望让上述医学博士和其他目击证人做出表态。

1633 年 2 月 11 日，巴黎签发。[2]

适应

这个奇怪的诊断是由两位正派的教师安东万·马丁（An-
toine Martin）、雅克·沙尔顿（Jacques Charton）及当时两位巴
黎神学界名人安德雷·杜瓦尔（André Duval）和尼古拉·伊桑
贝尔（Nicolas Isambert）所签署。

这些学者只有给出判断意见的权利。他们了解到的事情是 268
被他人观察过、节选过的。面对这些已经被其他人（医生）安
排过的信息，他们所做的只是以自己传承的知识的名义，给自
己所说的话增加一种意义，即说出真相。然而，事实上，在陈

述事情的时候，真相是已经被确定的，因此他们只能根据被强加给自己的真相来调整他们自己所说的真相。

医学博士把肉眼"所见"与他们的理论观点相协调，特使和民事法官会以自己的行动来划定界限，但神学博士和这两类人不一样，他们必须让自己的论证与自身之外既定的判断和事实保持一致，哪怕在理论上和无意冒犯的前提下，他们会与医生提出的判断出现分歧。

根据医生视角所列出的症状清单似乎吸引神学家去反复思考，这毫不令人吃惊。神学思考与那些身体形象、表象纠缠在一起，但它应当与其保持距离，从那些表述"真实"存在之性质的书中选择学说与其进行对比。

从驱魔仪式到魔法

在 20 个特征之中，有 2 个揭露了各种事件以及相关医学观察导致神学所面临的模棱两可的处境，这种情况存在于驱魔神父之间，一方面，驱魔仪式变得扭曲，从一种宗教仪式行为、具有救赎和启示意义的操作变成了一场戏剧化的战斗中的武器，让中魔者承认自己获得了什么，失去了什么；另一方面，在传统立场被推翻之后，真相存在于谎言之中，说出真相的人恰恰是骗子。

我们已经看到，驱魔神父开始采用医学手段。他们使用医生的烟熏疗法和药剂师的药物，这就仿佛他们来到了魔鬼的势力范围之后，也接受了医生的战术。例如，修女陷入昏睡之后，驱魔仪式就失去了效果，神父和前一天一样，用硫磺、芸香和其他药物祝圣，制造烟熏，烧毁描绘着魔鬼贝埃里（Béhéric）及其同伙的画像和名字的纸张……[3]

这种魔法手段和治疗方法的混合使用在所有笔录中随处可

见。以前，人们几乎不会使用不属于宗教仪式的方法。如今，驱魔神父是否对自己的方法失去了信心？亦或是这些方法已经不再是实践手段，而是成了戏剧表演和毫无效力的话语？

　　然而，神父有自己的工具和自己的手段。当医生成为观众的时候，神父成了导演（例如加布里埃尔·拉克坦斯神父所说：驱魔神父回答说，好几位医生要求观看他们早有耳闻的身体扭曲，270他便想要满足他们的要求[4]），他使用神圣的物品：圣器、圣体台、圣体匣、圣饼，也使用会产生物理因果关系的物质，例如火、水或烟雾，根据它们与身体的距离之远近，会出现不同的反应。只有《福音书》没有被反复使用，它很早出现在笔录中，只有在仪式结束时才被提到：在暂时恢复平静时，驱魔神父会讲述仪式中蕴含的福音书内容，就像是幕间休息一样。其他的圣物就像工具一样，用来让驱魔仪式重新开始或者使其更加戏剧化：

　　　　修女一直保持平静，直到神父把圣事放在她的头上和腹部，并命令魔鬼离开，修女的身体被掀翻，陷入昏迷，此事需要使用烟熏。
　　　　……驱魔神父使用了圣体，逼迫魔鬼……迫使抬起修女的身体……[5]

神圣手指

　　圣事、烟熏、圣体：这些手段被交替使用。在同一场仪式中，圣体匣、圣饼、圣器也会出现，另一个被广为使用的工具是驱魔神父、教士或主教的神圣手指：

　　　　主教大人（德·拉罗什珀赛主教）抓住修女，把　　271

神圣手指放入她的口中，（她）立刻抽搐起来……

　　在几次驱魔仪式中，修女都保持平静，随后，驱魔神父（一位修士）抓住她，把神圣手指放入她口中，命令魔鬼贝埃里（Béhérit）现身，修女立刻剧烈抽搐起来。[6]

　　一成不变的表述方式记录了这根手指是如何发挥作用的……这些记录中还提到了其他物品，这些工具像神圣手指一样单独出现，它们都属于驱魔神父神圣的武器储备，需要单独存放。它们似乎具有一种源自所有人体行为或宗教仪式的力量，同时与其他"物品"（口、头或其他所有被魔鬼寄居的身体部位）截然相反。

　　它们遵循着自己的路径。我们可以在勒内·达尔让松（René d'Argenson）的记录中有所发现，这位杰出人物在遗嘱（1652 年）中提到了自己所有财产，其中包括一个圣物匣，他很可能在担任桑通日（Saintonge）和普瓦图总督时（1633—1634年），发现了此物的"功效"，具体地点或许是在卢丹，他的亲属拉特雷莫耶家族（La Trémoille）曾来过此地：

272　　　　……我的真十字架圣物匣通常被我随身带着，这是普瓦提埃圣十字修道院长拉特雷莫耶夫人赠送之物。我曾经亲眼目睹它在一位中魔者身上发挥了神奇的功效。[7]

治愈语言

　　那么，所有这些物品的功效是什么？它们存在于一问一答之间，能够"带来"或强迫招供。根据笔录所述，也就是在那

些最能表达驱魔神父的实践与观点的报告中，当教会人士用拉
丁语所说的话无法获得他们所期待的回复时，工具就会介入，
它能够把宗教话语中不相关的部分"结合起来"，强行把语言差
异视为对信仰的否定（被颠覆的魔鬼形象），这就是渎神话语；
在第二个阶段，它迫使语言差异自我否定，从而与出发点完全
吻合，这就是魔鬼的"忏悔"。

　　因此，首先必须有魔鬼话语存在，这意味着一场针对修女
的沉默、"昏睡"或拒绝的斗争。随后，这种话语要转而反对自
己，宣扬地狱的痛苦、救赎者的荣耀或圣母玛利亚的力量。每
次出现意外或中止，圣物或药物就会开始、维持和修正这个过
程。它们就像鞭子一样，能够以物理方式，从外部"纠正"这
个每天都要重复的过程中的任何错误或疑惑。巧妙的技术能够
保证人为的语言构建。

273

　　卢丹的驱魔仪式也因此远离了传统，甚至颠覆了传统。在
过去，宗教仪式行为很有节制，上帝的话语能够治愈灵魂，有
时，让中魔女子被赐福和聆听福音，也能治愈她们的身体。在
卢丹，驱魔仪式的首要目标已经不再是治愈中魔女子，而是治
愈语言，因此也出现了一种意义的偏移或翻转。驱魔仪式的目
的是巩固被怀疑撼动的话语，在以前，神职人员的话语通常是
一种神圣化的、抚慰人心的行为。驱魔仪式中的做和说换了
位置。

实践的消失

　　如果撇开导致这种颠倒出现的预备阶段，我们可以发现，
卢丹的驱魔仪式已经没有任何效果。参与者沦为背景，成为某
种体制的角色，这种体制的所有要素所说的都是同样的内容。

驱魔神父和中魔女子是承载真相的人物和载体，真相应当在被否定时突然浮现，超越沉默和渎神话语，在看似消失的地方再次出现。宗教语言必须发声和重复，它是主体和客体的统一，每种行为或每个参与者都为它服务。

　　在以前的驱魔仪式的实践中，行动具有优先地位，但它被言语表达取代了。以耶稣-基督之名驱逐魔鬼、给予基督徒救赎之福的宗教仪式具有私人甚至秘密的特征，但取而代之的却是语言的悲剧，演出的各个组成部分（驱魔神父、中魔女子、公众等）不断重复着同样的真相，这可以弥补语言的支离破碎。这场演出的每个合作者都应当反映出同样的形象、同样的阿门、同样的陈述，才能保证如今成为教会所说话语的真实性。

　　这种操作的关键在于和谎言的关系。驱魔仪式的目的是击败谎言，但谎言也可能让驱魔仪式遭到危险的破坏。真相与谎言、真相的证人和骗子之间的近身搏斗是如此隐秘，甚至含糊不清，驱魔神父已经不知道他面对的中魔修女到底是本人还是他者。他不断地想要同化对手，增加自己的信心，结果陷入自己的计谋之中，失去了维护自信的方式。他对骗子施展各种手段，迫使其身份被局限于真相的证人，他坚持要在欺骗中加入真实性，结果他无法分辨自己是被自己的计谋所骗，还是成为敌人骗术的受害者，他的真相是否被幻象所改变，或者他是否让骗子落入陷阱，战胜了谎言。难道这不也证明了他在捍卫真相的同时，并不知道真相在哪里吗？

　　迫使骗子

　　驱魔神父在为真相而发动的战役中所使用的是军事词汇，及类似于医生在描述观察到的内容时所使用的视觉词汇。这场战役的核心问题是：能否让骗子说出真相？这个问题涉及的语级不太明显，但同样重要。中魔女子使用的兽性语言（抓挠，撕咬，匍匐，嘶鸣，吼叫等）表达的是人类的神圣真理吗？魔鬼所讲的外语是教会拉丁语所表达的神启的翻译或者某种意义上的否定吗？这些对驱魔仪式的作用提出质疑的问题讨论的是教会（"我们的圣母教会"）迫使"谎言之父"说出真相的力量。

在最初阶段，魔鬼揭露的真相是被隐藏的事件以及秘密思想的真相。很多文献试图证明这一点，例如《一位大法官写给巴黎的德·拉莫特·勒弗瓦耶小姐的关于中魔修女向格朗迪耶的法官袒露的各种秘事的信》（*Lettre d'un magistrat à Mademoiselle de La Motte Le Voyer, à Paris, où il est parlé de diverses révélations de choses secrètes, faites par les possédées aux juges de Grandier*）（1634 年 8 月 2 日）。[8]

这封信中讲述了德·拉斯里小姐在中魔期间发生了一件令最博学的上帝神学家都为之震惊的事情，即魔鬼猜到了驱魔神父的想法，但神父的手势和话语都没有泄露这些想法。然而，圣托马斯和最伟大的神学家坚持认为，魔鬼无法了解我们的内在想法。[9]　276

"极其秘密的特征"

1634 年底，绪兰第一次来到卢丹感受到的就是驱魔神父的思想与中魔修女的话语如此相近，着实令人担忧。绪兰来自马雷纳（Marennes），他是一位名叫玛德莲娜·布瓦内（Madeleine Boinet）的妇人的精神导师，该女子是绪兰很感兴趣的狂热女信徒之一。[10] 绪兰在卢丹城听到了以下让他大惊失色的内容：

> 第一个出现的（魔鬼）对他说：为什么他要抛弃在马雷纳所培养的善良灵魂，却要来到卢丹拿这些发疯的女子寻开心。它立刻说出了身在马雷纳的虔诚信徒的极其秘密的特征，中魔修女（天使的让娜）此前从不认识，也从未听说过这些人。

事实上，女修道院长非常聪明，她已经提前打探过了相关情况。

> 玛德莲娜在给绪兰的一封信中认为他会因为这个（驱魔神父）职位而饱受折磨。绪兰把这封信拿在手中，让魔鬼看。魔鬼说：
> "这是你虔诚的女信徒的信。"
> 绪兰接着说：*Quaenam illa est?*（她是谁？）
> 魔鬼回答：你的玛德莲娜。
> 绪兰又问：*Dic proprium nomen.*（说出她的姓）
> 魔鬼愤怒地回答：你的小布瓦内。
> 这个虔诚的女信徒名叫玛德莲娜·布瓦内，她随后被送到了波尔多……与女院长的对话结束后，神父立刻向众人表示，尤其是对那些数量众多的不信教者，他对中魔确信无疑。女院长身上的魔鬼向他提到了许多发生在马雷纳的事情，而且这些秘事只有他才知道。魔鬼对他说出了这些秘事（对手"倾吐"出的源自黑夜的真相也诱惑了他），他的眼中燃起火光，迫不及待地想要知道寄居在这些修女身体里的魔鬼的真相。[11]

277

与无神论者的争论

寄居在修女身体中的魔鬼讲出秘密这件事令人震惊，但我们是否可以由此而谈到权利？驱魔神父是否有权利要求知道被偷偷篡改和隐藏在这些身体中的真理？或者换一种表述方式，既然事关"真相"，那么被迫讲出的话语是否足够可信？通过分析"要求骗子讲出真相"的权利，我们可以发现，"基督教的真理"与他者，即和"无神论者"或不信神者之间的关系象征性地成为关键所在。这种"要求渎神者说出基督教信仰并强迫其接受"的权利虽然带有戏剧化和魔鬼论的色彩，但和当时的护教浪潮一脉相承，例如 1634 年，让·德·希隆（Jean de Silhon）在专著《论灵魂不朽》（*De l'Immortalité de l'âme*）中 278 表示：

> 信仰从未像现在一样，如此需要恢复活力。他们从未像现在这样，犯下如此危险的反宗教罪行。他们攻击的已经不再是屋顶或防御工事，他们破坏的是城墙角，损毁的是根基，他们想要炸掉整栋建筑。[12]

他明确表示要反对进攻者，从进攻者身上强行获得各个年龄段、各个民族的赞同，在对手身上发现被他们拒绝的信仰，让他们说出那个"他们不愿承认但的确存在于他们身上的"真相。按照希隆的护教学说，在卢丹，魔鬼和无神论者有着同样的地位。因此，教会（驱魔神父、神学家）迫使骗子讲出真相的权利并不是一个次要问题。

魔鬼的信条

伊斯梅尔·布约从司法角度思考了这个问题，他认为对格
279 朗迪耶的审判是令人无法忍受的，因为它仅仅以魔鬼的证词为
基础，法官相信这些证词，没有采用圣托马斯和巴黎大学的相
关学说。[13]

这是一种公正的异议，但实际上，"魔鬼的证词"并没有成
为法官宣判的司法理由或证据。这个问题主要是从神学角度提
出的，布约还表示，驱魔神父对那些从魔鬼口中得到的"真相"
的信任是以一种危险的、亵渎宗教的、错误的、恶劣的、可恶
的学说为基础的，它导致基督教徒崇拜偶像，迫害基督教的根
基，打开了恶意诽谤的大门；如果上帝不纠正这种邪恶，魔鬼
将会屠杀人类作为祭品，而且不再以摩洛克（Moloch）*的名
义，而是打着地狱魔鬼的信条的旗号。[14]

《关于卢丹本堂神父受审判的备注和考量》（*Remarques et
considérations servant à la justification du cure de Loudun*，1634
年）中也有表述：

> 令人震惊的是，当魔鬼诬告本堂神甫或者诽谤善
> 良之人，人们如此轻易就相信了，魔鬼让基督徒的处
> 境比相信魔鬼、把魔鬼视为上帝的异教徒更糟。有人
> 告诉我们，魔鬼是骗子和诽谤者，但他们却想让我们
> 相信它说的话，尤其是它诋毁本堂神父或者诽谤德行
> 最高尚之人的言论，但如果魔鬼为格朗迪耶开脱，那

---

* 摩洛克是异教火神，他的信徒有烧死孩童献祭的习俗。

它却是骗子……

因此，他们想要废黜只能说出真理的上帝，让只 　280
会撒谎和虚妄的魔鬼取而代之，这种虚荣被他们奉为
真理。[15]

真相与虚妄狭路相逢，如同异教和基督教的碰撞。就此问题，格朗迪耶本人引用了不久前的一部权威著作，即 1618 年，巴夫勒尔（Barfleur）的奥斯定会修士参孙·比莱特（Samson Birette）在鲁昂出版的《与被逐魔鬼之回复有关的民众错误的批判》（*Refutation de l'erreur du Vulgairetouchant les responses des diablesexorcisez*）。参孙修士参考了圣让·克里索斯多姆（saint Jean Chrysostome）、圣托马斯·阿奎那等人的著作，并咨询了索邦神学院，他得出如下结论：

因此，被驱逐的魔鬼的确会撒谎，驱魔仪式也并
非总是能迫使它说出真相。[16]

交织

"并非总是"精准阐释了托马斯·阿奎那的原则，即不应该相信魔鬼，哪怕它说的是真理[17]。真理是有的，但在哪里？如何识别出来？魔鬼就像真理与谎言交织的斯芬克斯，帕斯卡对想象也有同样的看法：

想象——它是人生中最有欺骗性的那部分，是
谬误与虚妄的主人；而它又并不总是在欺骗人，这
就越发能欺骗人了；因为假如它真是谎言的永远可

靠的尺度的话，那它也就会成为真理的永远可靠的尺度。[18]

让-约瑟夫·绪兰也把经验的主要内容视为真与假的交织，281 他想要以经验为基础，确立一门科学。在谈到魔鬼时，他认为它们并不总是在撒谎：

> 想要知道它们所说的何时为真，何时为假，很难给出一个可靠的、毋庸置疑的尺度。
>
> 我可以说的是，只有通过上帝给予我们的经验；当驱魔神父尽职尽责，以超然而谨慎的思想去行动时，我们的主将会迫使它们去做教会所希望的事情；为了造福灵魂，上帝常常会逼迫它们在最不情愿时说出重要的真理。如果它们所说的内容符合信仰对我们的教导，我们便大可放心……[19]

这里综合了三个标准，第一个标准（当驱魔神父尽职尽责时）如何能够得以确认？第二个标准（教会所希望或命令的事情）后出现了"常常"这个限定成分，说明针对的是整体情况，具体案例则并不清楚。第三个标准（符合教会的教导）所带来的"大可放心"的基础和范围是"信仰给我们的教导"。人的超然和谨慎、教会的使命和授神职、对教义的忠诚这三点都没有超出 17 世纪的论著所宣扬的标准。或许这也是绪兰的意图，282 他宣传的是一种以"不信神者"为大众的社会所不了解的真理（"神秘主义"），是一种需要以不同的经验之间的交际语言进行表述的真理，因为话语在不停地围绕着本质的定义打转，但与真正发生的事情却没有任何关系。

但是，如果没有魔鬼，一种确定的真理也能被相信和承认，它们又有什么作用？

驱魔神父手中的指导手册（从方济各会修士贝加莫的坎迪多·布罗格诺里（Candido Brognoli de Bergame）的《神父驱魔指导手册》（*Manualeexorcistarum ac parochorum*，贝加莫，1551 年）到艾纳滕的马克西米连（Maximilien de Eynatten）的《驱魔指导手册》（*Manualeexorcismorum*，安特卫普，1635年））对这一点都没有太多讲解。它们和所有手册一样，对要求中魔女子说出的真理有着严格要求，这是一种早已过时的做法。

实际上，卢丹城的驱魔神父的命令与那些年的社会背景有关。那是一个在 1650 年左右结束的时期，但这个时期的思想潮流在 17 世纪末再次出现。就在这个时期，基督教的真理陷入了各种各样的思想、大胆行为和分裂之中。信徒们感觉它似乎迷失在了谎言之中。无神论者甚至取得了巨大发展。必须在谎言之中找到真相，那么对宗教领域而言，就是要分辨与中魔修女所说的话纠缠在一起的真相。但是，驱魔仪式的实践却体现了两种截然不同的反应。

知识的确切地点

对某些人而言，这个由谎言和真理交织形成的关于真相的新的确切地点非常重要。因此，他们从公共表演转向在内心的双重性之中寻找萌芽的真相，这是一种激进而明确的选择，精神交流让这种选择成为可能。绪兰是迈出这一步的第一人，他对公众表演提出批评，更倾向于在自己的场合进行私人对话，为决定性的选择做准备。他也因此创立了一种"实验科学"。

对权力的捍卫

对另一些人而言，首先是教会的权力受到了威胁。在他们看来，真理没有受到局势的影响，虽然局势能在不知不觉间改变寻求精神和真理的内部条件。真理受到教会机构和话语的确定、限制和掌控，它们并不是新的思考目标。整个问题都来自外界和意料之外的势力。这个问题与真理无关，它涉及的是权力。

权力和强迫这两个词经常出现在讨论之中。人们经常说：教会拥有强迫魔鬼的权力。抛开个人动机不谈，这句话有自己的逻辑。压制对"合法性"产生威胁的对手，这就是驱魔仪式所模拟的。它把圣事当作权杖或武器来使用。特朗基耶神父在 284 《有关卢丹城于尔叙勒会中魔事件及于尔班·格朗迪耶之审判的公正的诉讼程序实录》（*Véritable relation des justes procédures observées au fait de la possession des Ursulines de Loudun*, 1634年）中写道：

> 对于是否能够使用教会合理要求魔鬼给出的证词，以及它们所说是否为真，我不想做任何探讨。我向读者推荐一本最近在普瓦提埃印刷的小册子，其标题为《对三位索邦神学院博士的意见以及布莱特神父的关于被逐魔鬼之著作的简短解读》（*Briefve Intelligence de l'Opinion de trois docteurs de Sorbonne, et du livre du Père Birette touchant les diables exorcisez*）。
>
> 我想说的就是魔鬼在受到圣事的命令之后，绝不会想要撒谎……驱魔神父曾对其中一个魔鬼说，如果

它指控神父是魔法师，其他人就会信以为真，这个魔鬼就这么说了。但是当它被圣事要求讲出真理时，它无法越界，只能收回自己的说的话。[20]

安德雷·杜瓦尔从一个更宽泛的角度探讨了世俗司法权限插足教会事务导致的危险。1620 年 2 月 16 日，他表示：

> 阻止为中魔者进行驱魔仪式，就无法让非基督教徒和异端分子了解驱魔仪式通常所带来的神迹，这神迹恰恰能够证明教会的神圣。此外，认为中魔者属于世俗司法权限是错误的。[21]

特朗基耶对卢丹城事件的理解更加确切，他说对魔鬼的胜利是上帝的功劳，因为这是国王的功劳；德·洛巴尔德蒙大人 285 仰仗国王的公正与虔诚，领导了审判；因此正义女神带着宝剑和天秤这两件常见的武器来到了卢丹城，宣布针对地狱的判决。[22] 权力的有效性很明显属于政治。

因此，捍卫教会对真理所享有的古老权力的行为（驱魔仪式）被迫变成了一场演出。它逐渐朝着只说不做的方向发展。它唯一需要做的就是得到源自外部的即国王的支持，它把国王的态度奉为天意，并尽力配合。在新条件下被提出的真理问题没有得到承认之后，驱魔仪式的戏剧化程度越来越深。这种戏剧化是一纸判决的产物，是拒绝被驱魔的症状。这场与权力有关的表演暴露了对即将失去或已经失去权力的担忧，因此这场表演更加引人入胜。

10. 巫师的审判

（1634 年 7 月 8 日—8 月 18 日）

审判于 7 月 8 日开始，特别法庭任命了审判格朗迪耶的法官：

1634 年 7 月 8 日，国王路易以及国务秘书路易·菲利波签署和任命的新特别法庭委托和派遣：

上述德·洛巴尔德蒙大人，

普瓦提埃特别地方法院推事罗阿坦（Roatin）、理查（Richard）与舍瓦利耶（Chevalier），

奥尔良特别地方法院刑事长官乌曼（Houmain），

图尔特别地方法院院长科特罗，

特别长官佩基诺（Pequineau），

图尔特别地方法院推事德·布尔日（de Burges），

圣麦克森（Saint-Maixent）法院司法长官泰克西耶（Texier），

希农法院司法长官德鲁约（Dreux），

希农法院特别长官德·拉巴尔（de La Barre），

沙特莱罗（Châtellerault）法院特别长官和刑事陪审官德·拉比舍里（de La Picherie），

波弗特（Beaufort）法院司法长官利弗兰（River-　290
ain），

以上所有人员需审理并完成上述格朗迪耶及其同谋的审判，直至最终定刑和执行，即便有任何反对和上诉，也不得再延期。[1]

法官的圣职

这些被任命的法官都不是卢丹城本地人，他们都来自卢丹西边的城市，这些城市形成了一个半圆，大致勾勒出了以天主教为主的地区与新教扩张的桥头堡卢丹之间的边界：波弗特昂瓦莱（Beaufort-en-Vallée）、希农、图尔、奥尔良、沙特莱罗、普瓦提埃和圣麦克森莱克尔（Saint-Maixent-l'École）（见下页地图）。

根据某些小册子所载，一些被推荐给特别法庭的卢丹人被要求回避，例如奥古斯特·德·慕斯蒂耶·德·布尔格诺夫（Auguste du Moustier de Bourgneuf）（代表庭长）、夏尔·肖维（陪审官）。普瓦提埃大法官贡斯当（Constant）和最初被任命为（？）特别法庭检察官的皮埃尔·富尼耶也同样回避。来自拉弗莱什法院的推事雅克·德·尼奥（Jacques de Nyau）被任命为特别法庭检察官。

入选特别法庭的主席、长官或推事都来自地方特别法院，这些地方法院负责处理一些小型事务，理论上每个法院由九位法官组成。他们的官职是花钱买来的，他们的工作报酬微薄，也并不繁重。在马雷纳，有人炫耀这种官职所带来的的悠闲自　291
在的生活。[2]

特别法庭成员所在的特别地方法院

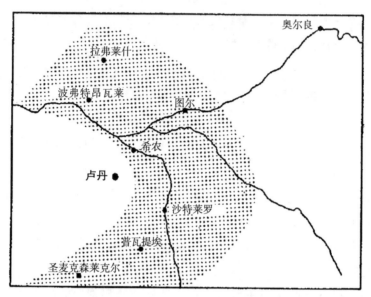

新教扩张的桥头堡卢丹城与天主教抵抗势力

这些身处皇室司法等级之中的法官是否属于那种拥有某种"背弃精神"、想要脱离平民阶层的小资产阶级？无论如何，他们有自己的"阵营"，例如舍瓦利耶属于泰赛克男爵（sieur de Tessec），德·拉巴尔属于布里泽男爵（sieur de Brisé），罗阿坦属于若里尼男爵（sieur de Jorigny），等等。有人说德鲁约、拉巴尔和乌曼是野心勃勃的不信教者。[3] 但是没有证据。德·尼奥是一座拉弗莱什教堂的财产管理员，他被指控挪用圣器，但巴黎高等法院宣告他无罪。这不仅证明了他的品行，也表明了他在拉弗莱什的根基和社会宗教地位。同样，有证据表明泰克西耶是圣麦克森的圣事会成员之一；罗阿坦与普瓦提埃的耶稣会关系密切，他也参与了反宗教改革运动。

292

他们入选特别法庭让法官拥有了真正的圣职，能够面对身为嫌疑犯的神父。他们对巫师和中魔修女所行使的公共职责涉及宗教司法、精神引导和教牧"劝诫"。他们相信自己能够拯救受到威胁的宗教、被破坏的秩序、被魔鬼虏获的灵魂。这些世俗之人被授予圣职，取代了神职人员，他们与渎神的神父作斗争，遵从了洛巴尔德蒙来到卢丹的使命，洛巴尔德蒙则把自己视为新神圣权力的执行者。[4]

镇压批评

这个"异乡人组成的"法庭引起了一片反对之声，洛巴尔德蒙似乎成了这个法庭的主宰和庇护者。海报和小册子在大街小巷悄悄流传，张贴者和印刷者均为匿名。特使（洛巴尔德蒙）在圣十字教堂的大门上发现了类似的印刷品，作为反击，他下令四处张贴以下决定，并命人在讲道台上和十字路口处大声宣读，保存至今的手稿仍保留着警察粘贴和读者撕烂的痕迹：[293]

> 奉国王陛下及其政府和私人议事会顾问、奉命于卢丹城督办驱魔仪式之特使德·洛巴尔德蒙大人之命，任何人，无论何种身份、何种地位，都不得抵制、诋毁、伤害于尔叙勒会修女和其他被恶灵附身之人、驱魔神父以及那些帮助驱魔神父的人，无论驱魔仪式在何处、以何种方式举行。违者将被处以一万利弗尔罚款，情节严重者将被处以体罚。
>
> 为了防止任何人以不知情为借口，本命令将于今日在卢丹城教区教堂之中宣读，在教堂大门以及其他有需要的地方张贴。

1634 年 7 月第二个周末，卢丹。[5]

这一决定遍布所有可能出现批评的地方，力图将批评之声压制下去，随后在 7 月 26 日，加尔默罗会教堂举办宗教活动，包括弥撒、讲道、领圣体和庄严的游行，法庭的工作随之开始。在最后宣判之前，每个周末和节庆日，法官们都会前往城中的一座教堂，表达对圣事的崇敬，参加圣灵弥撒，聆听其中一位驱魔神父的布道。

294

50 刀大开纸张

宗教仪式结束之后，法官们立刻开始阅读下令成立特别法庭的皇室敕令，任命乌曼和泰克西耶为独任推事，听取证人证词，更为重要的是核查洛巴尔德蒙为他们准备的厚重的卷宗，洛巴尔德蒙刻意不参与他们的讨论。这是一项艰巨的任务：

> 在格朗迪耶被处死之前的诉讼案卷虽然简洁明了，但也包含有 50 刀全开纸张（一刀大约为 96 张），法官们用了整整 18 天来记录审判，每天工作六个小时。[6]

这 50 刀大开纸张是如今历史学家仍然在研究的文献。7 月 15 日，都彭神父写道：

> 据可靠消息，对同一桩魔法犯罪有三个不同的调查，其中一个收集了 75 个证人的证词，还有一个收集了 22 个或 23 个证人的证词，第三个调查搜集了 10 个或 11 个证人的证词。[7]

上帝之意

7月初，拉罗什珀塞离开了卢丹城，不再管理驱魔仪式事宜。

> 我们的主教大人已经离开卢丹两周，把一切自由
> 和权力交给了前来审理格朗迪耶的临时法庭的法官。
> 主教要求驱魔神父们要满足这些法官了解情况所需的
> 一切。目前，这些特派法官们在撰写（驱魔仪式）笔
> 录，为免给诽谤者落下口实，德·洛巴尔德蒙大人已
> 经不再参与其中。
>
> 法官命人按照他们期望的方式去审问魔鬼，有时
> 他们也会亲自审问……自从这些法官接手之后，奇迹
> 不断增加，仿佛上帝想要筹划大事。关于中魔，他们
> 掌握了想要的一切证据，魔鬼也服从他们，自从他们
> 来到卢丹之后，魔鬼变得更加顺从。[8]

洛巴尔德蒙把位置让给了他们，拉罗什珀塞躲闪一旁，魔鬼变得更加"顺从"，这些来自附近特别法庭的先生们突然拥有了如此权威！但是特使（洛巴尔德蒙）压制了批评之声，命人为他们看守身后之门；主教离开之前留下了确信无疑的证明；狡猾的"魔鬼"擅长奉承这些预示着成功和解放即将到来的法官。从7月26日到8月18日（宣判日），法官们忙于处理"中魔主义者"所写的大量笔录，与魔鬼进行难以置信的面对面辩论，还要应对"有经验"之人的舆论。这些法官对这座城市并不了解，他们"受到保护"，接触不到城市中的流言（如果他们想了解这些流言，他们有时间吗？），他们提前被尊为奉上一个 296

能够带来益处的牺牲品的祭司，但这个牺牲品却并非他们本意。在一场神圣的斗争中，这些虚假的伸张正义之人所扮演的角色早在他们被任命之前就已经确定好了。他们是这样一个机缘巧合的可怕角色的囚徒，他们是否因此而沾沾自喜，他们可曾意识到这个角色，他们是否因此感到恐惧？我们只知道在宣判之后，他们"如释重负"。

失语

被告人格朗迪耶身陷囹圄，对发生的事情毫不知情，只能由母亲四处奔走，从她那里了解相关信息，正如同法官们受制于洛巴尔德蒙一样。7月28日或29日，他给母亲让娜·埃斯提耶弗写信：

> 我的母亲，
>
> 被任命的国王检察官大人向我转交了您的信。您在信中告诉我，他们在我的房间里找到我的文件，留下了那些能够为我辩护的证据，并将其交到我手中。但他们什么都没有给我。
>
> 此外，即便我收到了这些文件，也完全无法写作。
>
> 对于案情的陈述，我没有别的内容可说，只有在审讯期间所讲的，主要有两点。
>
> 第一点，他们询问我第一次被指控的事情，我告诉了他们，并表示我已经被洗清了罪名，四次免予处分的判决必定能够证明这一点。两次判决来自普瓦提埃特别法院，另外两次来自波尔多大主教大人。如果特派法官大人们怀疑这些判决的公平性，他们可以凭借自己的权威，命人调来巴黎高等法院诉讼档案室中

297

的文件以及我的民事文件，这些能够证明那些诉讼是针对我的诬陷。

第二点与魔法和修女的疾病有关。对此，除了一个始终存在的真相以外，我无话可说。这个真相就是我是绝对清白的，是被恶意构陷的，我已经向司法部门提起诉讼。想要证明我的无辜，必须使用大法官大人的笔录，里面包括了我向国王法官和大主教大人呈交的所有诉状。我也向德·洛巴尔德蒙大人递交了一份正式副本，国王检察官大人告诉我他也有一份。

您可以请求我们的诉讼代理人使用这些文件，他也会表示赞同。我的回复中有我的辩护和理由。虽然上面提到的大人们给了我机会，但我没有提出任何无法通过书面材料和证人来证明的内容。

除此以外，我全心全意相信上帝的神意、我发自良心的证词和公正的法官，我一直在向上帝祈祷，希望法官们能够公正开明，希望善良的母亲安全无恙，愿上帝让我恢复自由身，让我更好地向母亲尽儿子和仆从的义务。

298

格朗迪耶

他又在附言中写道：

我对外界发生的事情一无所知。如果公共领域发生了一些有用的事情，只要议事会认为合理，我们就应当利用。⁹

格朗迪耶的对手们虽然各自有不同的原因，但都同样盲目。

即便不久之后组织了一场对质，但他们怎样才能在8月会面？此外，这份文本是我们所知的格朗迪耶留下的最后文献之一，他重复说道："我一无所知……我无话可说"。这是这位能言之人最后的几句话之一。他阐述事情的方式不同于他那些游刃有余的演讲。他仍不了解这些事情，它们被藏匿在那个他藐视并逃离的小团体之中。在他看来，既然真相以一种盲目暴力的形式被揭露出来，他也就无话可说。他"屈服于"这种不一样的力量。他以同样的方式，把话语权交给了母亲，或许真正的话语权始终在她手中。

　　真理的胜利

　　在囚禁格朗迪耶的监狱和进行驱魔仪式的教堂周围，卢丹城中的形势被针锋相对的思潮推动着，起伏不定，好奇的来访者越来越多，互相矛盾的流言蜚语到处流传。有人举行集会，讽刺文章越来越激烈。8月初，特朗基耶神父发表（当然是匿名）了《有关卢丹城于尔叙勒会中魔事件及于尔班·格朗迪耶之审判的公正的诉讼程序实录》，这部作品首先在普瓦提埃出版，然后在拉弗莱什和巴黎再版，后来与单独发表的《被驱逐的魔鬼之综述》（*Thèses générales touchant les diables exorcisés*）合并出版。他在长篇论述中使用了军事词汇，洋洋洒洒，迸发出一种危险的光芒。作品的序言如同一支战歌和胜利之歌：

　　　　卢丹的中魔女子事件是几个世纪以来此类事件中最值得关注、最有名的。地狱化身为堕入异端所带来的绝望，但它不能阻挡天主教的真理战胜谬误，它负隅顽抗，企图让魔法变得可信，从而更加肆无忌惮地把自己的狂怒发泄到天国和无辜之人身上。

这座城市似乎注定遭遇不幸与灾难，因为恶灵在此处恶意谋划异端。它们不也正是在这座城市里聚集 300
起来，通过魔法向上帝宣战吗……？ [10]

根据作者所言，与魔鬼作战是为了公众的安宁，但是我们知道，长久以来，在占领者的词汇之中，镇压（réprimer）和安定（pacifier）是同义词，也知道它们所承载了什么意义。

格朗迪耶周围

8 月初，敌对的另一方也在传播旨在辩护和揭露的抨击文章：

《为卢丹圣彼得迪马舍教堂神父于尔班·格朗迪耶先生辩驳的陈述书》（*Factum pour Maître Urbain Grandier, prêtre, curé de l'église de Saint-Pierre-du-Marché de Loudun et l'un des chanoines de l'église Sainte-Croix dudit lieu*）。四开本印刷，12 页。[11]

《关于卢丹本堂神父受审判的备注和考量》（*Remarques et considérations servant à la justification du curé de Loudun, autres que celles contenues en son Factum*）。四开本印刷，12 页。[12]

《于尔班·格朗迪耶向审判特使面呈的辩驳陈述意见》（*Conclusions à fins absolutoires, mises par-devant les commissaires du procès par Urbain Grandier*）。文献，8 页。[13]

这些篇幅短小的文章到处流传，因为印刷数量不多而被不断抄写，格朗迪耶不是这些文章的作者，而是被评论的对象。人们谈论他，他却不再说话。这些言辞激烈（但构思严谨）的文章让他在法官面前的处境更加不利，它们几乎要把他推上黄泉路，就像人们急切要求消灭魔鬼一样。然而，这些文章依旧被转达到了他手中。他在给诉讼代理人让·莫罗（Jean Moreau）的信中提到了这些文章：

> 莫罗先生：
>
> 　　我签署了《辩驳陈述意见》，而且您会看到我亲手写了一些意见，以防万一。我不知道这是否得当，因为我不明白这些形式。我不愿签署《辩驳书》，因为我不想冒犯任何人。您可以在《辩驳陈述意见》的页面空白处看到我写的内容，请将其转交议事会，以查看里面是否有任何对我不利的内容。请提交我的材料，不要有任何遗漏。
>
> 　　您的仆从，
>
> 格朗迪耶
>
> 8 月 9 日周三早 11 点，狱中。[14]

　　被围捕、被隔离的他已经辨认不出自己的辩护者。前一天，在司法官瑟里塞的召集和小号手布里奥（Briault）的宣传之下，他们在卢丹市政厅组织了一场集会，但刑事长官埃尔维和国王律师默纽奥立刻前往，并宣布集会非法。

　　大批人群聚集在市政厅。司法官宣布集会开始，并抗议威胁整个城市的诉讼审判、特朗基耶的小册子及其不公平的宣传，反对这种要求国王介入的处境，这场集会很快就变成了胡格诺派与天主教之间的论战。狡猾的埃尔维谴责"所谓的改革派"利用宗教集会挑唆民众对抗国王权威，诽谤天主教神职人员。人群中的大部分都是儿童和工人，或者没有判断能力的制鞋工人，他们在一份报告中被称为"中魔主义者"[15]。最终，埃尔维和默纽奥被迫离开广场。随后，一份提呈国王的请愿书被提交并获批准，同时上交的还有针对特朗基耶神父的小册子的《审查书》（Censure）。8月9日，司法官和陪审官肖维负责将这两份文件立刻送至巴黎：

302

"我们的利益"

陛下，

　　您的城市中的官员和居民最终不得不求助陛下您，并极为谦卑地向您告知，在卢丹城举行的针对圣于尔叙勒会修女和几个在俗修女的驱魔仪式中，出现了一件对公众和您的子民安宁非常不利的事情，某些滥用职能和教会权威的驱魔神父在驱魔仪式中提出了一些诽谤卢丹城名门望族的问题，陛下指定的顾问大臣德·洛巴尔德蒙大人对陈述和回答深信不疑，并在错误的指引之下，带领大批随从闯入一位贵族小姐（玛德莲娜·德·布鲁）家中，搜查子虚乌有的魔法之书。据说还有其他身在教堂和家中的贵族小姐被拘押，有人在这些场所中搜查某些几近虚构的魔法契约。

303

　　从此之后，这种恶劣影响已经流传开来，如今关于魔鬼的揭发、证词和指示都受到重视，一本册子（特朗基耶神父的《诉讼程序实录》）被印刷，并在卢丹城中流传，他们想要以此让法官相信：按照程序被驱逐的魔鬼会讲述真理……

因此，如果魔鬼的回答和信息被采用，更容易遭到这些魔鬼憎恨的善良之人和品行最佳的无辜之人将始终受到魔鬼的恶意侵扰，为此，出于自己的利益，我们极为谦卑地哀求陛下运用您的国王权威，勒令停止对驱魔仪式的滥用和亵渎行为。在卢丹城中，每天都有驱魔仪式举行，而且现场有圣体。我们恳请陛下您效仿虔诚的查理大帝，您那庄严的先人之一，他曾阻止和禁止对某些圣事的滥用，因为有人改变和败坏了这些圣事的本来用途。

考虑到这些原因，恳请陛下您要求巴黎相关机构审查相关书籍，《审查书》特此奉上，请您对上述提议、意见和决议下达敕令和裁决……[16]

缓刑死囚

304

在这份居民因为自己的利益而上呈的请愿书中，格朗迪耶的名字从未被提及，但他们懂得如何在恳求路易十三的同时，把这位国王塑造为宗教的改革者和恢复者。虽然司法官也带去了一份在卢丹城迅速流传的《因魔法而被控诉的格朗迪耶先生呈交国王的信件》（*Lettre au Roi du sieur Grandier accusé de magie*）[17]（此事并不确定），但这封信并非格朗迪耶神父所写，它是对卢丹城中的人物或家族，尤其是埃尔维、默纽奥和梅曼·德·西利的有条理的攻击。这些被告立刻给洛巴尔德蒙写信，提醒他：

有三篇反对上诉恳求者和其他贵族人士，一篇

《辩驳书》和一份名为《惊世之文》（*Estonnements*）
（即《备注与考量》）的小册子，以及手写的《诉状》
（《信件》），这三篇文章的作者均为匿名，他们捏造
了许多错误和虚假内容，意图掀起民众的不安与骚乱，
所以都应给予体罚。

他们要求这些抨击文章应当被查禁、撕烂和焚毁，
如果这些文章的作者能够被发现，他们将公开反对这
些人。[18]

这些战争中已经不再有格朗迪耶的身影，在匿名诽谤册子
四处流传的黑夜里，对手们就像带着中魔面具的修女们，找到
了倾吐内心邪恶的方式。他就像一个缓刑死囚，已经从因他而
起的言论中消失，他似乎披着一层受害者的面纱，掀起了一场
瘟疫，这瘟疫的味道"占据了"卢丹城的房屋，弄得它们恶臭　305
难闻。

卢丹的中魔

特别法庭在宣判时所依赖的卷宗并不完整，缺少的是普瓦
提埃主教的官方审判。主教从自己的领地迪赛（Dissey）将其
寄出：

本人，亨利·路易，普瓦提埃主教，承天主恩赐，
特此证明：

具有法定资格之人详细查看和仔细检查了图阿尔
和尚比尼的长老所作的笔录，他们由本教区指派，前
往卢丹城参加针对一些于尔叙勒会修女的驱魔仪式。

神学博士巴雷先生奉本人之名，对这些修女进行了驱魔。巴黎索邦神学院的先生们根据详细的笔录，判定并宣布这些修女的确被魔鬼附体，我们与他们的意见一致。

然而，自此之后，在两个半月的时间里，我们在卢丹城中驻留，再次对上述于尔叙勒会修女以及同样遭遇附体折磨的在俗修女进行驱魔。我们不断地在早晨和夜间亲自参加了驱魔仪式，我们目睹并发现了大量异乎寻常的动作、情况和其他超自然情形，这些都证明了中魔是真实存在的。

基于这些数量众多的理由，我们宣布上述修女的确遭受了魔鬼和恶灵的附体和折磨，我们希望能够让她们得到解放……

1634 年 8 月 10 日，于迪赛……[19]

我们可以再次发现，这位主教只字未提格朗迪耶神父。但是如果中魔的确存在，巫师就必须受到惩罚。能够有勇气讲出他的名字的只能是民事审判了。

特殊犯罪

即将审判格朗迪耶的特别刑事法庭没有使用普通法院的裁判权（尤其是巴黎高等法院），而是动用了它所依赖的国王个人司法管辖权。被告人被剥夺了常见的司法保障，这种情况虽然"不同寻常"，但审判是符合规定的，它有先例可循，尤其是巫术或中魔案件。[20] 在得出最终裁决之前，审判分为两个阶段：第一个阶段从 1632 年 10 月到 1633 年 3 月，主要内容是寻

找主管机构，重要事件是 1632 年 12 月 27 日波尔多大主教苏迪
的裁定；第二个阶段从 1633 年 11 月 30 日的特别法庭开始，包
括洛巴尔德蒙进行的预审以及 1634 年 7 月 8 日指定法院进行的
审判。

307

从这些期限的司法意义来看，这是一种特殊的、超自然的
犯罪，因此需要特别的处理方式，需要寻找被推定存在的同谋。
这起案件的嫌疑犯是一位神职人员，但他无法因此而逃脱民事
法院的制裁。从 16 世纪开始，法国的法律体系承认民事法院的
权限既包括世俗犯罪者（法律体系回绝了教会为教会法庭、宗
教裁判所等机构所作的抗议）；如同推事皮埃尔·德·朗科明确
所述，在涉及特殊犯罪、重大罪行、谋杀以及巫术时，民事法
院的权限"甚至扩展到教士阶层"（etiam in presbytero）：

> 如果犯罪性质特别恶劣、情节特别严重，而且属
> 于特殊犯罪（如同前面所述的巫术），连宗教法规学者
> （法学家）也坚持世俗法官应当有权管辖……
>
> 我很清楚教士的威严、圣职的神圣特征、救世主
> 在教会中授予我们的神品都害怕和憎恶世俗法官沾满
> 鲜血的渎神之手……
>
> 但是，如果是情节严重的杀人案、刺杀和伏击、
> 通奸、鸡奸、伪造身份和巫术等，就会涉及渎神、欺
> 诈、丑闻、鸡奸、通奸、异端、叛教、少年堕落以及
> 教会法官不了解、不懂得如何处理的无数其他罪行，
> 因此将这些案件交给国王法官是非常合理的。
>
> 就连教士和其他神职人员为了自保、逃避教会法
> 庭，也认为求助于世俗法庭、受到世俗法庭的保护是
> 一种特殊待遇。[21]

308

1580 年，让·博丹（Jean Bodin）在其所著的《巫师的魔凭狂*》（*Démonomanie des sorciers*）（Ⅳ, 5）中对此有论述；让·德鲁瓦（Jean Desloix）也在《窥探宗教法庭》（*Speculum inquisitionum*）中提到这一点，1634 年该书的译本在里昂出版（第 108 页及后续）。耶稣会士马丁·德尔·利奥（Martin Del Rio）在《魔法精释》（*Disquisitionum magicarum libri sex*）（1608 年，里昂）中主张混合管辖权（mixti fori），实际上，教会法官并不太热衷于镇压巫术。[22]

论证

特派法官们要宣布的审判以哪些"证据"为基础？其中一位法官德鲁约（希农法院司法长官）似乎[23]在《格朗迪耶审判之证据节选》（*Extrait des preuves qui sont au procès de Grandier*）中阐述了证据：

309   洛巴尔德蒙大人的整个审判的基础是于尔叙勒会修女的中魔，这是他所预审的针对卢丹神父的案件的主题。有必要通过与该案件有关的证据来确立真理。[24]

这是报告的开头，该报告在要求核实其他信息来源的同时，清晰地列举了需要处理的问题以及解决问题的标准。两个问题尤为突出：1. 中魔是否真实；2. 格朗迪耶是否有罪。

第一个问题不在他们的直接管辖范围之内，所以他们将其交给相关职能部门。他们援引了普瓦提埃主教的《宣判通谕》（*Sentence en décret*）（1634 年 8 月 10 日）；索邦神学院博士的

---

* 指病人自以为魔鬼附身的妄想。

意见（1633 年 2 月 11 日）；拥有资质的驱魔神父的证明（拉克坦斯、爱丽泽、特朗基耶和一个加尔默罗会修士）；几位神学家的声明（普瓦提埃神学院院长 P. 吉尔贝尔·卢梭（P. Gilbert Rousseau）、图尔的雅各宾修道院院长、索邦神学院博士雷沃尔（Revol））；许多认为事情超出自然范畴的众多医生的证明。

第二个问题属于审判的目标，可以通过证人的证词（普通证据）、嫌疑人身上的标记或伤疤（特别证据）或者招供来证实。

普通证据

收集的普通证据首先来自先后调查得到的信息以及听取的证人证词。这些证据主要与格朗迪耶的引诱有关，他的教堂"甚至成了一个面向他所有情妇敞开大门的声色场所和妓院"。[310] 这种能够迷惑他人的巫师力量比行为不端更引人注意。

> 因此一个女人说，有一天，她从被告人手中领过圣体时，被告一直盯着她看，随后，她立刻对其产生了浓烈的爱意，她的四肢微微颤抖。
>
> 另一个女人说被告曾当街拦住她，并握住她的手，她立刻对其产生了强烈的爱欲……[25]

另外一则证据是有一位律师表示自己曾看到被告阅读阿格里帕（Agrippa）的书。

科尼利厄斯·阿格里帕（Cornelius Agrippa）是著名的理论家，著有《神秘哲学三书》（*Philosophie occulte*, 1531）。律师提交了详细的证词之后，不久之后将其撤回，但法官们并未接受他的撤回要求：

（律师）在对质之后，的确对自己的行为做出了解释，他在证词中表示曾听闻被告阅读阿格里帕的书，但他相信这些书其实是《论科学的虚无性》（De Vanitate scientiarum）。但这种解释令人生疑，因为这位律师离开了卢丹城，在被逼之下，才与证人对质。

311 中魔女子的真相

普通证据的另一个来源是结束驱魔仪式之后中魔修女和在俗修女的证词，这些文献丝毫不值得重视，它们记录的都是这些女子对格朗迪耶的痴爱，她们的夜间幻象，莫名遭受的击打等。独任推事向洛巴尔德蒙强调了这些证词中的一条（1633年12月—1634年1月）。

在虔诚的修女们遭受的所有意外之中，我认为没有一件比发生在女院长和萨齐利修女身上的更稀奇了。在女修道院长递交证词的第二天，当洛巴尔德蒙大人听取另一位修女的证词时，女院长来到修道院的后院，身上只穿着睡衣，没戴帽子，脖子上缠着一根绳子，手里拿着一根蜡烛，她就这样在大雨中站了两个小时。当接待室的门打开时，她立刻扑了进去，跪在洛巴尔德蒙大人面前，宣称自己指控了清白无辜的格朗迪耶，恳求能予赔罪。随后，她退出接待室，把绳子挂在花园的一棵树上，要不是其他修女跑来救她，她恐怕就要上吊自尽了。

这起奇怪的事件被视为巫师施展能力的迹象！巴雷随后

提交的证明暗示了嫌疑犯的身份。但是，魔鬼在驱魔仪式中的声明并未被采纳，学问最高深之人需要探究谎言之父（魔 312鬼）所说之话是否值得相信，被驱逐的魔鬼是否被迫说出真理，完美的驱魔仪式所需要的的条件是否有可能和有必要满足。

特别证据

不管怎样，普通证据似乎只是暗示性的，无法让人信服。在这种情况下，就轮到特别证据出场了。其中一个特别证据是巫师用自己的血与魔鬼签订契约之后留在身上的伤疤。4月25日，魔鬼阿斯蒙蒂斯在归还契约时表示，契约上能看到的血源自格朗迪耶在签字时割破的右手拇指。洛巴尔德蒙、一些医生和驱魔神父随即前往监狱，格朗迪耶的右手拇指上的确有伤疤，他的解释非常牵强，他认为这是被大头针弄伤的，但是医生们认为这是刀伤。格朗迪耶又解释说自己用监狱守卫给的刀切面包时不小心割伤了拇指。不管怎样，雅克·多顿在《关于研究魔法师和巫师的学者不信教现象与愚昧的盲从现象》（*L'Incrédulité savante et la crédulité au sujet des magiciens et sorciers*）[26] 中再次提到，区分这种印记和普通的伤疤是很难的。

毫无痛苦的印记更加确凿，它们位于不敏感的部位，也不会流血。皮埃尔·德·朗科认为，在实践中，没有任何证据比 313这种印记更可靠。[27]

一系列著作分析了这些无痛部位和印记，尤其是雅克·封丹（Jacques Fontaine）的《论巫师印记》（*Discours des marques des sorciers*）（此书似乎被应用于卢丹城的案件中）[28]，它们遵从一些特定的规律：

无痛印记

> 这些印记的厚度约为三到四个手指的宽度，印记所在的身体部位似乎已经坏死或者没有感觉，锥子扎进去之后，没有分泌液，也没有血流出，巫师也感受不到任何疼痛。[29]

在前一年的 4 月 26 日举行的驱魔仪式中，根据附在天使的让娜体内的魔鬼阿斯蒙蒂斯提供的线索，相关人员在神父的身上找到了这些被魔鬼剥夺了自然属性的部位。负责医疗检查的是外科医生莫努里，陪同的还有其他医生，他命人剥光格朗迪耶的衣服，蒙住其双眼，剃光所有毛发，用针来探察，在某些部位甚至扎到了骨头。[30]

莫努里被指责假装在受害者的某些身体部位进行针刺，以造成受害者毫无知觉、停止喊叫的假象。8 月 11 日，格朗迪耶要求再次进行试验，但遭到拒绝。4 月的检查被视为是符合规定的，检查结果成为证据，被列入《节选》之中：

> 314

> 8 位医生奉命对被告进行了检查，随后提交报告。他们在报告中声称，在被告身体上找到的印记中，肩膀和私密部位（生殖器）的印记最可疑，因为在肩膀插入一根针之后，深度等于拇指宽度，被告的感觉非常麻木，与针刺其他部位时的惨叫形成鲜明对比，而且这两处所扎的针取出之后，没有任何出血。

因此，巫师的身体失去知觉与中魔修女失去意识或陷入沉睡形成呼应。言语方面也不存在任何人性特征。刺透了身体表面的针成了审判的基础。归根结底，它从身体上搜集的证据是最不明确的，无论推理还是证词都无法论证。外科医生的工具让被告时而喊叫，时而沉默，它让身体说话，迫使恶魔发声，这是驱魔神父始终追寻的两个目标，外科医生做到了。然而，针是盲目的，它不过是一个被强制用来制伏魔鬼的武器。

> 《节选》总结道：这就是 8 月 17 日审判所依赖的大部分证据。

相关的线索必须被扩展到极致，因为审判缺少完整的证据。在神父家中查封的物品无法构成直接相关的证据，可靠性极低。契约也只是被简介提及，虽然它通常是巫术卷宗中的主要证据。[315]最后也是最重要的，被告没有招供。

审判

8 月 15 日、16 日和 17 日，格朗迪耶与法官对质，再次承认了自己的放荡行径和与生俱来的薄弱意志，但是他也再一次否认了被指控的罪行。15 日，他做了忏悔，领了圣体。16 日，阿康热神父（Archange）前来告知即将宣判的消息，并带回了格朗迪耶的回复：

> 如果我非死不可，那么我向上帝祈求我的死能够补偿我的原罪和犯下的罪过。[31]

1634 年 8 月 18 日星期五早晨五点，法官们聚集在加尔默罗会修道院中，准备宣判。前一天，在普瓦提埃，被指控魔法的德·居尔塞（de Cursay）被判无罪，为他辩护的勒梅特律师（Lemaistre）说：想要让人相信一个基督徒做出此种偶像崇拜之举，需要强有力的证据。但是 8 月 8 日，在巴黎，火焰法庭（la Chambre de l'Arsenal）* 判处包括一名教士在内的两名男子绞刑，他们的尸体被焚，随后被扬灰。这两人被控在家中召唤神灵、使用魔法和巫术反对红衣主教黎塞留。[32]

特派法官们阅读了大量魔鬼论著作，他们了解到巫术之罪
316 汇集了叛教、异端、亵渎圣物与神灵、谋杀，有时甚至还有弑父弑母、反自然的肉欲放纵和对上帝的仇恨，因此是一桩尤为严重的罪行。[33]

特使洛巴尔德蒙依靠卷宗中所述的一切把这些外省的法官们聚集在自己周围，他们所面对的是多罪合一的重罪。

宣判

黎明时分，他们宣判了。他们的审判结束之后，负责执行的是洛巴尔德蒙。外科医生弗尔诺（Fourneau）在两位卫兵的陪同下先行赶往监狱，彻底剃去囚犯的毛发，洛巴尔德蒙随后赶到。7 点左右，在弓箭手的护卫之下，特使的四轮马车穿过人山人海的街道，载着洛巴尔德蒙、希农地方法官拉格朗日（La Grange）、卫队下级军官格里萨尔（Grisart）和格朗迪耶神父，一直到司法宫。格朗迪耶被带到法官所在的审讯厅中。身穿祭服的驱魔神父们和一大群百姓也在那里。格朗迪耶下跪，光着头，聆听书记官诺泽宣读判决书：

---

* 16、17 世纪法国创立的一种用来审讯异端分子的特别法庭。

吾等为国王陛下特派专员和国王法官，奉 1634 年 7 月 8 日国王诏书之命令，原告国王检察官以魔法、巫术、不信教、亵渎宗教与神灵和其他可憎罪行提起诉讼，被告囚犯于尔班·格朗迪耶为卢丹城圣彼得教堂本堂神父、圣十字教堂议事司铎之一。

317

吾等未考虑本月（8 月）11 日被告提出的请求（重新查验印记证据的请求），宣布上述于尔班·格朗迪耶被证实犯有魔法与巫术之罪，并导致卢丹城中的于尔叙勒会修女和审判中提到的其他在俗修女被魔鬼附体。其他罪行均源于此。

为了平复这些罪恶，被告人格朗迪耶被判处当众赎罪，光头，身着长衫，颈套绳索，手持两磅重的燃烧蜡烛，在卢丹城的圣彼得迪马舍教堂和圣于尔叙勒教堂的大门前下跪，向上帝、国王和司法祈求原谅。随后，他将被押至卢丹城圣十字广场，绑在立于广场柴堆的火刑柱上，他将被判处火刑，与他的身体一同焚烧的是被法庭书记室所记录的契约和魔法符号、他所写的反对教士渎神的书籍手稿，他的骨灰要随风抛撒。

吾等宣布被告的所有财产将被充公，并且将预先从中抽取 150 图尔利弗尔（livre tournois），用于购买一块铜片，在上面雕刻本判决书的部分内容，并将其安放在圣于尔叙勒会教堂的重要之处，永留后世。

318

在执行火刑之前，要执行一些常规的和非常规的刑讯，使其供出同伙名单。

本案于 1634 年 8 月 18 日在卢丹宣判，判决于当日执行。[34]

11. 行刑：历史与传说

（1634 年 8 月 18 日）

历史没有记载格朗迪耶的死。关于死刑的执行，仅存在于后世的叙述之中。关于事件本身，它们没有记录。在那段时间，格朗迪耶已经死去，这个死者的言行和姿态愈来愈模糊，支离破碎地散落在其他人的证词里。

我们所了解的他的临终之言（ultima verba）源自圣徒传记般的演讲或以"真理"为标题、四处张贴的辩护书（关于真实发生的事情的《回忆录》（*Mémoire*）或者真实的《叙述》（*Relation*）等），但是这些辩护书的作者争抢他的遗物，为了传播他的形象而编造出一些言论。

死亡与传说

在宣判之前的早晨，他是否真的没有理睬前来催促他准备赴死的圣麦克森司法长官泰克西耶和嘉布遣会神父阿康热？根据都彭神父所述：

嘉布遣会神父告诉他，死得体面很重要，他指着神父的鼻子说："您令人生厌。不要烦我。"

但还是这位深信格朗迪耶临终也不知忏悔的阿康热神父，他后来提交证词，表示在 8 月 18 日早晨：

> 在阿康热神父的劝导之下，他［格朗迪耶］说：这是上帝的意志，今日要用我的忠诚来赞美他。[1]

听完宣判之后，格朗迪耶对法官所说的话是否为真？《于尔班·格朗迪耶先生之判决执行记录》（*Mesmoire de ce qui s'est passé à l'exécution de l'arrest contre Me Urbain Grandier*）这份文献的记录是否可信？

> 诸位大人，
>
> 我吁求圣父、圣子、圣灵，并请圣母——我仅有的心灵支柱，作证：我从来都不是巫师，我从来没有犯过渎神之罪，我从来不知道什么魔法；我唯一信奉的，只有《圣经》，我所布道，全都依它。我崇拜救世主，我祈祷，主受难之血造成种种伟绩，我亦愿能分享。[2]

洛巴尔德蒙的声音

距离判决执行的时间最近的汇报是在 8 月 19 日。记录者虽是皇家公证人昂热文（Angevin），但内容和想法却来自洛巴尔德蒙：

> 根据国王政府和私人议事会大臣和特使洛巴尔德蒙大人以及国王陛下任命的其他特使的决议，格朗迪

耶，卢丹圣彼得迪马舍教堂本堂神父，被控魔法和其他罪行，于昨日执行死刑。本文记录了昨日和今日与格朗迪耶执行死刑有关的情况，法庭书记官 F. 加耶（F. Gayet）同样见证以下事宜：

昨日，早晨 7—8 时，上述议事会大臣和特派员在卢丹审判大厅，宣读了针对格朗迪耶的审判结果，其被判处死刑。宣布完毕之后，［格朗迪耶］请求洛巴尔德蒙大人不要将其烧死，他担心自己陷入绝望。[3]

这个请求有司法先例可循。在洛林的许多巫师或女巫案件中，法官会减少死刑犯在死亡时遭受的痛苦，这也是为了保留死刑犯的希望之德。基于这种考虑，为了避免死刑犯因为绝望而在地狱中遭受永恒折磨，法官时常会缩短死刑犯受死的时间，他们在感受烈火的炽热之后便被勒死，然后尸体被烈火焚烧。[4]这种做法的动机与宗教有关。

根据笔录所述，格朗迪耶丝毫没有表示判决是不公正的。［洛巴尔德蒙］大人指出，［格朗迪耶］必须承认导致自己被判死刑的魔法罪行，随后才能得到恩典。

［格朗迪耶］回复说自己并未犯上述罪行。

我们参与审判的 13 名法官告诉他，所有人都一致同意并相信他犯有魔法、巫术之罪，并且让审判中提到的于尔叙勒会修女和其他在俗修女被魔鬼附身，我们多次告诉他，我们确信他是巫师。

他曾一度回答我们，他无法让我们摆脱这种想法。[5]

刑讯

审判事先准备了常规的和非常规的刑讯。根据当时实施的法律，这是一种正当做法。当犯人被判死刑，同伙尚未被供出时，可以实施酷刑。只有孩童、聋哑人、未达婚龄之人和孕妇可以被免除刑讯。格朗迪耶不属于这些人群，而且他的罪行也涉及同伙。人们在他的文件或著作中努力寻找蛛丝马迹。都彭神父对各种谣言都很感兴趣，他声称有一位法官*是我的朋友，他告诉我，虽然主要证据和证人证词与格朗迪* 325 *耶以及其他相关人员的关联非常模糊（这位善良的神父能够了解朋友的沉默的含义，毫无疑问这位朋友是罗阿坦），但诉讼案件已经被递交至国王，如果没有国王陛下的特令，就无法逮捕这些人。*[6]

因此，"常规"与"非常规"刑讯不仅仅是一种身体刑罚，它们也可以揭露一些真相，尤其是卢丹城中"谣言"所提到的"魔法派"。酷刑的做法是把犯人的腿捆在四块木板之间，外侧两块固定，内侧两块可以活动，然后行刑者把木楔子敲进两块松动的木板之间，使犯人的双腿受到固定木板的压迫，木楔的数量不断增加，直到骨头破碎。

法律之外

依据传统，当神职人员承受酷刑时要被革除神职，但洛巴尔德蒙废除了这种做法，或许是因为这种做法令人不快，较少被实施，或许是因为它能让被告人求助于教会司法。[7]此外，对格朗迪耶而言，没有任何宗教权威介入。波尔多大主教似乎因为政治原因而保持沉默，他与吉耶纳总督、埃贝农公爵（duc d'Épernon）、让-路易·德·诺加莱（Jean-Louis de Nogaret）出现了严重冲突（1633—1634年），他迫切需要黎塞留的支持，所以无法反对洛巴尔德蒙，况且，洛巴尔德蒙还是总督的政治对手。

格朗迪耶只能独自面对司法。昂热文在特使的授意之下，继续记录：

> 我们发现他根本不看挂在墙上的耶稣十字架画像；在受刑之前，拉克坦斯神父劝说他说出守护天使的悼词（万福玛丽亚），但他居然不会，拉克坦斯神父只能自己说一句，让他重复一句。

> 他被实施了常规和非常规的夹板之刑，刑罚持续了三刻钟，但他并未认罪。他多次说自己犯了最严重的、最可耻的罪行，当被询问是何罪时，他说："是脆弱之罪"，并坦白了在审讯中提到的其他罪行。

> 他从未说出耶稣和玛利亚的名字，但他说了这些话："天上与人间的主啊，赐予我力量吧。"在受刑期间，他的眼睛散发出光芒，令人厌恶，又令人恐惧；即便有人在他哀叹和呜咽时，怂恿他哭泣，他也只是大声惨叫，没有流一滴泪。给绳索、木板、楔子等工具进行了驱魔仪式的拉克坦斯神父针对眼泪进行了一场特殊的驱魔，泪水里包含的内容只有：*Si es innoxius, infundelacrymas*（如果你是无辜的，就流泪）。

> 在受刑期间，他请求拉克坦斯神父亲吻他，神父便靠近他，亲吻了他三次。我们没有在他的言行中发现任何忏悔的迹象，他在刑罚之前和之后也没有要求

神父做任何事。

刑罚结束之后，他看着自己的双腿说："先生们，你们细细观察，看看有没有痛苦能像我所受的痛苦一样"（*attendite et videte siest dolor sicut dolor meus*）。

受难

你们细细观察，看看有没有痛苦能像我所受的痛苦一样，这是圣周宗教仪式中的一句诗文，是圣周五过后的第一次夜间晚课的内容。大批信徒唱着献给"忧伤之子"（耶稣）的《哀歌》：一切路过的人啊，请你们停下……世间的人啊，请您们细细观察，看看有没有痛苦能像我所受的痛苦一样。这是对受难的救世主的呼唤，格朗迪耶拿来为己所用，把它送给那些旁观"酷刑"之人。

> 格朗迪耶被抬到另一个房间，酷热的 8 月里，他却因极度痛苦而瑟瑟颤抖。下午两点，我们来到这个房间，发现他不停地用虔诚的言词提到上帝。我们告诉他，今天早上，我们非常确定他就是魔法师，在此基础之上，我们很清楚，当他提到上帝时，他想说的是魔鬼；当他说厌恶魔鬼时，他想说的是厌恶上帝。我们告诉他这是真实存在的。
>
> 对此，他没有做出任何回复，只是祈祷天上和人间的主来帮助他。[8]

328

语言失去了意义。无论如何，按照洛巴尔德蒙的逻辑，只要有魔鬼存在，犯人"想说的内容"和他说出来的言辞是刚好相反的。

行刑

人群在等待着，有人说有 6000 人，还有人说有 12,000 人。下午三点或四点左右，穿着一件洒满硫磺的衬衣、脖子上缠着一条绳索的格朗迪耶被抬到天井里，一驾六头骡子牵引的车子在等候。根据判决的要求，他先后被送到了圣彼得迪马舍教堂、圣于尔叙勒会教堂和圣十字集市广场前。

对于在场的成千上万的观众而言，发生了什么？他们看到了什么？格朗迪耶被人群淹没，但这些人的关注对象只有他。

皇家公证人昂热文记录的版本如下：

> 格朗迪耶受刑结束之后，被带到了圣彼得迪马舍教堂，他是此处的本堂神父。根据判决规定，他在这里当众认罪，拉克坦斯神父请求格朗迪耶说出这句话：请上帝净化我的心（*cor mundum crea in me, Deus*）。
>
> 格朗迪耶转过身背对他，用一种轻蔑的语气说："好吧，神父，请上帝净化我的心。"

329

下午五点左右，在集市广场上：

> 格朗迪耶被绑在火刑柱上，拉克坦斯神父为即将点燃的木柴进行了驱魔仪式；嘉布遣会修士、拉罗谢尔嘉布遣会会长、普瓦图布道者特朗基耶神父与同伴

帕西安斯神父（Patience）目睹了格朗迪耶从受刑到火刑的整个过程，全长六小时左右，他们在这段时间里，没有见到犯人有任何忏悔的举动。

特朗基耶神父开始劝告犯人（格朗迪耶）将灵魂归于上帝，他把一个木制耶稣十字架拿到犯人面前，犯人却扭过头去；格朗迪耶察觉自己对十字架的不屑让神父非常不悦，便把头转回来，特朗基耶神父要求他亲吻十字架，他仿佛带着懊悔服从了要求。

最后的时刻：

身为改革派教士的拉克坦斯神父告诉我们，昨天在处死于尔班·格朗迪耶的时刻，他为用来烧死格朗迪耶的柴火进行了驱魔仪式，因为他担心魔鬼会降低火焰的温度，而且他看到一只大黑苍蝇突然落到了驱魔书上；

330

与此同时，他告诉格朗迪耶，如果能够皈依上帝，天堂之门依旧敞开。格朗迪耶回答道："此刻我正要去天堂。"[9]

面对愤怒的教士，格朗迪耶再次引用的耶稣之言到底有何用意："我今天实在告诉你，你必定跟我一同在乐园里"[10]？*

"上帝在眼前"

《1634 年 8 月 18 日周五卢丹神父被烧死之实录》（*Relation*

---

* 中译文参考"圣经"新世界译本，路加福安 23：43。

véritable de ce qui s'est passé en la mort du curé de Loudun, bruslé le vendredy 19 aoust 1634）强调了这种对比：

下午三点到四点，他被抬到一辆骡子拉的车上，随后被送到圣彼得教堂门前，善良的方济各会神父（格里约）在那里等着他。为了执行判决，他被抬到地上，善良的神父问他是否对即将死去有怨言，他是否请求上帝原谅自己所有的错误；此刻他需要忏悔；他已经陷入绝境；他在离开人世时，良心不应有任何负担；如果他在忏悔之后离去，神父会以上帝的名义让他得到永福。

331　　于是他说："亲爱的救世主耶稣−基督，圣母玛利亚，你们能看到我的内心。我祈求你们的原谅。"然后他又说："永别了，我的神父，请替我向上帝祈祷，宽慰我可怜的母亲。"

然后他再次被抬到车上，带到圣于尔叙勒会教堂前，他仍被要求承认自己的罪行，在死前进行忏悔。他说："我希望我的上帝、我的造物主、我的救世主和赎罪者能够原谅我。只有他知道我是无辜的。我不会再说已经说过的事情。不要让我心神不安。我看到我的上帝向我张开双臂。"

听他忏悔的神父（其他记录写的是书记官）对他说："哎哟，难道阁下您不想得到这些女子的原谅？"他回答道："嗬，我的神父，我从未冒犯过她们。"

他被再次抬到车上，他躺在那里，看着天空，口中念着上帝。在路过他的律师的家门时，律师正站在窗旁。律师对他说："神父先生，您的眼前始终要有上

帝。不要默念任何反对他的话语。这是他考验子民的
方式。"受苦的神父回答道："先生，我对上帝抱有信
心。他不会抛弃我。"他一直向上帝祈祷着，甚至当他
被抬到车上时，他也在诵读圣母玛利亚的连祷词。

　　来到广场之后，他被安置在柴堆之上，他在那里
却感受到了前所未有的安心，他一直说着："我亲爱
的耶稣，不要抛弃我，请怜悯我。"改革派神父（拉
克坦斯）对他进行了长时间的驱魔，他对这个神父
说："我的神父，您在做徒劳之功。我身上没有任何魔
鬼。我拒绝了它。我的上帝知道此事。除了我已经说
过的，我不会再多说。"他唱起了《又圣母经》（*Salve
Regina*）和《万福，光耀海星》（*Ave maris stella*），并
始终向上帝祈祷。最终，几次询问之后，他请求改革
派神父给予他和平之吻，但被这位神父拒绝了三次或
四次。最终改革派神父屈尊亲吻了他的面颊，并对他
说："先生，烈火来了。您不会再有救赎，皈依吧。"

332

　　改革派神父和两个嘉布遣会修士各拿着一把稻草，
点燃了柴堆。格朗迪耶看到这一切，他说："你们未遵
守你们对我许下的承诺"，也就是之前所说的先缢死
他。被火焰包围之时，他还在说："尊敬的耶稣-基督，
我把自己的灵魂交到你手中。我的主啊，派你的天使
来吧，让他们把我的灵魂带到你面前，原谅我的敌人
们。"这是他的遗言。[11]

根据都彭神父所述：

　　他丝毫不畏惧死亡或死后的事情，但却非常恐惧

被活活烧死，他之前请求先将他缢死，德·洛巴尔德蒙大人承诺如果他皈依上帝，就答应此事。然而相反的事情却发生了。因为火焰或魔鬼瞬间就弄断了绳索，他直接滚落下来，掉进了燃烧的木柴中，最终被活活烧死，却并未喊叫。只有几个人听到他说："啊，我的主啊。"[12]

死者的价格

格朗迪耶的骨灰被随风抛撒，巫师的血迹因为具有传染性而被抹除。广场也被清理得一干二净。但是记忆却无法被消除，格朗迪耶的死带来了危险，相关的争论不断增加，著作不断涌现。卢丹城仍然存在着与"事件"有关的工作的痕迹，这些工作在"事件"之后继续存在。例如这些日期为1634年8月24日的收据：

> 本人收到用于烧死于尔班·格朗迪耶先生的柴火，以及先生被绑的柱子和其他木料的费用，总计19利弗尔16索尔……
>
> 德里亚尔（Deliard）[13]

> 本人扬·维尔迪耶（Jan Verdier），卢丹法院的诉讼代理人，主管皮埃尔·莫兰（Pierre Morin）一案，我的妹妹先确认收到……总计108苏6德尼尔，该费用包括卢丹圣彼得教堂本堂神父于尔班·格朗迪耶被执行火刑当天，希农行政长官大人的弓箭手的五匹马，格朗迪耶受刑当天的骡子、大车和车夫……
>
> 维尔迪耶[14]

这起事件被详细地记录在账目上。关于死者的"客观"历史也就是这些价格的历史。

死者的意义   334

与此同时，信件、小册子、各种各样的《记录》和《实录》在整个法国四处流传。一封日期为9月7日、署名伊斯梅尔·布约的信立刻传播开来。根据一份私人日记的记载，当月，里昂的人们就知道了于尔班·格朗迪耶遭受酷刑的消息。以下为来卢丹的伊斯梅尔·布利奥的话，等等。[15] 这位年轻的学者在信中提到了他身为胡格诺教徒的兄长收到的来自卢丹的信息。他在给伽桑狄的信中写道：

> 既然我拥有耐心之美德，我就告诉您一部分信件内容，这是我兄长的来信，内容涉及于尔班·格朗迪耶先生之死。

传来传去的信件和抄来抄去的流言使各种细节被披露，四处传播。然而，这条消息开始以一种榜样的形式到处流传。布利奥在涉及耐心这种斯多葛式美德的章节中提到了此事：

> 我不禁要跟您谈论一下已故的于尔班·格朗迪耶先生，他死时如同天使，如果天使会死；又如魔鬼，如果魔鬼并非永生，因为此人是无辜的，他表现出了所有美德中最重要的一种。他的坚定让我颇为感动。
>
> 为了让他供出同伙，他被判处常人所能想象的最残忍的酷刑，他承受了这非同寻常的折磨，然而这样

的痛苦也没让他说出任何不利于他人的话。相反，他一直在坚持，没有任何犹豫，他也在不停地祈祷和冥想，这都与他的精神相符。我必须要说，这样的榜样少之又少，他知道自己必须死去，在忍受如此痛苦的同时，没有被世界所诱惑。只有这种坚定的美德能够让他拥有这种决心，以及留下清白名声的愿望。

我看到他在柴堆上大胆地讲话，看着火焰升起，却没有表现出畏惧，相反，他高声说道：尊敬的耶稣，我把自己的灵魂交到你手中。一个证人请求他的原谅，为自己，也为他人。他回答道：我的朋友，我发自肺腑地原谅您，我坚定地相信，我的上帝会原谅我，今天他会在天堂里迎接我。

这让我不得不说，如果他以清白之身死去，他便是以善良之身死去，他就是一种令人难以置信的美德的化身。如果他以罪人之身死去，他便是以邪恶之身死去，用自己无与伦比的天赋来维持自己的邪恶。魔鬼说他身在地狱，饱受折磨，但有些人对此表示怀疑，他们听到他像基督徒一样讲话，况且反对爱德是一种罪过。有些人说，当他祈求上帝时，他表达的是一种魔鬼的神性以及类似的三位一体，但是其他曾经听过他讲话的人

说，一个曾经听他谈论上帝的智慧之人告诉他，犹太人批评我们的主把以利亚（Élie）召唤走。他的回答是："我祈求上帝，他通过他的儿子耶稣-基督创造了我，耶稣是我的救世主，真福的玛利亚之子，我不了解其他人。"他因身为男人而忏悔，因痴恋女人而忏悔，但自从普瓦提埃的判决（1630年1月3日）之后，他就摆脱了这种习性，再无丑闻，如同人们所述，他否认自己是魔法师、巫师，也否认自己曾犯渎圣之罪。[16]

12. 他死后出现的著作

　　他的死亡似乎让人们不再沉默。格朗迪耶被执行火刑之后，³³⁹相关的著作大量出现。这些著作讲述的是发生的事情，为本应做的事情辩护，从死者身上获取利益。它们描述了各种事件，并为其开脱或对其谴责。但它们在讲述每件事时使用的都是过去时态，正是由于一件已经确定的、无可挽回的事情，它们才有可能出现，那就是于尔班·格朗迪耶已经被烧死了。

解放的媒体

　　事件尘埃落定之后，这些出版物才开始流传。正因为洛巴尔德蒙胜利了，人们才能够在因 8 月 18 日事件而创作的讽刺短诗中批判他：

> 你们都看到了这种痛苦
> 源自今日被焚烧的躯体
> 诸位须知那位皇家特使
> 比已逝者更应被处死。[1]

　　格朗迪耶已经死去，所以他可以成为圣徒传记诗歌中的论 340

述对象，但这种诗歌还在两种阐释之间游移不定，并且重新提到了他的"受难"情节（例如根据城中流言，有人把一个用火烧红的耶稣十字架放到被绑在火刑柱的神父面前，神父在十字架上吐了口水，以示拒绝）：

> 地狱已经表明它使用阴谋诡计
> 让我与其签订协约，诱骗女人堕落
> 然而并没有人抱怨这种罪行
> 不公正的判决让我遭受残酷刑罚
> 控诉我的魔鬼才是幕后黑手与同谋
> 它却成为它所捏造之罪名的证人

> 英国人为了复仇烧死了贞德
> 同样的暴怒让我像她一样被焚
> 我们皆被冠以莫须有之罪名
> 巴黎将她封圣，伦敦恨她入骨
> 伦敦有人将我视为惑众巫师
> 也有人知我清白。第三方让审判悬而未决。

> 与赫拉克勒斯一样，我痴迷于世间女子
> 我和他一样最终被烈焰吞噬
> 然而他死后却位列诸神
> 他们用不公掩盖了我的死亡
> 人们不知道烈火是吉是凶
> 使我堕入地狱，还是让我升入天堂

> 我在痛苦中的坚忍没有任何用处

这是一种魔法效果，我临死之时毫无忏悔

我的言词丝毫没有布道之风骨

亲吻十字架后，我又唾弃它　　　　　　　　　341

抬头望天，我对圣人嗤之以鼻

当我祈求上帝之时，也是在祈求魔鬼

没有太多偏见之人不情愿地说

人们可以赞扬我的死亡，否定我的生活

我的忍受代表了望德与信德

宽容，毫无畏惧、一言不发地受尽折磨

则是完美的爱德，灵魂得到净化

哪怕我的一生荒唐，落得这种下场。[2]

小报的时代

这里是德奥弗拉斯特·勒诺多的故乡（卢丹），这里有着繁荣的羊皮纸产业。正如人们所说，羊皮纸大街是一条臭气熏天的街道，各种各样的报纸、小册子和争论源自这里，对事情进行大幅报道，打破令人惊讶的寂静。它们培养了一种地域风格。整个普瓦图地区都是这样。根据一位同时代人的叙述：

这些普瓦图人通常身强体壮，性格高傲，善于报复，他们喜欢诉讼和新事物。他们思维敏捷，洞察力强，因此他们常常善于言辞，非常喜欢文字和科学……这里的民风粗鲁而狡猾，比法庭的所有书记官都更热衷于诉讼……[3]

这种被诺代（Naudé）称为"蠢人小报"（la gazette des sots）的文学作品找到了庞大的受众群体，广受欢迎。它的影响范围越来越广。各地的出版商都在印刷来自卢丹、普瓦提埃、希农或苏缪的文章。1634 年 10 月 14 日，瑟甘医生和一位巴黎友人提到了四处流传的各种记录，我向您保证，就连新桥上也有贩卖的。[4]

新桥是巴黎贩卖小册子、民间文学作品和二手书的场所，这些印刷品被摆放在支架上或者矮墙上。[5]

瑟甘在挑起了通信友人的好奇心之后，又提到了康坦先生（Quentin）：我请您不要告诉他人，只能告诉我们的朋友……[6]

这只是一种说话方式而已，他很清楚自己的信会面临什么样的命运，它在 1634 年被发表在了《法兰西信使报》上。8 月 29 日，身在普瓦提埃的都彭神父在给友人于贝尔（Hubert）的信中也是这么写的。他向朋友讲述了一些轰动的新闻，但是在另一封信中，他又表示信中不应有那么多的奇迹和特殊之处：

> 三次到访卢丹城期间，如果我没有亲眼目睹发生的事情，我也不愿意相信。如果您要把我的信件给我们的友人阅读，务必不要让他们抄写，我不希望这些信件被印刷出来。[7]

8 月 25 日，一位匿名作者（代号为 N.）在写给友人的信中，甚至不再掩饰自己的文章适合给谁看："很明显，这一篇适合下一期《公报》（Gazette）。"[8] 这指的是勒诺多在 1631 年创办的《公报》，从 1634 年开始，这份报纸在每个月还推出一份《号外》（Extraordinaires）。因此，N. 想到的是一份与《法兰西信使报》相比，官方性和严肃性稍弱的报纸。

人们很快就习惯于把源自卢丹的"文件"公之于众。它们出现在学者的通信与档案之中，例如杜·普伊兄弟（Du Puy）、梅森纳、佩克斯克（Peiresc）更是收集和保存了这些文件。公众的关注有着极大的影响力，就连那些不想被关注的人也无法避免。1635 年，刚到卢丹就病倒的绪兰提到：

> 我的精神受到了打击，因为我得知一封写给信赖
> 之人的信件被公之于众。[9]

一座图书馆

我们无法详细分析中魔事件在众多记录和辩护书中的呈现形式，也不可能分析它在不同的流传渠道中出现的扭曲变化。这些文件不断有新版本出现，记录或仿造兼有，地点、利益和时期的变化也会导致文本内容的变动。如同一种可以被观察到的元素在身体内部移动一样，这些文件也透露了社会宗教的路径，以及在某些时期，这些"被复查和修订"的文献的受众群体的思想划分。

这些印刷品所组成的卷宗可以被视为具有某个历史时期的 344 典型特征的文献。从巫师死去到 1634 年底，以下文件被编订、汇编或印刷。很明显，下面这些大致按照流传日期排列的文件只是一些流传下来的作品，其他大部分都很快被人所遗忘：

《卢丹圣彼得教堂本堂神父于尔班·格朗迪耶先生之审讯记录……以及格朗迪耶与中魔修女的对质》（*Interrogaoire de Maistre Urbain Grandier, prestrecuré de S. Pierre du Marché de*

Loudun...avec les confrontations des Religieuses possédées contre ledit Grandier...），E. 埃贝尔（E. Hebert）与 J. 布拉尔（J. Poullard）于 1634 年在巴黎出版。

《于尔班·格朗迪耶先生之陈述书》（*Factum pour Maistre Urbain Grandier*），在巴黎出版，没有具体时间和地点。

《卢丹本堂神父格朗迪耶上呈国王的诉状》（*Requeste de Grandier, de Loudun...au Roy*）（该作品同样以《U. 格朗迪耶之信件》（*Lettre de U. Grandier*）的标题流传），很有可能是 1634 年在巴黎出版。

《关于卢丹本堂神父受审判的备注和考量》（*Remarques et considérations servant à la justification du curé de Loudun, autres que cellescontenues en son Factum...*），没有时间和地点，但很可能是 1634 年在巴黎出版。

《国王为审判于尔班·格朗迪耶先生及其同伙而下令成立的特别刑事法庭的记录节选》（*Extrait des Registres de la Commission ordonnée par le Roy, pour le Jugement du procez criminal fait à l'encontre de Maistre Urbain Grandier et ses complices*），至少在普瓦提埃（J. 多罗（J. Thoreau）和安东万·梅斯涅（Antoine Mesnier）的遗孀）和巴黎出版。[10]

《格朗迪耶审判的证据节选》（*Extrait des preuves qui sont au procès de Grandier*），或许是在普瓦提埃写成。[11]

《被证实犯有魔法和审判中提及的其他罪行的……卢丹圣
345 彼得教堂本堂神父和议事司铎之一的于尔班·格朗迪耶先生的死刑判决书》（*Arrest de condamnation de mort contre Maistre Urbain Grandier, prestre, cure de l'église Sainct-Pierre-du-Marché de Loudun et l'un des chanoines..., atteint et convaincu du crime de magie et autres mentionnés au procès*），在巴黎（艾迪安·阿贝

尔（Étienne Habert）和雅克·布拉尔（Jacques Poullard））和多座城市出版。[12]

《格朗迪耶之酷刑和死亡笔录》（*Procès verbal de la question et mort de Grandier*），皇家公证人昂热文所写（1634 年 8 月 18 日）。[13]

《1634 年 8 月 18 日在卢丹城中被烧死的犯有魔法、巫术和渎神之罪的卢丹圣彼得教堂本堂神父于尔班·格朗迪耶的死刑判决和行刑之肖像画》（*Effigie de la condemnation de mort et execution d'UrbainGrandier, curé de l'Église de Saint-Pierre-du-Marché de Loudun, atteint et convaincu de Magie, sortilèges et maléfices, lequel a été bruslé vif en ladite ville, le 18 Aoust 1634*），1634 年在巴黎贩售的带有说明文字和悼词的对开版画，作者为居住在莫贝尔广场的雕刻师让·德·拉努。[14]

《描绘于尔班·格朗迪耶在卢丹城被烧死的肖像画》（*Pourtraict représentant au vifl'exécution faicte à Loudun en la personne de Urbain Grandier...*），1634 年，勒内·阿兰（René Allain）在普瓦提埃雕刻和印刷。[15]

《于尔班·格朗迪耶遭受酷刑期间对中魔修女的驱魔仪式》（*Exorcisme des possédées pendant le supplice d'Urbain Grandier*）描绘了"格朗迪耶坐在被固定在火刑柱的铁椅上之时"，被驱魔的中魔修女如何让魔鬼快乐、担忧，最终因为格朗迪耶被罚入地狱而（"拍手"）庆祝："他属于我们了，他属于我们了"。[16]

《天使的让娜和修女阿涅斯的驱魔仪式笔录》（*Procès-verbal de l'exorcisme de Jeanne des Anges et de la soeur Agnès*），奥尔良刑事长官乌曼所写。根据这份文献，只有一个魔鬼还留在中魔修女身上，其他的魔鬼都去引导格朗迪耶下地狱了。[17]

　　《于尔班·格朗迪耶的阴影：他在另一个世界里与高弗里迪的相遇和讨论》(*L'Ombre d'Urbain Grandier. Sa rencontre et conférence avec Gaufridi en l'autre monde*)，1634 年，地点未知。[18]

　　《在卢丹城祭坛接受圣事的在俗修女伊莎贝尔·布朗夏尔所遇之神迹以及德·洛尔德蒙大人所作的笔录、1634 年 8 月 22 日对该中魔修女的驱魔仪式》(*Le Grand miracle arrivé en la ville de Loudun, en la personne d'Isabelle Blanchard, fille séculière recevant le Saint Sacrement de l'autel, et le procès-verbal fait sur ce sujet à ladite possédée* [22 août 1634])，1634 年，勒内·阿兰在普瓦提埃印刷，很可能接连出了两个版本。[19]（德·洛巴尔德蒙的）《1634 年 8 月 22 日的笔录副本》(*La Coppie du procez-verbal...22 aoust 1634*) 在普瓦提埃单独印刷。

　　一位普瓦提埃居民所写的关于格朗迪耶被行刑的信。[20]

　　图尔的斐扬派修士圣贝尔纳的 P. 路易（P. Louis de Saint-Bernard）写给巴黎的同一修会的圣贝尔纳的 R. P.（R. P. de Saint-Bernard）的三封信。[21]

　　《N. 写给朋友的关于卢丹发生的事情的信》(*Lettre de N. à ses amis sur ce qui s'est passé à Loudun*)，没有具体印刷时间和地点（1634 年）。[22]

　　《第戎修道院的于尔叙勒会修女所写的关于卢丹中魔修女的信件副本》(*Coppie d'une regilieuse urseline du monastère de Dijon, sur le sujet des possédées de Loudun*)，1634 年，没有印刷地点。[23]

　　《1634 年 9 月 4 日嘉布遣会神父阿康热在希农与沙特尔主教大人关于格朗迪耶之死的谈话》(*Discours faict par le Père Archange, Capucin, à Monseigneur l'Evesque de Chartres, à Chinon, le quatriesme jour de 7bre 1634, sur la mort de Grandier*)。[24]

347

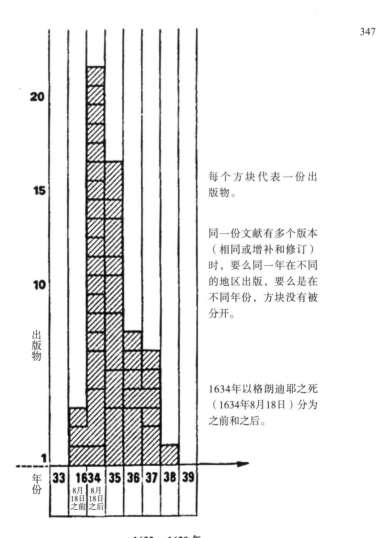

每个方块代表一份出版物。

同一份文献有多个版本（相同或增补和修订）时，要么同一年在不同的地区出版，要么是在不同年份，方块没有被分开。

1634年以格朗迪耶之死（1634年8月18日）分为之前和之后。

1633—1639 年
关于卢丹的印刷品

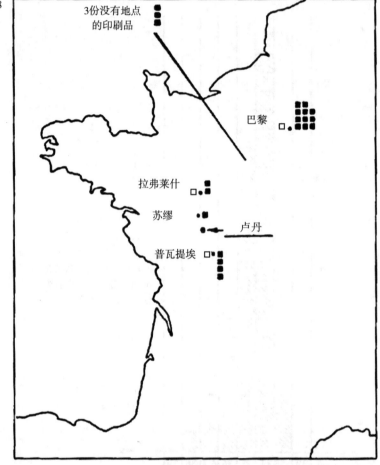

关于卢丹的印刷品

I. 1634年

□ 1634年8月18日之前出版的印刷品=3

■ 1634年8月18日之后出版的印刷品=21

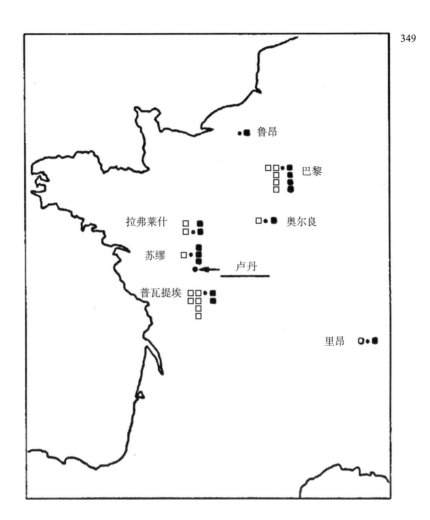

349

关于卢丹的印刷品
II. 1635—1639年

□ 1635年出版的印刷品=16
■ 1636–1638年的印刷品=14
　1639年没有印刷品=0

备注：这些地图只包括被保存下来或者有明确证据的出版物，可供核实的"出版物"数量更多。

《沙特尔、尼姆和莱罗什诸位大人在希农和卢丹的旅行实录》（*Relation de ce qui s'est passé au voyage de Messieurs de Chartres, de Nîmes et des Roches, à Chinon et à Loudun*）（1634 年 9 月 7 日）。[25]

彼莱·德·拉梅纳蒂耶尔写给杜布瓦-多芬的关于中魔修女的信（1634 年 9 月 17 日）。[26]

350 图尔医生瑟甘写给巴黎的康坦先生的信（1634 年 10 月 14 日），发表于 1634 年的《法兰西信使报》。[27]

《论卢丹于尔叙勒会修女中魔事件》（*Discours de la possession des religieuses Ursulines de Lodun*）（医生马克·敦坎），1634 年，苏缪，很可能是莱斯涅出版。[28]

《针对卢丹圣彼得教堂本堂神父于尔班·格朗迪耶先生的卢丹事件真实叙述》（*Récit véritable de ce qui s'est passé à Loudun contre Maistre Urbain Grandier, prestre, curé de l'Église de S. Pierre de Loudun...*），1634 年，巴黎，巴黎教区官方印刷商皮埃尔·塔尔加（Pierre Targa）出版。[29]

《有关卢丹城于尔叙勒会中魔事件及于尔班·格朗迪耶之审判的公正的诉讼程序实录》（*Véritable relation des justes procédures observées au fait de la possession des Ursulines de Loudun*）（第二版或完整版，第一版在格朗迪耶死前出版，标题为《于尔叙勒会修女中魔出现之后的教义简编》（*Résumé des doctrines exposées depuis le début des Possessions des Ursulines*）），1634 年，R. P. Tr. R. C.（嘉布遣会修士特朗基耶）所写，由 J. 马丁（J. Martin）在巴黎、J. 托罗（J. Thoreau）和梅斯涅遗孀在普瓦提埃、G. 戈里沃（G. Griveau）在拉弗莱什出版。[30]

《证明于尔叙勒会修女和其他在俗修女的中魔之真实性的卢丹魔凭狂》（*La Démonomanie de Loudun, qui montre la véritable possession des religieuses Ursulines et autres séculières...*），第二

版增补了一些证据。《中魔的始作俑者格朗迪耶之死》(*La mort de Grandier Autheur de leur possession*), 1634 年, 乔治·戈里沃在拉弗莱什出版。第一版在格朗迪耶死前问世。匿名作者应当是卢丹城的驱魔神父之一。[31]

《1634 年 8 月 18 日周五卢丹神父被烧死之实录》(*Relation véritable de ce qui s'est passé en la mort du curé de Loudun, bruslé le vendredy 19 aoust 1634...*)。[32]

《格朗迪耶的审判与死亡记录》(*Relation du procès et de la mort de Grandier*)。[33]

《格朗迪耶死后发生的异事节选》(*Extrait des choses remar- 351 quables qui se sont passées après la mort de Grandier*)。[34]

《关于卢丹圣彼得教堂本堂神父于尔班·格朗迪耶死亡的真实回忆》(*Mémoire au vray de ce qui s'est passé en la mort de Mre Urbain Grandier, curé de Saint-Pierre-du-Marché de Lou- dun...*)。[35]

《于尔班·格朗迪耶神父被执行死刑时所发生之事的回忆》(*Memoire de ce qui s'est passé à l'exécution de l'arrest contre Me Urbain Grandier, prestre, ...*) [36]

《卢丹检察官皮埃尔·尚皮翁为赎罪而做的关于卢丹魔鬼历史以及卢丹神父于尔班·格朗迪耶之死的论述》(*Discours sur l'histoire de la diablerie de Loudun et sur la mort de Me Urbain Grandier, curé de ladite ville, fait par Pierre Champion, procureur audit Loudun, pour sa satisfaction*)。[37]

这些作品的出版仍局限于普瓦提埃、苏缪、拉弗莱什以及巴黎等印刷中心所限定的范围之内, 并向波尔多、第戎、里昂、普罗旺斯埃克斯扩展。从 1635 年到 1637 年, 仅仅是波尔多、图尔、奥尔良、鲁昂、里昂等出版地点就已经圈定了一个更加广阔的范围。然而，从 1634 年开始的以格朗迪耶死亡之地为核心的第一次著作井喷现象更为重要。

于尔班·格朗迪耶之"墓"

如此众多的作品填补了格朗迪耶死后留下的空白。讲出缺失的内容，这是否也是语言的一种功能？然而，这一历史事件之后的文学事件有着更明确的意义，那就是勾勒出"格朗迪耶事件"的未来。或许那些作者们没有意识到这一点：洛巴尔德蒙对格朗迪耶的家人的猛烈攻击又持续了几周；驱魔神父们继续进行着不知不觉在发生变化的驱魔仪式；德·阿曼涅克想要翻身，但败局已定；等等。实际上，所有这些使用过去时态的作品终结了卢丹城中的行动。

因此，真正的冲突即将转移到其他领域。格朗迪耶事件成为文献讨论的客体，这些文献想要把它从真实的历史中移除，归入"卷宗"或者历史的话语之中。从此以后，格朗迪耶事件变成了叙述，被用来指代其他战争，壮大其他领域反对黎塞留的势力，与洛巴尔德蒙的新活动作斗争，动员舆论反对不信教者或者正在形成的政治宗教组织。

口头论战很快就变得越来越激烈，范围越来越广，与之对应的是派系和信念的分化。格朗迪耶的阵营输了，随着格朗迪耶的死去，他们四分五裂，彼此成为对手。两极冲突的公共领域分裂成个人或团体舆论，它们彼此隔离，继续着边缘化的存在。赞同或反对的话语根据私人的好奇心或者教化目的而变得支离破碎。个人旅游、民间布道、神秘主义传播活动等等从这起悲剧事件中各取所需。

火的节日

死去的格朗迪耶导致人们议论纷纭，但他们的声音却并不一致。在他生前，各不相同的利益汇聚在一起反对他，他死后，这些利益的分歧显露出来。格朗迪耶的存在为这些利益相关人 353 士提供了唯一的目标，但这个目标的根基是模糊不清的，他的死导致这些人分崩离析。为什么？答案在于卢丹的问题。格朗迪耶生前与死后这两个时期的关系能够解释这个问题。

特朗基耶神父提到了 8 月 18 日将格朗迪耶推上火刑柱的教会势力和皇家势力之间的联合，他大胆写道：

> 这两股势力的联手构成了圣艾尔摩之火（feu Saint-Elme），它能够平息暴风雨，让我们的公共秩序复归平静。[38]

海员们认为在暴风雨结束之际，在桅杆顶端看到的圣艾尔摩之火拥有让大海复归平静的力量。[39] 如同圣艾尔摩之火，烧死巫师的柴堆具有了某种重要节日的意义，然而就在这个时期，教区宪令（Constitutions synodales）和教区教理（Cathéchismes diocésains）开始谴责那些用来驱逐暴风雨和魔鬼的大型节日之火（feu de joie）和散发芳香的烟熏之法。[40]

为了重新找回宇宙的凝聚力，一个分裂的、忧心忡忡的社会创造了一个"异常之人"，并将其献祭。此人遭到排斥的同时，这个社会也得以复原。它对这位能说会道之人大加谴责，恰恰是因为他的言论表明了传统信仰和规则的不稳定性。社会中必须存在公认的法律（不一定是他所违反的法律），他必须

死。这是一种由来已久的社会反应，随着不确定性的日益明显，这种反应也必然会出现。"巫师"（各种各样的巫师）之死能够
"满足"群体，该群体如何取代了古代诸神的匿名之神，而这匿名之神同时将古代诸神的需求和愉悦据为己有。

特朗基耶提到的宗教仪式要求必须有牺牲品被烧死，才能让集体得到慰藉。在他看来，这就是一种节日。一个人的死亡能够让群体生存下去。有时候，烧毁一个人像就已足够；有时候，人像的描绘不够准确，只是摧毁人像已经不足以赎罪。必须诉诸真实的罪行，回到"最初的"开端。在神话中，这些开端把一段历史或一个民族的诞生与一次犯罪行为，以及死刑绝罚联系起来。

秩序存在的证据

处刑并不是一个抽象的团结时刻。恰恰相反，它是一次令人恐惧但具有决定意义的考验，它证明了一个具有法律力量的理性的存在。它不是人们所期待的法律，但却拥有法律的核心内容，即秩序是存在的，皇权的秩序。因此，讨论是被允许存在的；言论获得了自由，能够向四面八方传播话语和信念；联盟是可以被缔结的。这一切都被允许存在，因为重要的基础和框架已经被重组，能够承担城市结构和语言影响的力量已经露出真面目，并取代了宗教权威。话语拥有了阵地之后，重新开始传播各种消息和争论，这个阵地就是国家理性，它既是批判的基础，甚至也是被批判的目标。相反，稳定性令人担忧的"精神势力"并未成为这些话语关注的重点。这是一种多余的"言论"，它已经不再支持新的秩序，但能够让许多其他言论存在，并拥有对它们进行批准或管控的权力。

354

355

一致法则

洛巴尔德蒙是第一个利用这种情况的人。8 月 20 日，他把法官之一、普瓦提埃特别地方法院推事理查派往巴黎，向黎塞留告知一致通过的判决结果：

大人：

您对卢丹城中深受恶灵折磨的于尔叙勒会修女以及其他在俗修女充满了怜悯与关切之情，因此我希望向您告知针对巫术元凶的审判经过，定会让您颇感宽慰。我请求普瓦提埃地方特别法院推事、此次审判的参与者之一理查先生向您以及国王陛下汇报此事。

356

阁下向来善于分辨正邪，因此我坚信，大人，我们遵循您的指令，与教会人员夜以继日，让这些可怜女子得到解脱。上帝赋予您的智慧与谋略也让我们获得了奇迹，我们仍期待着从上帝那里获得天主教的普世之善。大人，这次契机已经让 10 个不同身份的男女皈依。

秉承上帝之意，我们并未就此满足。借由您的勇气之力和慷慨指引，上帝已经消灭胡格诺叛党，他会赋予您决心，用他施展的神迹和他赋予教会的力量来使这些人皈依。

我斗胆向您告知，卑微如我也能了解您的伟大，我向自己承诺，法兰西王国之内所有异端分子必将皈依，如此明显的神迹出现之后，他们只需听从君主的命令，就能回到始终等待迎接他们的母亲的怀抱。

大人，或许我想得过于长远，超出了我的使命范

围，请您原谅我的虔诚，以及为您的辉煌效力的热切
渴望。每天我们都有新的理由来崇敬您的美德。我所
做的唯有每日祈祷您的治国大业蒸蒸日上。

　　大人，请允许我向您告知，我们在此地的秩序和
治安良好，我们的精神得到了统一。我们对各项事宜，
尤其是审判一事均有相同的意见。最终判决得到一致
通过，14 位法官大人都陈述了自己的理由，我可以向
您保证，向您汇报的一切均不会让您失望……[41]

战场

这是一篇具有启发意义的文字。此外，洛巴尔德蒙乘胜追
击，为于尔叙勒会修女购买了一处新宅。9 月 20 日，他给"国
王议事大臣、红衣主教阁下家宅总管"、丰特夫罗附近的莱罗什
修道院长米歇尔·勒马尔（Michel Le Mascle）的信中写道：

　　大人：

　　　　送信人将会向您展示我根据您的指令所做的规划，
您若莅临该城，访问此处必将让您快慰。此处修建一
座壮观的修道院绰绰有余……[42]

他也想要更换驱魔神父的队伍。9 月 18 日，拉克坦斯神父
因为得了诡异的癫狂症而死去。1638 年 5 月 31 日，筋疲力尽的
特朗基耶神父发疯死去。在死之前，他经历了洛巴尔德蒙所说的
漫长的魔鬼附身[43]，死后被卢丹的 P. 埃雷阿扎尔（P. Elézar）赞
颂为死在战场上的英雄（《特朗基耶神父的死亡记录》（*Relation
de la mort du père Tranquille*），普瓦提埃，1638 年）。外科医生

莫努里也染上了同样的疯癫之症，随后是民事长官路易·肖维，等等。失去了现实活动中的立足点之后，中魔话语严重偏离了方向，与此同时把那些相信它的人卷入其中。在政治领域，如同洛巴尔德蒙对莱罗什修道院长所说的，他需要新鲜的队伍：

> 在驱魔神父之一、改革派的拉克坦斯神父死后不久，我急忙催促莫朗主教大人向普瓦提埃主教大人求助，尽量让耶稣会神父参与驱魔一事。我也给普瓦提埃耶稣会神学院院长卢梭神父写信，我愿竭尽所能满足他们的要求。今日我等待着他们的回复，我非常渴望他们能够同意我的请求，希望这些正直的神父是通晓学问的大师，他们能减少公众的反对之声，使其接受中魔的真相。
>
> 至于我……我对自己的工作没有提出任何世俗奖励，只要我能够完成国王陛下和红衣主教大人交给我的使命，那么我每日都能从上帝那里获得虔诚和慈爱等崇高的感情，无论世人对我追寻上帝荣耀、完成这项事业的决心有何种议论，都不会让我内心有一丝动摇……[44]

359

崇高的感情

在洛巴尔德蒙看来，虔诚与权力紧密相连，因此是牢固的。他对格朗迪耶的弟弟勒内和格朗迪耶的情妇玛德莲娜·德·布鲁穷追不舍。1634 年底，当普瓦提埃"临时大法庭"（Grands jours）的皇家法官们想要把德·布鲁夫人事件归入他们所解决的无上诉案件中时（红衣主教后来说：一大批恶人已经被绞死，233 位权贵遭受了刑罚，被没收了财产），这位特使提出抗议，他在给黎塞留的信中写道：

> 大人，考虑到近日来，临时大法庭的法官大人们
> 企图抢占这桩案件的功劳，损害我手中的权力，我们
> 希望您能够做出裁断。您是当之无愧、忠诚无二的权
> 力分配者，如果您没有用此权力来组织事态进展，那
> 么法官们的做法只会造成非常恶劣的后果。

360

> 因此，我极为谦卑地向大人提出请求，此外，我
> 毫无冒犯之意，但请允许我向您指出，这些大人们中
> 有些人甚至在公共场合做出一些不得体之事，理应受
> 到谴责，然而我已尽量利用沉默和其他合法手段来掩
> 盖这些行为……[45]

这种分寸真是令人赞叹！他在不经意间提到了自己所需的
虔诚和慈爱等崇高的感情。为国王效力让飘忽不定的敬仰之词
有了根基，也要求忠实的仆人必须获得成功。不管是虚伪还是
诚恳（对所有文献的分析证明诚恳更有可能），洛巴尔德蒙都会
根据需要把虔诚当作工具。从他与卢丹女修道院长的通信（一
直持续到 1653 年）来看[46]，他的内心对宗教似乎没有任何抗拒。
在他看来，任何反对，甚至后来的圣西兰（Saint-Cyran）或圣
文森特·德·保罗（Saint Vincent de Paul）的反对，与魔鬼一
样，都来自外部。

成功的恩赐

此外，他从宗教中获得了一切他想要的辩护或者感情的慰
藉。1644 年，他甚至写了一部中魔的精神史，这部《日记》把

源自上天的光辉与政治斗争结合在一起，记录了他对自己庇护的天使的让娜的长篇对话。[47] 他在《日记》中保持了一种没有任何世间话语能够撼动的平衡，但这种平衡最终是以成功的幸福为基础的，这是所有其他形式的幸福的集合与标准。

如同黎塞留所述，身处这种体制之中的洛巴尔德蒙是忠诚的。他没有抛弃自己保护的人。他对于尔叙勒会修女的支持持续了二十年。他也没有放弃被自己攻击的人。在于尔班·格朗迪耶被处死之后，他在 8 月 19 日逮捕了其情妇，逼迫其母流亡，命人给其弟勒内定罪，1635 年 2 月 20 日，后者从狱中逃走。最后是红衣主教示意他到此为止。 361

引人思考的是，在黎塞留死后，这位男爵如何在位于巴黎斐耶圣托马大街的府邸中度过了失宠和半退休的岁月（1642—1653 年）。

让他震惊的是，好人居然成为命运的牺牲品。他在写给红衣主教的信中提到了特朗基耶神父：

> 特朗基耶神父现在承受着与那些可怜女子相同的痛苦。他的身体躁动程度令人瞠目，但却没有任何疼痛。大人，在整起事件之中，没有任何事情比这更让我震惊了，这种事情居然发生在这位虔诚的修士身上……[48]

从超自然到荒唐怪事

随着政治审判的结束，中魔话语的严肃性也消失了。当动员公众到卢丹观看生死攸关之大戏的皇家司法机构解散之后，这座城市里的驱魔神父和中魔修女仍然掩盖着真面目，但"演出"已经结束。根据 1635 年佩克斯克的记录，同样的超自然事件变成了荒唐怪事。关于卢丹的著作导致越来越多的游客在新的好奇心驱使之下来到这里。

当事者已经发现探寻真相涉及的是权力之争，对他们而言，情况不知不觉地朝着失控的方向发展。世俗权力开始缺席并对驱魔表演失去兴趣；民众把死去的巫师变成了殉道者，他们对因自己而丧命的人总是充满同情；12 月，在希农，为了避免一起卢丹事件重演，被魔鬼折磨的修女只是被轮流鞭打。当这一切发生时，曾经被赋予权力的中魔话语还剩下什么？

巫师不是中魔事件的原因，而是其结果，所以他的死无法为事件画上句号。没有了巫师，中魔事件仍在继续。但是，不管涉及什么样的个体案件，它的性质改变了。从 8 月 20 日的驱魔仪式开始，变化明确地朝着两个方向进行。

神迹

揭发这种行为遭到人们的忽视，哪怕与巫师的同伙有关。相反，附在"在俗修女"伊丽莎白·布朗夏尔身上的魔鬼所带来的沾染血迹的圣饼却开启了一系列神迹，这些神迹持续了三年，一些修女被神奇般地治愈了。随着魔鬼逐渐离开，它们在 中魔修女身上留下的伤痕越来越多，这些遍布她们身体的印记成为了战胜地狱的胜利标志。天使的安娜是最有名的被神迹治愈之人，一直到去世，她都被视为这些神圣战争的纪念品，不断被人探访。

神迹所代表的不仅仅是上天的额外恩赐，通常随之而来的还有各种类型的疑惑或忧虑。它恢复的是内心的称义（justifica-tion），而不是在某个模糊的时刻，源自外在的称义。因此，中魔仍然存在，但被边缘化了。它同样被孤立，对世俗权力或合理论证失去了信心。被强调的是不信教带来的危险，与之相对的是"世间话语"以及普通的信仰，没有这种信仰，双眼就是盲目的。

教化……

另外一个方向是第一种的补充和延伸。中魔朝着教化的发展，这引起的争议更少。附身于伊丽莎白的魔鬼归还了沾染圣血的圣饼之后，成了布道者：

> 魔鬼必须要给基督徒以教训吗？在天国，天使乐于见到这伟大的神迹。让我困惑的是，全能的上帝迫使我说出此话。

根据一份记录所述，它泪如雨下，对周围的人说：

> 你们对圣事毫不虔诚！
> ——我要你崇拜耶稣-基督和他的血（*Volo ut adores Jesum Christum et sanguinem ejus*），托马斯神父说。
> ——我崇拜耶稣-基督之血，他抛洒鲜血，让不信教者皈依，凡不信者，均遭谴责。[49]

364

名为《伊丽莎白·布朗夏尔在卢丹城中的伟大神迹》（*Le grand miracle arrivée en la ville de Loudun en la personne d'Elizabeth Blanchard*）的笔录很快就在普瓦提埃出版。这本16页的小册子出版后，很多其他作品也相继问世，这都要归功于魔鬼的善行。

它们的"招供"越来越像教理问答。魔鬼罗鲁（Lorou）的忏悔成了一部非常无聊的布道合集，但是它们涉及了所有与信仰有关的文章。[50]

这种变化才刚刚开始，它将在混乱之中成型。它的结束还早得很。耶稣会士的到来是这种变化至关重要的第一步，这并不是因为他们是洛巴尔德蒙所说的通晓学问的大师。从此以后，重点在于知识，而非权力，而且这知识将来自布道者和传教士。

耶稣会士之中的绪兰神父有着自己的解释。这位神秘主义的达达尼昂（d'Aartagnan）*也是一位受伤的天才。在与卢丹城中魔修女的面谈过程中，他发现了自己经历的焦虑的本质。他用自己习惯的姿态，向前走去：

> 为了承受您的爱之言语，我将带着金色号角，来到公众之中……

365　　他找到了一处广场。无论被批评还是讽刺所包围，这都不会让他困惑，反而让他更加坚定。他渴望一次精神冒险，"不顾一切"投入其中：

> 没有什么比刺穿我身体、让我濒死的剑更美的了。

首先，他那些极端的选择不会被接受。然而，他创造了一种新的动员方式。他让正在随意发展的语言具有了一种过渡意义，但这还不足以让它稳定下来。他让卢丹城进入了一个灵性时期，很多人认为这个介于巫师的斗争和向民众布道之间的时

---

*　大仲马的《三个火枪手》中的主角。

期是模糊的，因为它是碎片状的，所以也转瞬即逝。这个充满神秘主义的阶段以自己的方式使卢丹城为恢复正常做好了准备，言论从战斗状态朝着正常化转变，中魔朝着布道过渡，与此同时，被附体的天使的让娜巧妙地转变成了上帝神迹的见证者、神启的预言者和信仰的指导者。

13. 灵性时期：绪兰神父

　　各色人等都涌向这座剧场[1]，这是绪兰在 1634 年 12 月来到卢丹时所说的话，这座城市坐落在冰天雪地的平原上，像是一座紧紧围绕主塔楼分布的孤岛。

　　他描写了被派往卢丹城的背景情况，当时的他身体状况不佳，被过度的紧张折磨得筋疲力尽，他被视为一位出色的修士，但情况有点令人担忧。1632 年，他因为健康问题离开了波尔多。

召唤

绪兰记录道：

　　国王陛下已经得知所发生的事情，他和红衣主教黎塞留大人想要征用耶稣会神父来为这些女子驱魔，国王陛下为此下诏给吉耶纳的耶稣会会长，向其表明自己的意愿，催促他派遣一些耶稣会会士前往卢丹帮助和解救那些可怜的中魔女子。红衣主教大人也因此事给耶稣会会长写信，时任会长的阿尔诺·博伊尔（Arnault
Bohyre）神父认真思考之后，想到了当时正在马雷纳向民众布道的绪兰神父。考虑到此事的严重性，他向教区的耶稣会委员会征求意见，但没有任何人同意把这位神父派往卢丹：一方面是他太年轻，不过才33岁；另一方面，他们认为他没有承担这项职责所必须的资质。尽管如此，会长神父坚持自己的判断，要求马雷纳修道院长将绪兰神父派往普瓦提埃，为卢丹的中魔修女驱魔。

当修道院长前来告诉绪兰神父这项新的安排时，这位神父正在圣事前祈祷，希望上帝能够把他派到能够发挥作用的地方，他已经饱受折磨，身体十分不适。当院长神父告知他此事时，他没有任何反驳，虽然此事似乎大大超出了他的能力范围。他告诉院长神父自己已经准备好动身。但当时已是深夜，而且恰逢将临期（Avent，圣诞节前的四星期），因此他决定次日启程。次日晚上他已经来到拉罗谢尔过夜。他本希望步行到卢丹，但事实超出他的预料，走到拉罗谢尔这一天已经让他疲惫不堪，所以他不得不骑马赶往普瓦提埃。在普瓦提埃负责陪同绪兰神父的是比他年长的巴什勒里神父（Bachelerie），二人即刻动身前往卢丹。然而，会长神父经过思考之后，在绪兰神父动身的第二天给马雷纳修道院长写信，表示如果绪兰神父尚未出发，就将其拦下，改变他的想法；如果他已经出发，那就随他去。

绪兰神父在接受这项任命的同时，意识到这件事在各个方面都超出了自己的能力，他把自己的努力集中在向上帝的祈祷之上，向上帝祈求帮助，让他能够与即将被托付给自己的灵魂对话，让她相信祈祷和忏悔的力量，他认为这是能够战胜魔鬼的武器，而非驱魔手段。他认为自己没有能力实施驱魔，因为他的头

371

痛非常严重，连阅读一刻钟都坚持不了……

　　然而，修女（天使的让娜）生性敏锐而机智，她一开始决心以礼相待这位神父，但并不向他敞开内心。她一直坚持这种做法，直到上帝给予神父一把钥匙，让他走进修女的内心，发挥他的能力。圣诞节前不久的圣托马斯日（1634 年 12 月 21 日），他开始了驱魔仪式。[2]

"他的可怕令人不可思议，他的温柔令人无比赞叹"

　　绪兰是一个激进派，他不想要"马马虎虎的宗教仪式"。在他看来，时间紧迫，事态紧急。在几周之后，他对其中一位通信者弗朗索瓦丝·米隆（Françoise Milon）直截了当地表达过：

　　我祈求天上与人间的胜利之爱能够对您的灵魂有绝对支配权。归顺于他，把您对自己一切控制力量都交给他。把您所有的权利都让与他。让您被他的魅力征服。忍受他要夺走您的一切，让您与一切分离，把您的自身夺走……

　　他所要做的是破坏、毁坏、废除，然后重建、恢复、复活。他的可怕令人不可思议，他的温柔令人无比赞叹；他越是可怕，就越令人向往，越吸引人。他在行事过程中，就像率领军队的国王，让一切屈服。他的温柔充满魅力，让心灵为之痴狂。他之所以想要有臣民，就是想使其成为他的王国的一部分。他之所以要拿走一切，就是为了不受约束地传播思想。他之所以要分离，就是为了把被分离的都聚集在他身边。他是贪婪的，也是自由的，他是慷慨的，也渴求自己的利益。他要求一切，也给予一切。没有什么能够满足他，然而一点点就可以让他心满意足，因为他什么都不需要……

与您谈论他比其他一切都让我感到愉快，如果您能够告知我您的近况，我会非常乐意这么做。请务必留意，我们的通信只能被可靠之人阅读，因为我的信件中的某些表达所透露的思想可能得罪某些人。[3]

因此，他带着这种思想上路了，他对内在路径的依赖要多于喧闹的言论，他想要赢得那些被魔鬼侵扰的灵魂的心和感情，说服她们相信祷告和上帝的存在，并以此来抵抗地狱的力量。[4]

373

赢得她们的心

与公共驱魔仪式的技巧相比，他所说的思想或直觉是全新的。1634 年圣诞节前夕，他来到卢丹城之后最初接触的人证明了这一点：

当他第一次参加驱魔仪式时……上帝赐予他极大的怜悯心，要他慈悲地看待她们（中魔修女），看到她们极为痛苦的处境，他都不可能控制自己的眼泪。他的心里出现了一种必须要解救她们的极端情感。

在负责审理巫术案件的国王特使德·洛巴尔德蒙大人的带领下，他见到了女修道院长。他认为这位修女的情绪非常平静，思维自由。首次相见之时，他就产生了一种帮助这个灵魂的强烈愿望，并想要竭尽所

能让她体验隐藏在内心的上帝的国*的众多好处。⁵

他非常激动地见到了被托付给他的中魔修女，并且用慈爱之眼看着这个灵魂，自己过去 25 年的经历让他相信，他无法让
374 已开始工作的驱魔神父所理解的方式再继续下去。绪兰采用了一些绝对的立场，走向了极端：

> 首先，他决定将祈祷持续下去，请求我们的主把这个灵魂（天使的让娜）交给他，在她身上完成使命，他甚至愿意死在十字架上。除了驱魔仪式期间，他的祈祷从未停止过，而且驱魔仪式的时间非常短暂。他感觉自己被督促着要向上帝跪拜，他对这项使命极为重视，几乎从未停止过。他哭泣着祈求上帝，把这个女子交给他，并将其塑造为完美的修女。他带着无比的热诚，向上帝祈祷，他忍不住要把自己献给上帝，去承担可怜的女子身上的邪恶，了解她经受的所有诱惑和折磨，他甚至要求自己被魔鬼附体，只要上帝能赋予他进入女子内心的能力，拯救她的灵魂。于是，这位神父的心中对这个受苦的灵魂产生了一种慈爱，这种感情促使他为其承担诡异之事，他最大的幸福就是能够效仿耶稣–基督，承担那些被撒旦控制的灵魂的弱点，让他们获得自由……⁶

375 　　他首先是一位精神导师，决心让自己的行为如同引导灵魂的教会使者一样。虽然他保留了驱魔仪式，迫使"中魔修女"匍匐在圣事前面，但他更希望使用另一种"手段"和另一种

---

* 《路加福音》中有"神的国就在你们心里"（17：21）。

"战斗方式"。在圣体在场的情况下，他在中魔修女的耳边，轻声用拉丁语讲述内心生活，与神结合的益处。[7]

不下任何命令

尤为重要的是，他确立了自己的规划，制定了一个流程，用上帝的方式来培养这个灵魂，极尽温柔，用柔和的话语来吸引这个灵魂去寻求救赎和完美，获得全部的自由。他努力发现神圣恩典的变化方式，将其注入自己的话语，使其生根发芽。他的第一项计划就是让这个灵魂拥有坚定的意志，去寻求内在的完美，但并没有为她提供任何特殊内容，只是告诉她献身于上帝的益处。只要魔鬼允许，女修道院长就会祈祷，渐渐地，她的内心形成了完全献身于上帝的渴望。神父不单单是在最开始，他在整个引导的过程中，都没有给她下任何命令。

他从来没有直接对她说过：做这个。但是他却引导着，让她"自己提出要求"。他相信在这项艰难的工作之中，爱是重要 376 的主体。[8]

在中魔阵营中

空降到中魔阵营中的绪兰神父可以改变方法，但却改变不了阵地。他可以赋予中魔一种精神意义，但仍要服从这个逐渐被历史限定的"地方"的规则。他身处内部，所以他必须思考。他毫不怀疑中魔的真实性。如果他怀疑了，那就是背叛了他接受使命的初衷。遇到了一些来到卢丹的访客之后，他无法理解为什么许多智慧之人，甚至是花了整整两周时间来观察中魔仪式的耶稣会神父们会如此极力劝告他不要感到意外，要仔细观察整个事件是否有虚假之处。[9]

此外，对他而言，这难道不是一种神启吗？多年以来，他一直默默与自己争辩，在焦虑深处寻找上帝，突破自己的极限，他终于察觉到了真正的对手。如同在早晨遇到神使的雅各，卢丹城的清晨让他看清了黑夜中的敌人。

外来群体

但是他的解释揭露了卢丹城的驱魔神父的经济和社会处境。远道而来的好奇者来到卢丹的同时，他们在城中的孤立程度越来越严重。对外来者而言，中魔是一种演出，它已经不再是卢丹人的事情（当地商贩除外），它更像是外来者维持和寻求的一种依赖：那些严肃而智慧的修士取代了形形色色的本地人物，成为事件的引导者；所需的财政支持源自巴黎，或者未知的资金来源，或者向卢丹城征收的款项；前来观看的是城市居民、贵族、学者、冒险家或游客，他们在城中停留一天、五天、一周或两周（这是常见的停留时长）。

它甚至变得令人厌恶。从尼姆主教写给黎塞留的报告来看（12月26日、1月5日和18日），除了以前的驱魔神父、绪兰和巴什勒里神父以外，还有五位耶稣会士、两位加尔默罗会神父和其他助理人员。洛巴尔德蒙根据法令，要求民众为这些上流人士提供住处。他命令市政府准备12或15所房屋住宅，与此同时，他要求市政府承担神职人员、他们的随从的花费与开支，因为上述驱魔神父中的某些已来到卢丹，由于缺少住处，

只能下榻旅馆……[10]

这些受到冷遇的人员随后被安置在卢丹城堡中，此处地势 378
较高，不容易被打扰，是留宿贵宾的地方。

洛巴尔德蒙没有从莱罗什大人那里获得用来购买新修道院
的款项，他便决定征用新教神学院的校舍，把于尔叙勒会修女
安置在那里。为了镇压暴动的胡格诺派妇女，他动用了普瓦提
埃的弓箭手。

最后，他不得不求助于皇家财政。12月底，尼姆主教安提
姆·科翁（Anthyme Cohon）在路过卢丹时，天使的让娜向他汇
报了详情，他便向红衣主教解释了情况：

> 包括发愿修女和初学修女在内的所有修女的膳宿
> 费共计 900 利弗尔。每年，她们要缴纳 250 利弗尔的
> 住宅费用。女修道院长告诉我，如果每年有 2000 利弗
> 尔的收入，她可以让修会维持体面的生活。所以，在
> 魔鬼肆虐期间，她大约需要 500 埃居的救济，才能摆
> 脱赤贫困境……

让娜在不表演中魔的时候，能够保持冷静的头脑。至于驱
魔神父，主教继续写道：

> 陛下如若应允，可命德·布里雍大人（克洛
> 德·德·布里雍（Claude de Bullion），财政大臣）下
> 拨一定数量之款项，保证她们的膳食，德·洛巴尔德
> 蒙大人将会以最低的价格与折扣为 6 位耶稣会神父、
> （图尔奥拉托利会的）杜宾先生和（普瓦提埃教区的）
> 莫朗先生购买膳食。对于嘉布遣会修士和加尔默罗会
> 神父，阁下您将负责他们的膳食费用，并为此向他们

379

的修道院拨发部分款项，以购买食物。[11]

结果便是国王从自己的王室金库中划拨资金，用于保证在卢丹建立修会的耶稣会神父的生活，红衣主教大人每年为修女拨发 2000 法郎。[12]

如此一来，一个在财政和思想方面的独立群体出现了，他们与当地生活逐渐割裂，只有以谋利、虔诚（例如朝圣）或娱乐（例如去马戏团）为理由的活动除外。绪兰神父的神秘主义就是以这样的阵营为基础的。

一个奇怪的对话

主教柯翁在给黎塞留的信中写道：为了让女修道院长获得解脱，绪兰神父的生活就是在斋戒和不断的祈祷中度过的。[13] 这位耶稣会神父虽然身体状况不佳，对自己的力量也缺乏信心，但他却投入一场灵魂"战斗"之中。他也了解这场战斗的重要性。主教在谈到天使的安娜时写道：所有契约都针对她一人，因此我们猜测，她被解救之后，其他人也将顺利获得解脱。[14]

她自己也清楚这一点，甚至比绪兰神父还要明白，但她却在抗拒他。她已经养成了习惯，努力去了解这位神父的习性，运用各种各样的小伎俩，避开神父。她不希望神父进入自己的内心。她尽可能避免与神父对话，但神父却无时无刻不在寻找她。神父坚持不懈，她却执拗地抗拒，但最终，（她的内心）出现了一种绝望，（她）下定决心要死去。[15] 这说明她屈服了。

在他看来，让娜的同意比抗拒更加危险。一场奇怪的对话开始了，从几个小时延长到数日、数周。他开始在她面前祈祷。在非对话者的见证之下，他说出了从来不敢或者从未说过的激动的话。她的心中逐渐出现了情感，而且是她这样机智的年轻女子所从未了解过的感受。他沉浸在不止一次的面对面谈话之中，变得激动不已，筋疲力尽。他走向了救赎论的极端，要求医生把疾病转移到他身上，以此来治愈修女。他对歇斯底里的修女的痛苦感同身受，让自己放弃抵抗这种痛苦的所有方式。让娜已经预知自己将经历什么，她再次根据神父的情绪做出回应，假装自己开始出现渴望，这些与身体姿态相融合的征兆让期待已久的神父激动不已，但他的激动却为时过早。难道他没有从修女的回答中发现自己说过的话吗？他越是想要把修女提升到自己的高度，他对修女的哄骗就越深；但是，既然她发现自己那些并不太真诚的举动被神父信以为真，她为什么对自己的成功有所迟疑？她是否知道这意味着什么？

被困扰的驱魔师 381

1635 年 1 月，他开始被魔鬼附体，身体出现奇怪的反应，例如头痛、呼吸苦难、颤抖不止、突然行走困难、幻觉等。他开始屈服。3 月，痛苦不断加剧：

他从一种近乎医生的视角审视自己，如同观察一件行将破碎的物品，并叙述道：

> 大约在四旬斋期间，一天晚上，他像平时一样躺在床上准备睡觉，突然感受到魔鬼的存在。刚开始，魔鬼开始像动物一样踩在他身上，在被子上踩踏他的头和身体的不同部位，就像猫在踩来踩去。这没有让他太过震惊。但是随后，他感觉自己的皮肤仿佛有蛇爬过，把他缠起来，蛇咬过之后，毒液扩散，让他痛苦万分……[16]

然后，痛苦从夜间扩展到白昼，从私人场合蔓延到公共场所：

> 除此之外，当我走出房间，想要去见女修道院长时，它（魔鬼）抱住我的双脚，让我寸步难行，仿佛鞋底被灌了铅一样。

> 当我在进行驱魔仪式时（当时还有几场），我重复着仪式中的内容，它在某一时刻离开了女修道院长，悄悄流进我的身体，从胃的深处开始发威，它在那里制造的疼痛让我根本无法休息，只能躺在地上。当我躺下时，身体四肢就开始抽搐。[16]

382

绪兰的情况越来越差，女修道院长却在不断好转，洛巴尔德蒙为修道院送去了一件华美的祭披。5月8日，女院长在给洛巴尔德蒙的信中表达了自己的恐惧，这位耶稣会神父的痛苦让其他致力于这项工作的人惊恐万分。[17]5月3日，绪兰在给住在亚眠的老友多尼·德·阿蒂契神父（Doni d'Attichy）的信中写道：

我有两个灵魂[*]

> 三个半月以来，时刻都有魔鬼纠缠着我。情况演变至此，一定是得到了上帝的允许，我想是因为我的罪孽深重，教会中人从未见过类似罪行。魔鬼脱离中魔者的身体，钻到我的身体中，攻击我，把我掀翻在地，当众折磨我，它能附在我身上好几个小时，我仿

---

[*]　该节部分译文引自〔英〕阿道司·赫胥黎：《卢丹的恶魔：法国神父"附魔"案》，庄蝶庵译，北京时代华文书局，2018年。

佛真的成了中魔之人。

在那段时期，我无法向您解释发生在我身上的事情，有一种陌生的精神与我的精神合二为一，没有剥夺我的意识和我灵魂的自由，但它却构成了另一个我，就好像我有了两个灵魂，其中一个占据我的身体，作为它的营地，它看着另一个入侵者为所欲为。这两股精神斗争的战场局限于我的身体。真正的灵魂仿佛被一分为二，其中一部分是各种魔鬼的印象，另一部分属于真正的情感，或者上帝赋予的情感。与此同时，我感到一种巨大的平静，仿佛我被上帝的善意所庇护，但不知何故，我也感受到一种对上帝的极度愤怒和憎恶，这表现为一种疯狂的挣扎，试图将我从上帝的怀抱中剥离，看到这一切的人都瞠目结舌。一方面，我感到一种巨大的快乐，另一方面，我感到一种痛苦，就在哭泣、哀歌中寻找发泄，仿佛是那些该下地狱的人一样。我感到自己处于被诅咒的状态，我理解了它。我感到，似乎在那陌生的灵魂中（看起来像是我自己的灵魂），绝望之爪刺痛了我；然而同时，另一个灵魂却居于绝对的坚信之中，对如上的情感毫不在乎，并诅咒造成这些情感的始作俑者。我甚至能感到，从我口中发出的喊叫，同时源于那两个灵魂；而我发现很难分辨它们是源于快乐还是源于疯狂……

当其他中魔修女看到我这个状态时，看看她们那欢欣鼓舞的样子！听听那些魔鬼是如何嘲笑我的："医生，治治你自己吧！现在是从布道台上下来的时候啦！看那厮布道真是乐事一桩！"……

这即是我现在的立场，是我几乎每天都要经历的

383

一切。我已经成为人们争议的对象。我真的中魔了吗？神父也会陷入这样的麻烦吗？有人说这是上帝在惩罚我，惩罚我的一些幻觉；其他人则另有说法。至于我本人，我保持平静，无意改变我的命运。我坚信，世间没有比经历最极端的境遇更好的事情。在我现在的处境之中，我几乎没有行动自由：当我想说话时，它们会阻止我；在餐桌上，我无法把菜送到嘴边；在忏悔时，我突然忘记我所有的罪孽，我感觉到魔鬼在我身体里来来去去，仿佛在它家中一样。当我静心冥思时，它在那里；当我祷告时，它夺走我的思想；当我的心开始因上帝而感到快乐时，它让其充满愤怒。它可以随时让我沉睡，让我醒来，它可以借由中魔修女之口，夸耀它是我的主人，我却无法反驳半句，我的良心受到谴责，我的脑中是对罪人的判决。我应当承受这中魔之苦，敬畏万物都应当服从的上帝之指令。[18]

新的谜语

我成了重要的问题（*factus sum magna quaestio*），这是卢丹城中的新疑问。阿蒂契神父与文学界关系密切，他让外人看了这封信。和绪兰的其他文章一样，这篇文章也流传开来，当时

出现了许多抄本。这封信很快就在普瓦提埃和巴黎出版，在各个信教阶层传播，吸引了许多好奇之人和学者。1635 年 1 月，梅森纳神父给身在普罗旺斯埃克斯的佩克斯克神父写信，后者已经在 1634 年从吉勒·德·罗什神父那里得知了卢丹城的消息。梅森纳神父写道：

我不知道……您是否听闻有一位前往卢丹驱魔的
耶稣会神父，他自己被魔鬼附体或被魔鬼侵扰了，他
自己的信件可以为证。[19]

7月17日，佩克斯克给梅森纳回信：

如果这位虔诚的驱魔神甫被魔鬼附体或侵扰的情
况仍然存在，那么这将比类似的任何其他事情都更值
得注意，这种情况通常发生在身体弱小的女人身上。[20]

7月24日，梅森纳又给身在巴黎的德·圣索沃尔·杜·普
伊先生写信，后者和他一样也是学者和藏书爱好者：

这份由绪兰神父所写的小册子非常奇怪。这里流
传着另一份似乎由他所写的笔录，写作水平也可圈可
点。我向您肯定已经对此有所了解，但是万一您还没
有读过，或许您会想要了解一下这篇与另外一部作品
有关联的文章。[21]

1635年，另一份在普瓦提埃、巴黎和里昂出版的作品《国 386
王唯一的弟弟亲眼见证的卢丹中魔修女驱魔仪式实录》（*Rela-*
tion véritable de ce qui s'est passé aux exorcismes des religieuses
possédées de Loudun en la présence de Monsieur, frère unique du
roi）用很大篇幅介绍了耶稣会士绪兰之事，5月10日那天，在
亲王殿下（国王弟弟）及其随从面前，受伤的驱魔神甫（绪兰）
被掀翻在地，然后被推倒在路上。[22] 为满足公众，驱魔演出还
在继续，绪兰的状态越来越糟。他就像一个被羞辱的孩童，继

续与寻求建议的阿蒂契神父通信，身体不适的他仍抽时间回复这位友人：

> 我向我们的主请求，让他用爱的金色锁链把您的灵魂和他联系起来，这样您的灵魂将永远属于他。如果我能为此事做出贡献，我绝不会拒绝。愿先生将我视为主的仆从……这便是我向先生提出的条件，同时也请将我视为谦卑的兄弟。[23]

9月，他对洛巴尔德蒙说：我们在处理最重要的事情，我们对它的了解与驱魔仪式的观众完全不同。[24]

关于"胜利"的著作

然而，在虔诚撤退的阵地上，胜利不断出现，包括魔鬼的
387 离开，被新出现的专业媒体的出版物所赞颂的神迹和皈依等：

> 《魔鬼巴拉姆从卢丹于尔叙勒会女修道院长的身体离开之记录》(*Relation de la sortie du démon Balaam du corps de la mère prieure des ursulines de Loudun ...*)，1635年在巴黎和普瓦提埃出版。
> 《在卢丹驱魔的耶稣会神父之一写给普瓦提埃主教的信件副本，包含统领五十个恶魔的利维坦被驱逐的简短叙述》(*Copie d'une lettre escrite à Mgr l'évesque de Poitiers par un des Pères Jésuites qui exorcisent à Loudun, contenant un bref récit de l'éjection de Léviatan, chef de cinquante démons ...*)，1635年，由 J.

马丁在巴黎出版，由梅斯涅遗孀在普瓦提埃出版，以及在奥尔良出版。

《论忧郁症是否为卢丹中魔修女症状之原因，选自彼莱·德·拉梅纳蒂耶尔对敦坎医生之言论的思考》（*Traitté de la Melancholie, sçavoir si elle est la cause des Effets que l'on remarque dans les Possédées de Loudun. Tiré des Reflexions de M. Pilet de la Ménardière sur le Discours de M. Duncun*），1635 年，由 M. 居约（M. Guyot）和 G. 拉博（G. Laboë）在拉弗莱什出版。

《克鲁瓦塞修道院院长、神学博士德·拉福卡尔蒂耶尔先生收集的罗马教会对关于怪事的神迹，魔鬼对卢丹城于尔叙勒会修女和世俗女子所作的骇人行径》（*Les miraculeux Effects de l'Église Romaine sur les Estranges, horribles et effroyables actions des Demons et Princes des diables en la possession des Religieuses Ursulines et Filles séculières de la ville de Loudun, recueillis par M. de la Foucardière, prieur de Croysay, docteur en théologie*），1635 年，由克洛德·默尔罗（Claude Morlot）在巴黎出版。

《卢丹城于尔叙勒会修女的驱魔神父、耶稣会士绪兰写给一位朋友的信，包括发生在他身上的足以激起人们的信仰以及对上帝审判的恐惧的异事》（*Lettre du R. P. Seurin, Jésurite, exorciste des religieuses ursulines à Loudun, écrite à un sien ami, où se voient les choses étranges arrivées en sa personne, lesquelles excitent puissamment à la foi et à la crainte des jugements de Dieu*），1635 年在普瓦提埃和巴黎出版。

《国王唯一的弟弟亲眼见证的卢丹中魔修女驱魔仪式实录》，1635 年，由 J. 马丁在巴黎出版（与普瓦提埃印刷的版本相近），由 J. 雅克莫东（J. Jacquemoton）在里昂出版，也在普瓦提埃出版。

《普瓦提埃医学博士弗朗索瓦·皮杜所著的医学实践》(In ActionesJuliodunensiumVirginum, Francisci-Pidoux, Doctoris Medici Pictaviensis, Exercitatio Medica)，由 J. 托罗在普瓦提埃出版。1635 年该书出了第二版。

《魔鬼巴拉姆脱离卢丹于尔叙勒会女修道院长的身体以及女院长在驱魔仪式中的可怕动作和抽搐之记录以及笔录节选》(Relation de la sortie du Demon Balam du corps de la Mère Prieure des Ursulines de Loudun et ses épouvantables mouvements et contorsions en l'Exorcisme. Avec l'Extrait du procès verbal...)，1635 年，由 J. 马丁在巴黎和普瓦提埃出版。

纪尧姆·里维（Guillaume Rivet，塔耶堡改革派教会牧师）发表的《上帝权利之辩护：驳拉罗谢尔嘉布遣会会长特朗基耶先生的谎言与诡计》(La Defence des Droits du Dieu contre les inventions et artifices du Sieur Tranquille, supérieur des Capucins de La Rochelle)，1635 年，由莱斯涅和德波尔德 (Desbordes) 在苏缪出版。

《名叫塞东的魔鬼在卢丹中魔修女的驱魔仪式中让普瓦提埃法院的年轻法官出现的令人叹为观止的变化以及两篇同名魔鬼的演说》(Admirable changement d'un jeune avocat en la cour [de Poitiers], nouvellement opéré *par le moyen d'un démon nommé Cédon dans les exorcismes des religieuses possédées de Loudun. Avec deux discours du même démon...*），1636 年，由 G. 戈里沃在拉弗莱什出版，1637 年，由 J. 布鲁奈在巴黎出版。

《圣约瑟的荣耀：魔鬼伊萨卡隆离开卢丹于尔叙勒会女修道院长的身体之实录》(*La gloire de saint Joseph. Sur la relation authentique et véritable de ce qui s'est passé en la sortie d'Isacaron qui possédait le corps de la Mère Prieure des Religieuses Ursulines de Loudun...*)，献给国王唯一的弟弟，奥尔良公爵大人，1636 年，由路易·马塞（Louis Macé）在苏缪出版，由 J. 马丁在巴黎出版，由克洛德·凯纳（Claude Cayne）在里昂出版，等等。

《卢丹中魔修女的驱魔仪式之真实记录以及被众人目睹的所有神迹》(*Récit véritable de ce qui s'est passé à Loudun aux exorcismes des filles possédées, ensemble le miracle qui s'y est fait en présence de tous les assistants*)，署名为 J. D. P. C.（一位普瓦提埃的加尔默罗会修士写给同修会的另一位修士的信），1636 年，由勒内·弗勒蒙（René Fremont）在奥尔良出版。

389

《普瓦提埃医学博士弗朗索瓦·皮杜所著的医学实践之辩护》(*Germana Deffensio Exercitationum Francisci Pidoux in Actiones Juliodunensium Virginum adversus Ulalium*[Duval, avocat de Poitiers], *précédé d'un Speculum mentis Eulalii Pictaviensis*)，1636 年，由 J. 托罗在普瓦提埃出版。

《为医学博士敦坎先生辩护：驳彼莱·德·拉梅纳

蒂耶尔先生的论忧郁》(*Apologie pour M. Duncun, docteur en médecine, contre le Traité de la Melancholie du Sieur de la Mesnardière*)，没有时间和地点，很有可能是 1636 年在苏缪出版。

《圣约瑟敷圣油神奇治愈的修女天使的让娜》(*La guérison miraculeuse de soeur Jeanne des Anges… par l'onction de Saint Joseph*)，1637 年，由马塞在苏缪出版。

《新近对一个魔鬼进行的审讯和驱魔仪式以及令公众震惊的魔鬼对嘉布遣会驱魔神父 R. P. 马修·德·路谢的回答》(*Les interrogatoires et exorcismes nouvellement faits à un démon… avec les réponses du démon au R. P. Matthieu de Luché, capucin exorciste, … au grand estonnement du peuple*)，1637 年，由 J. 布鲁奈在巴黎出版；在拉弗莱什也有出版。

《圣母玛利亚、圣约瑟和圣方济各在解救于尔叙勒会女子时的神迹》(*Les Miraculeux effets de la Vierge, de saint Joseph et de saint François dans le soulagement et délivrance des Filles Ursulines…*)，巴黎，1637 年。

《驱逐卢丹于尔叙勒会女修道院长身体中的七个魔鬼时为了上帝及其教会的荣耀而出现的神迹之叙述与总结》(*Représentation et sommaire des signes miraculeux qui ont esté faits à la gloire de Dieu et de son Église en la sortie des sept démons qui possédaient le corps de la mère prieure des religieuses ursulines de Loudun*)，1637 年，由 D. 费朗在鲁昂出版。[25]

《卢丹驱魔神父之一特朗基耶的死亡记录》（*Rela-tion de la mort du P. Tranquille, l'un exorcistes de Loudun...*），1638 年，普瓦提埃。卢丹的伯努瓦神父寄给卢丹的埃雷阿扎尔神甫的记录。

390

Miracle（神迹）这个单词以及女修道院长的名字在这些小册子的宣传海报上的出现频率非常高。她的肖像画出现在倒数第二部书中。在一系列的悬疑、疾病和治愈、获得解救和驱逐魔鬼的过程中，她有了一个新的形象。她从绪兰那里学到了神秘主义的所有词汇，但与此同时，她或许也在质疑这些词汇的意义。她提供建议，迎接访客。虔信宗教者或地位颇高的访客络绎不绝，《在德·艾吉永公爵夫人的邀请下，D. 对卢丹中魔修女的访问以及公爵夫人本人、德·朗布耶、德·布雷泽男爵和德·萨布雷男爵、德·瓦图尔先生对同一批中魔修女的访问记录》（*Relation d'une visite faite par D. pendant huit jours, sur l'invitation de la duchesse d'Aiguillon, aux possédées de Loudun, et des visites faites aux mêmes possédées par la Duchesse elle-même, par Mademoiselle de Rambouillet, les marquis de Brézé et de Sablé, Monsieur de Voiture*）等对此有记载。[26]

被怀疑的灵性

绪兰走在一条道路上，他还没有走完所有的台阶。他仍然坚持着自己的使命，有时站着，有时躺在地上。他见到了更多的人，写了很多文章，但他的著作在 20 年后才出版，那时的他如何从试练中恢复过来的约伯，身体虽然精疲力竭，精神却因经历了考验而平静，他在井底找到了阳光，在迟来的秋日发现了一个秘密，那就是要像一个在我主怀抱里的孩子一样，像8岁孩童一样无忧无虑。

在他的周围，一个灵性学派逐渐形成，一个"神秘主义"团体，很多前来访问的人都不会忘记他。但是他却因此而遭受了更多怀疑。身在罗马的耶稣会总会长维塔莱斯奇神父（Vitelleschi）忙着结束耶稣会修士在卢丹的活动，他也收到了针对病弱的绪兰的揭发和指控。1636年8月28日，他给绪兰的主管上级写信：

> 关于阁下倍加赞扬的绪兰神父，我收到了许多源自我们的神父的陈情书。据说他曾一度相信自己被上帝和魔鬼附体；他也因此认为自己的言行源自上帝，他的中魔举动源自魔鬼……人们还说他并不服从上级管束。我期待阁下的意见……[27]

1636年10月，绪兰离开了卢丹城。1637年6—9月，他又回到了这里。其他驱魔神父曾经猛烈批判他沉迷于杜撰一些关于灵性的东西，不务正业，但后来他们却也采用了绪兰的方法。[28] 绪兰虽然渐渐消失，但他留下了痕迹。

14. 天使的让娜的胜利

奇迹多次出现之后，1637 年 2 月 7 日，又出现了一次。雷 395
斯神父（Ressès）对天使的让娜进行了一次过于残酷的"直接
的驱魔仪式"，这次受到医生谴责的驱魔仪式导致她肺部充血，
令她性命垂危。

美丽的天使

她讲述道：我躺在床上，看到一片浓雾围绕在床
的周围。我的右边出现了美貌绝伦的善良天使，他看
起来就像一个 18 岁左右的年轻男子。他有着金黄的长
发，盖住了我的告解神父（雷斯神父）的右肩……

让娜忘记了一个细节，绪兰将其如实描述了出
来：她记住了圣约瑟的脸庞，后来她让人将其画了
出来。几日之后，博福尔公爵（Beaufort）来到这里 396
观看驱魔仪式，她告诉我天使的头发与这位亲王的
假发一样。[1]

年轻的博福尔公爵弗朗索瓦·德·旺多姆（François de

Vendôme）年方 18，是加布里埃尔·德·埃特雷（Gabrielle d'Estrées）的孙子。这个金发小伙子后来被人们称为市井国王（le roi des Halles），他在情场上的伟业不亚于他在角斗场上的胜利。人们或许会思忖他到访卢丹城是否在 2 月 7 日之前。记忆力超群的让娜很久之后才向绪兰讲述此事。

> 我也看到圣约瑟以男子形象出现，他的面庞比太阳还闪耀，还有这茂密的头发与褐色的胡须。他的威严远超常人，他把手放在我的右肋，那里是让我最疼痛的部位。他为我的这个部位涂了某种油，随后我苏醒过来，被彻底治愈。我对神父和修女们说："我已经不再疼痛。上帝的圣恩治愈了我。"我让人拿来我的衣服，然后起身下床……两天后，我才意识到自己竟然忘记将圣油抹去，我的睡衣上留下了痕迹。我唤来副院长，请她陪我到卧室中，查看涂抹圣油的部位。我撩起外衣，众人都闻到了一阵惊人的芳香。我脱下睡衣，他们将睡衣齐腰剪下。我们发现睡衣上留下了五滴神圣的膏油，散发出迷人的芳香……这奇迹很快就为人所知，简直令人难以置信，有这么多的人，满怀着奉献之心，来瞻仰这神圣的香膏，因为这香膏，上帝创造了多少奇迹啊。[2]

397

"他们"为此什么都可以做。《圣约瑟敷圣油神奇治愈的修女天使的让娜》很快就在苏缪出版，并受到了普瓦提埃主教的热情赞扬。这件事后来有了更加丰富的细节。7 年之后，重复讲过无数遍的女修道院长为圣朱尔（Saint-Jure）寄去了官方修订版本，堪称关于神迹的"通俗拉丁文本圣经"[3]。

被神迹治愈的女子

这五滴神奇的膏油、神圣的睡衣、被膏油浸湿的纸张和棉花都成了为人称道的传奇。这些都只是这位被神迹治愈的女子的装饰物品。当魔鬼最终被驱逐之后，人们发现她的手上留下了 IOSEPH（约瑟）和 MARIA（玛利亚）这两个名字的痕迹，因此就连她的身体也出了名。但她体内还有最后一个魔鬼贝希摩斯。1637 年 3 月 19 日，它要求绪兰神父来进行驱魔仪式。

> 经过百般顽固抵抗之后，它回答是否离开并不取决于它自己，上帝希望绪兰神父前来将它驱逐。[4]

女修道院长亲自给洛巴尔德蒙写信。中魔事件的所有人物都要围在被解放的修女的马车旁。她身上的魔鬼要求前往位于安纳西（Annecy）的圣方济各·沙雷氏（François de Sales）的墓朝圣。她的计划越来越夸张，她的虔诚广为人知，耶稣会驱魔神父，这些被洛巴尔德蒙召唤来的学识渊博的大师似乎全身心投入此事之中。这个轻信盲从的阵营与不信神的阵营形成了鲜明对比。1637 年 7 月 9 日，耶稣会总会长对此非常担忧，他临时找回了身心俱疲的绪兰神父，如今无数人都期待着他能给这漫长的中魔事件画上句号。身在罗马的耶稣会总会长给普瓦提埃的耶稣会神学院院长写信： 398

> 虽然我们的确并不情愿，但事出有因，我们决定派安基诺神父（Anginot）和绪兰神父回到卢丹。我们尤为期待这两位神父能够处理此事，为此我们将提供

一切必须的帮助⋯⋯

据说卢丹的神父让所有人都来亲吻女修道院长的手，因为她的手上似乎有魔鬼刻下的真福者的名字；他们让众人触摸被圣约瑟涂抹过圣油的棉花、纸张和类似物品；即便相关人士提出反对意见，他们仍将这些物品奉为圣物；他们借用自己的权威，在公众之中传播这些圣物所完成的神迹，但据我们了解，这些圣物却是许多邪恶的源头⋯⋯

399　给轻信者的建议

我请求阁下尽快纠正这些异常情况，否则我们将被迫让所有耶稣会神父彻底放弃驱魔。正如我在最近写给阁下的信中所提出的，请让他们在室内而非公共场所完成任务；只有在必要的时刻才去审问魔鬼，以便将其驱逐；此事已经拖延太久，他们不应无止境地纠缠于此。我们的修士们在其他地方或许更能派上用场。

他们最初表示，根据某个神启，魔鬼的驱逐地点应当在安纳西；如今根据另一个神启，如果绪兰神父不回到卢丹，魔鬼就无法被驱逐。很明显这是一些自相矛盾的言论。在几乎满足了我们的神父的所有要求之后，我们了解到某个新的计划，与此同时，我们每天都能收到对我们的驱魔神父过于鲁莽的新指控。无论是您自己，还是普瓦提埃的耶稣会神学院院长，还是某位不过于天真轻信的神父，阁下您都要让他们严格服从安排。[5]

返回卢丹的绪兰身体状况极差。天使的让娜在他的指导下，根据罗耀拉的伊格纳修斯所著的《神操》（*Exercices spirituels*）退省，但是后来，她对沃城修道院长、昂热代理主教居易·拉梅尔（Guy Lamer）说： 400

> 在虔诚的神父让我进行的最后的灵性练习中，他没有指定任何主题。他希望我以纯朴的状态来到上帝面前，接受或承受上帝的意愿……我在这种方式中获得了极大的精神自由。[6]

拯救

在这次退省的过程中，最后一个魔鬼贝希摩斯被驱逐了，女修道院长得到了彻底的拯救。10 月 15 日（圣特雷莎日），尽管疲惫无力绪兰仍做了弥撒。他手中按着圣体，在格栅的小窗旁为女修道院长发放圣餐，他没有对魔鬼下任何命令，当他说出"耶稣–基督的圣体啊"（*Corpus Domini nostri Jesu Christi*）这句话时，女院长……的身体变得极度扭曲，向后弯腰，面部表情因为魔鬼的出现而极为骇人，她举起左手，手掌向上。神父清楚地看到手掌上用血淋淋的字母写成的玛利亚和约瑟的名字，JESUS（耶稣）这个单词也极为清晰，他从未见过类似情况。她的手在不停地转动，当大拇指指向其他修女所在的内侧，手掌朝向神父所在的外侧时，神父丝毫没有看到 FRANÇOIS DE SALES（圣方济各·沙雷氏）这个名字的出现。突然，女院长的扭曲状态消失了，魔鬼离开了她，她重新跪下之后，受领了 401 圣体，上帝取代了魔鬼。从此以后，她余生再也没有感受到任何常见的魔鬼的活动……[7]

让娜的魔鬼得偿所愿，它离开之后，让娜前往安纳西朝圣。绪兰是随行人员之一。

他后来谈到这段时期时说：

> 我的灵魂就像一座宫殿，所有的门都被关上，到处都上了锁，只有门房的房间是敞开的。[8]

人们视他为疯子，的确，他也曾写道：

> 他是真真切切地掉进了这种麻烦之中，考虑到发生在他身上的异事，如果拒绝的话，必定有违常理……

> 他承认自己不太畏惧这个头衔，因为在很久之前，他就把自己献给了上帝，再加上一个任何人都不想要的头衔也无伤大雅。[9]

由于患上了暂时的失语症，他便与托马斯神父一同出发，但是在上级的命令之下，他走的路线和让娜不同。穿过中央高原地区之后，他将在里昂与让娜汇合。这位女院长的行程里也包括巴黎。

一次胜利的巡游

绪兰的疾病发作很可能比他说的轻微，发作间隔也更长，他前往萨瓦地区的朝圣就是在此期间。天使的让娜则在 4 月 26 日离开卢丹，随后她进行了一次长达五个月的胜利巡游，包括图尔、巴黎、穆兰、讷韦尔、里昂、格勒诺布尔、安纳西等地。最高法院的法官、地位最高的贵族、主教、孔代家族（Condé）、黎塞留、王后奥地利的安娜（Anne d'Autriche）、国王路易十三都相继向她那只被魔鬼刻字的手以及沾染了圣约瑟涂抹的圣油的睡衣表示敬意，就连她停留的接待室和旅馆里也挤满了前来拜访的人。她从一个被人遗弃的小女孩变成了一个四处巡游的神迹，但她并不满足于自己取得的成功，这些成功也从未让她感觉心安。王公贵族和主教接踵而至，她乘坐豪华的马车来往于不同的宫殿，她针对这非比寻常的行程安排所说的话，勉强掩盖了自己对这些事物的向往。

女院长与德·莫朗先生和副院长加布里埃尔·德·科隆比耶刚回到图尔，大主教贝特朗·德·肖（Bertrand de Chaux）当晚就派他的下属来邀请我去拜访他。第二天，一位指导神甫奉命驾车前来，将我送到大主教府上……他极其友善地接待了我们……大厅里有许多身份高贵之人，其中包括大主教的侄子布洛涅主教大人。曾经参与审判格朗迪耶的科特罗院长大人也在场。所有人都对我手上所刻的名字赞叹不已……

关于这些人名印痕的消息传遍了整座城市，人们蜂拥而至，想要一睹为快，竟导致每天大约有四五千人来访。

4月30日，在于尔叙勒会的接待室中，三位医生认真观察着在我手上刻下的美丽的字母和图案……[403]

5月5日，国王的弟弟、奥尔良公爵加斯东来访。

5月6日周四，我们从图尔出发。一位名叫德·特隆谢夫人（Mme du Tronchet）的贵妇与我们同坐一辆马车，为我们代付了旅费，她是一位高等法院推事的妻子。[10]

在昂布瓦兹（Ambroise），会客室一直开放到晚上 11 点，前来看我的手的人群才终于散去。在布鲁瓦（Blois）、在奥尔良（洛巴尔德蒙与她在此处汇合），最后在巴黎（他们 5 月 11 日到达这里）都是这种情况。

征服巴黎

来到巴黎之后，她借住在洛巴尔德蒙男爵家中。政府顾问大臣、审查官、索邦神学院的博士、各个修会的修士……谢弗勒兹男爵（duc de Chevreuse）、德·盖梅内王子（Guéménée）和其他一些贵族经常来拜访我。

他们迫不及待想要见到我，他们欣赏我的手，他们端详着魔鬼对我的身体的折磨。她在《自传》（Autobiographie）中不知疲倦地叙述着人们排着队来观看她被神迹治愈的身体的场面。无论圣体光中间，还是人群之中，她那神圣的手都是核心。

也是根据让娜所述，她拜访过巴黎大主教之后，大主教高声地说：我们不应当隐藏上帝的杰作，我们必当满足人民瞻仰的渴望：

> 民众仍然迫不及待地要看到我，最后他们不得不让公众看到我，从早晨 4 点到晚上 10 点，灯火通明。
>
> 他们让我待在一楼的房间里，那里开了一扇齐人高的窗子，对着房屋的庭院。我坐在那里，手臂放在一个枕头上，手掌摊开，伸出窗外，好让公众看到。上流贵族没法来到这个房间里，因为民众堵塞了道路。我连望弥撒、吃饭的时间都没了。

随后她来到吕埃尔拜见黎塞留：

> 洛巴尔德蒙大人把我们带到了那里……那天红衣主教大人接受了放血治疗，吕埃尔城堡所有的门都关闭了，就连法国的主教和元帅们都进不去。虽然红衣主教仍然卧床，但我们却被带进了城堡的前厅。他命令一位贵族和他的医生接待我们，并转达他的问候。

这才是令人赞叹的……

> 他们遵从红衣主教大人的命令，把我们带到了一个房间里，那里已经备好了晚餐。这顿饭精美至极，服侍我们的是他的年轻侍从。晚餐结束时，红衣主教阁下召见了洛巴尔德蒙大人，并询问他在病床上迎接我们是否不妥，他担心这么做会让我们难过。洛巴尔德蒙大人向红衣主教大人保证绝对不会，随后便前来召唤我们。
>
> 我们来到他的病床旁，跪下接受他的祝福。我一直跪在那里与他讲话。他不希望这样，不允许我跪着说话。他是如此彬彬有礼，我们也非常谦卑，双方僵持了许久，最终我不得不服从。他命人搬来一把扶手椅，让我坐下。
>
> 在我们的谈话刚开始时，红衣主教大人告诉我，我应当感谢上帝在这个不幸的时代选择了我为他的荣耀、为教会的荣誉而服务，并让许多灵魂皈依，让恶人羞愧。他还说到，我为此所承受的耻辱、羞辱、谴

405

责、指责、诽谤以及魔鬼在数年间所做的一切，都是一种莫大的荣耀……

红衣主教大人想要近距离看看我的手，便让我离他近一些；他仔细观察之后，说了这些话："这才是令人赞叹的……"

随后，我非常谦卑地请求红衣主教大人继续保护和支持我们的修会，并向他保证我们会继续虔诚地祈祷，为他带来上天的保佑。

红衣主教大人告诉我，他很想见一见绪兰神父。

洛巴尔德蒙大人接过话，谈到了圣约瑟为我涂抹的圣油，正是这圣油治愈了我。他们让红衣主教大人看了留有圣油痕迹的睡衣。红衣主教大人看到之后，肃然起敬，表达了极为虔诚的感情，然后他不顾病体，一边用手捧起睡衣，认真闻了一下，亲吻两次，一边说道："闻起来真是太香了。"他拿着睡衣碰触了枕边的圣物盒。在他满怀尊敬与崇敬之情抚摸睡衣时，我向他讲述了自己被治愈的方式……

黎塞留在吕埃尔城堡接见了让娜之后，王后也带着同样的热情在圣日耳曼昂莱（Saint-Germain-en-Laye）召见了她。王后与女院长针对卢丹修会的悲惨处境进行了一番长谈，随后她想要看看我手上的神圣名字。我便向她展示了。她捧着我的手端详了一个多小时，并对这自从教会成立以来从未见过的事物大加赞赏。

在场的孔代公主为之痴迷。国王赶来之后，面带喜悦，高声说道：我的信仰得到了巩固。他敦促那些不信教者及时醒悟，但女院长秉承着爱德，没有说出他们的名字。

圣体架

我们必须暂停一下，因为巴黎、默伦（Melun）、蒙塔基（Montargis）、讷韦尔（Nevers）、里昂、格勒诺布尔、尚贝里（Chambéry）和安纳西都是同样的情形。[10] 这一成不变的颂歌把这只神圣的手刻画成了一件圣物，它仿佛与珍贵的圣油和芬芳的睡衣一起被放进了圣物盒里。叙述、旅行或历史都已经不存在。它只是一面镜子。无论在哪里，格朗迪耶都不过是圣体架上镶嵌的宝石之一，那么多双眼睛就像珍珠一样，注视着那个被奉献的美丽物品。让娜只是那只手的保管人，圣体盒取代了神圣手指，而驱魔人不过是神圣手指的携带者。如同文献所述，上帝的手指就在那里。实际上，这就是上帝的手指。卢丹已经变成了圣体盒周围的巴洛克式的装饰屏。

位于中央的，是如同展示圣体的圣体架一般的女修道院长。但是得益于她的善天使，她也逐渐成了通晓来世知识的女学者，关于灵魂之未来的预言家，源自天国的建议的保管人，朝圣和善行的组织者，灵修组织网络的领导者。身在波尔多的绪兰忧心忡忡地得知，她像经营店铺一样，在书房里为他人提供关于婚姻、审判和其他类似事宜的建议。

在这个书房的一个角落里，魔鬼被换成了女像柱和地图集，格朗迪耶和魔鬼不再是威胁，他们成了全景所必需的衬托。他们以这种方式成了图像装饰和信仰交易的一部分。

从此，中魔就像是让娜手上刻下的印记。1645 年的一天，巴尔塔萨尔·德·蒙柯尼斯大人（Balthasar de Monconys）路过卢丹时所写的一封信里有这么几句话：

我用指端轻轻触摸 M（MARIA 中的字母），结果居然擦掉了这个字母的一部分，她大惊失色……我心满意足地向她告别。[11]

旧日的戏剧也已经落幕，这个故事的表面已经凝固结痂。但是如果不思考一下女修道院长究竟是谁，就无法向她告别。

童话故事

可敬的女院长天使的让娜出生于 1605 年 2 月 2 日。她的父母均出身名门。父亲是科兹男爵路易·德·贝尔西耶，母亲夏洛特·德·古尔马尔是希勒家族的女继承人，二者都出身加斯科涅的名门贵族或者与其有密切联系。科兹男爵有一个同父异母的姐姐和一个同母异父的兄长，兄长是诺热莱男爵路易·德·巴贝奇约，姐姐是凯瑟琳·德·贝尔西耶（Catherine de Belcier），后来嫁给了亨利四世的国王卫队队长杜·布代男爵（du Boudet）。让娜的母亲也有两个同母异父的哥哥，一个是德·圣多纳·圣马丁男爵（de Saint-Donac Saint-Martin）（？），另一个是桑斯大主教奥克塔夫·德·贝尔加德。

科兹男爵夫妇生了 19 个孩子，其中有 15 个共同住在家中，他们每个人都天生聪慧，思维敏捷，天赋异禀。他们的家也是桑东日（Saintonge）地区最富丽堂皇的大宅。夫妇二人的年金收入在 2 万到 3 万利弗尔，勉强能够维持他们奢华生活的日常开支。[12]

409

如同童话故事一样，可敬的女院长天使的让娜那漫长、悲伤又奇怪的故事就此开始。17 世纪末，雷恩的圣母往见会的修女们在一部《传记》(*Vie*)中讲述了她的故事,书中有大量真实转述的文献材料,但是书中对神迹的阐释不太可信,负责抄写的修女们添枝加叶,为我们描绘了一幅美好的画卷,孩子们都出身良好、家庭富有、拥有众多天赋。

失宠的小女孩

让娜在很小的时候,就已经早熟,她的眼神温柔又富有活力,她有着浅褐色的肤色和银灰色的头发。她很早就失去了父母的宠爱,这给她留下了终生难愈的伤疤:

> 她特别容易摔倒,受到严重的伤。她非常用力地不让自己摔跤,结果肩膀脱了臼,腰部变得扭曲,从此以后,她的身体就一直保持这种奇怪的状态,一侧肩膀比另一侧高。父母对她没有多少疼爱,因此也更容易把她托付给神圣的天主教,进而献给上帝。[13]

这似乎是一种委婉的说法,因为她的母亲决定用薄纱将这 410 个女儿掩藏起来。

在四五岁时,她被送到了姨母所在的桑特皇家修道院。她在那里掌握了扎实的拉丁语知识,她总是在修道院里待着,那里的人们都很喜欢她;她性情温柔,活泼又开朗,有着乐于助人的本性,靠近她的人都会喜欢她和尊重她,包括那些最年长和最年幼的修女。然而,1611 年,她的姑母去世之后,另外一个也是桑特修道院本笃会修女的亲属对她更加严苛,这个生性好奇的孩子"总是想要理解一些最难被参透的事情",她在修道院中引人瞩目,一方面是她待人特别亲切,另一方面是她时常昏厥，看到幻象。亲属的严格要求让这个年轻女孩非常讨厌本笃会生活，她后来得以返回家中。

被羞辱的父亲

父亲很开心见到她，因为他特别偏爱这个亲爱的女儿，他经常让女儿为他读一些圣人的作品，尤其是在晚上，他说这是为了带着虔诚的思想入睡。男爵夫人对女儿的迎接就没那么热情了。这位母亲特别专横，她始终倾向于把这个身材有缺陷的女儿藏起来……她把其他女儿介绍到社交圈的同时，却让这个女儿的衣着特别朴素，让她没有方法抛头露面，让娜对此特别伤心。因此，她告诉父亲自己想要结识一些外面的朋友，至少是一些来家中拜访的人。当一位追求者提出要见这位年轻的小姐时，科兹男爵立刻应允；但男爵夫人并未同意，她很明确地告诉了其他人自己对女儿的打算。让娜则希望父亲能够最终当家做主。父亲最终无能为力，这位英俊的骑士抛弃家人，来到耶稣会士的初修院归隐。万分震惊的让娜于是决定成为修女，即便此时又有人来追求她（这一次她母亲同意了）。她在匆忙之中做了决定，来到了根据圣奥古斯丁的戒规而建立的修会，她以前经常给父亲朗读这位圣人的《忏悔录》。

抛头露面的方法

1662 年，她来到了普瓦提埃的于尔叙勒会修道院。她在见习期有过一些可以理解的过分行为，但是这些行为已经足够令人咋舌，而且与某种公众意识有着过于密切的联系（她致力于为那些最不受欢迎的病人服务，她要求负责照顾这些人，为其

他修女树立榜样，还有一些相反的行为，例如她在集合在一起
的所有修女面前，表示自己终有一天会重新穿上世俗服装，离
开修道院）。见习期过后，1623 年 9 月 7 日，她发下誓愿。她 412
聪明又灵活，能干又热心，很快就成了修道院不可缺少的成员，
她被分配或主动承担了许多工作，分散自己的注意力。她以自
己反复践行多次的《圣特雷莎传》或奥古斯丁的《忏悔录》为
模板，写了一部《自传》。她在书中写道：

> 我在这三年时光（普瓦提埃，1623 年 9 月—1627
> 年 7 月）里如此自由放纵，导致我丝毫没有去寻找上
> 帝的存在。戒规迫使我们去做祷告，我始终觉得这是
> 如此漫长；这就是为什么只要我找到缺席的借口，就
> 会立刻提出来，甚至还会反复使用这个借口。我努力
> 阅读各种书籍，但这不是为了我的进步，只是为了让
> 我看起来是一个头脑聪明、教养良好的女孩，让我能
> 够在各种社交场合里超过其他人。[14]

她没有以玩乐为目标，没有什么能够分散她的注意力，但
也没有什么能让她真的感兴趣；阅读和对谈都无法吸引她。她
也没有热衷的事情，除了想要进入社交圈和出人头地……后来
她多次承认自己的内心有着无法想象的冷酷，就像是"中魔"
产生的后果，这与她对自己的温柔恰恰相反。

"微不足道的伎俩"　413

1625 年 8 月 31 日，普瓦提埃主教德·拉罗什珀塞批准在
卢丹成立一个新的于尔叙勒修会。但修女们一直到 1627 年 7 月

22 日才在这座城市里安顿下来。在此期间，让娜极为恳切地要求成为这个团体的一分子：

> 他们提出了一些反对意见。我没有任何屈服。相反，我用了各种手段来达到自己的目的。我最后成功进入了刚刚成立的女子修会。我相信，换了住所之后，我可以住在一栋小宅院里，没有太多人，可以好好休息。然而，天不遂人愿，我只是在自欺欺人，因为我并没有努力苦修和遵守戒规，反而是在努力了解该地区的人的性情，并和其中一些熟悉起来……我努力让自己在院长面前显得不可或缺，既然修道院里没有多少修女，院长只得任命我为修会所有部分的负责人。这倒不是说院长离了我就万事不能，因为其实也有其他修女比我更有能耐，也比我更好；但我不过是通过无数次微不足道的伎俩使她感到，她离不开我……我很清楚，如何才能适时逗她一乐，如何才能说服她，直至最后，她发现只有我做事情才是最出色的，她甚至因此相信，我是优秀而善良的人。这么一来，我的心也就膨胀了，做那些看起来令人敬重的事情也就毫不费劲。我知道如何假装，我利用了人的伪善，使我的院长有可能一直对我印象良好，对我的诉求也甚是支持……[15]

天使的让娜在这段关于自我缺陷的忏悔中展现了自己的真面目。她自己所做的事情织出了一张网，结果把自己困在了里面。实施了这些小伎俩之后，她继续假装，继续机智地回避指导神父，继续隐藏，这个灵活多变的面具可以保护她，隐藏她的意识状态。她所说的"微不足道的伎俩"中的形容词"微不

414

足道的"在《自传》中随处可见；它被用来为这个忏悔者辩解，但是这个词所描述的谦虚姿态却暴露了这个微不足道的女人的宏伟梦想和真实情感，例如微不足道的乐趣，微不足道的绝望，微不足道的恐惧，微不足道的变化，微不足道的手段等等。这个用来让自己的表述显得不那么重要的词其实是一种逃避，同时也透露出她其实从未真的在现场。她为了解该地区的人的性情所付出的努力也用在了其他目标身上，继桑特女修道院长之后，就轮到了她的驱魔神父绪兰：我决心要研究那位未来导师的性情。有多少访客，更可怕的是，有多少女人被这个看似温顺、以取悦和满足期待为意图的修女的目光研究过！

改变

415

　　这是一种欺骗还是虚伪？答案没有这么简单。让娜始终有一种更加真诚、近乎悲怆的欲望，她想要通过改变住所来实现自我改变。不久之后，她的角色发生变化，她先是成了新的德曼多尔的玛德莲娜（Madeleine de Demandolx），后来成了新的阿维拉的特蕾莎（Thérèse d'Avila），从"中魔修女"变成了"神秘主义者"；她的新面具代替了旧面具。她从形势赋予的角色中受益匪浅，也没有被角色彻底愚弄，脆弱的她被迫用这些小伎俩来捍卫自己。她借由这些角色向周围的强权复仇或取得了胜利，但她绝对不能和这些角色划等号。她渴望成为真实的自我，但却想用另一个地点或另一个事件来取代以前，实现改变。她拥有的始终是一张被其他人塑造的、针对他人的陌生面孔。

　　1635 年 6 月，她转变之后，她的幻象和寻求最完美或上帝最伟大的荣耀的心愿得到了阿基坦的耶稣会省会长雅基诺神父（Jacquinot）的赞扬，这也让她成了另一个阿维拉的特蕾莎。她拥有堪比伟大魔术师的印记、成功与名望，耶稣、玛利亚、约瑟和方济各·沙雷氏被神秘地刻在了她的左手上（1635—1637年）；1637年2月和1639年12月，圣约瑟现身，神奇地治愈了她；1638年，她在全法进行了一次胜利巡游；她几乎一生都担任院长之职，在卢丹城不断被选为修道院长（1657—1660这三年除外），还收到其他修道院的邀约；她声称自己与她的善天使有交流，无论是在布列塔尼、巴黎、吉耶纳还是安茹，人们都向她寻求灵修建议和圣天使的神谕；她的神启被人抄写、传播，而且很快就被印刷成册。

如此多的骗术

绪兰把让娜视为唯一能够对其说出……（自己）思想本质之人，垂垂老矣的他很开心仍能与人分享上帝赋予（他）的片段，他可以对让娜毫无保留地说出自己的感受和一些意图与行为，或者与圣宠有关的心情，命运把这位可怜的女子交给了这位使徒，他用自己的健康和荣誉换来了她的救赎，或许这是他对其无比信任的原因。他所犯的错与他对让娜的感情也是不可分割的。然而，这些交流无法掩盖绪兰神父毫无妥协的直言不讳，这一点体现在他某日写给让娜的信中：

> 我请求您把诚挚的心灵当作真正的灵性生活的根基。我听闻了关于您的许多事情，您所作的事情之中有如此多狡猾的骗术，这让人很难在您身上找到真理的精神，那些神启和超自然交流之中有如此多的矛盾之处，这让人很难对其有正面的评判，并将其视为某些好事的基础。[16]

他者的形象

中魔事件没有"真正的"历史解释，因为人们从来都不知
道被附体的是谁，以及被谁附体。问题恰恰源于中魔，或者我
们所说的"错乱"（aliénation）是存在的，为摆脱中魔所付出的
努力意味着将其拖延、压抑（refouler）或者转移到其他地方：
从集体到个体，从魔鬼到国家理性，从魔鬼附身到宗教虔信。
这个必不可少的工作进程从未结束过。

如果历史学家认为可以把历史内在的怪异性隐藏起来，藏
在一个随着"有违常理之事"的结束而被封闭起来的过去的角
落里，远离他也远离我们，他就可以摆脱这种怪异性，那他只
是在痴心妄想，就好像"中魔"随着卢丹中魔事件的结束而消
失了似的。

诚然，社会也交给历史学家一项驱魔师的任务。人们要
求他消除他者（autre）的危险。他属于列维-施特劳斯（Lévi-
Strauss）所描述的有吐人肉风俗的社会（anthropémie，该词源自
希腊语 emein（呕吐））（我们的社会也包括在内），与这类社会
相对应的是有食人肉风俗（anthropophage）的社会。他表示，
第二类社会认为处理那些具有危险性能力的人，唯一的办法就

是把那类人吃掉，消除那些人的危险力量，甚至把那些力量拿来为己所用。*相反，我们的社会选择了相反的解决方法，即把具有危险性的人物排斥出社会体外，把那些人永久地或暂时性地孤立起来，把他们关在为达到这项目的而建设的机构里面。[1] 历史书写可以被列入这些"机构"之中，因为它被要求证明出现在卢丹城的这种具有危险的"异己性"只是一个传说或一段过去，一个被抹除的事实。

　　从其已成为历史的角度来看，的确如此。中魔的时代已经死去。从这个角度来看，历史书写的驱魔仪式是有效的。在卢丹城，社会标准与认识论标准的不确定性以及建立标准的必要性所推动的机制如今再次面对的是其他"巫师"，驱逐他们是一个群体自我界定和自我稳固的方式。在 17 世纪，这种现象有无数种形式，或许没有卢丹"剧场"那么惹人注目，但也因此更加有效。他者的毒害作用不再直接体现在宗教语言中，社会的治疗和压抑只能采用其他形式。

　　卢丹城的中魔处在一个特殊历史时期，宗教标准在向政治标准过渡，宇宙和宗教人类学朝着以人类视角整饬自然物体的科学组织过渡。这起事件也引导人们去思考历史的怪异性、这种怪异性的改变所引发的反应、他者的新社会形象（不同于以前的魔鬼，但同样令人不安）突然出现时引发的问题。

423

---

*　本段中施特劳斯观点的中译文选自《忧郁的热带》（ *Tristes Tropiques* ），克洛德·列维-斯特劳斯著，王志明译，生活·读书·新知三联书店，2005 年 6 月。

参考文献

关于卢丹的著作数量众多，但质量参差不齐，文献更是如 427
此。本书无法对它们进行详细介绍，而且许多档案文献不得不
被缩减，或者仅仅提及，甚至被略过；我们不可能把那些经历
千辛万苦在档案馆收集的大量信息、对中魔现象在参考文献中
的转变的分析都强加给读者。

因此我们只需列出与研究有关的原始文献或参考书目、与
该主题有关的基础性书籍，以求抛砖引玉。本书中的注释也可
提供补充信息。

原始资料与参考文献

夏尔·巴尔比耶（CHARLES BARBIER），"保存在普瓦提埃图书馆的与
于尔班·格朗迪耶审判有关的手稿文件的清单"（Inventaire des pièces
manuscrites relatives au procès d'U. Grandie, conservées à la Bibliothèque de
Poitiers），收录于《西方考古学家协会公报》（Bulletin de la Société des
Antiquaires de l'Ouest, Poitiers, 3ᵉ trim. 1877, p. 153—154）。

L. 米歇尔（L. MICHEL），《卢丹的中魔女子》（Les possédées de Loudun），
手稿，图卢兹耶稣会档案馆（Archives S. J. de Toulouse, 22, rue des Fleu-
rs），大量的分析整理，但有很浓的护教色彩。

E. 茹安（E. JOUIN）和 V. 德克勒（V. DESCREUX），《神秘学和共济会书 428
目：到1717年为止与共济会、魔法等有关的印刷著作和手稿》（Biblio-

graphie occultiste et maçonnique. Répertoire d'ouvrages imprimés et mss relatifs à la Franc-maçonnerie, la Magie (...) jusqu'en 1717, Paris, 1930 ）。

J. 泰克西耶（J. TEXIER），《于尔班·格朗迪耶的审判》（*Le procès d'Urbain Grandier*），博士论文打印稿，普瓦提埃法学院，1953 年。

R. H. 罗宾斯（R. H. ROBBINS），《巫术与恶魔学百科全书》（*Encyclopedia of Witchcraft and Demonology*, New York, 1959, p. 558—571 ）。

H. C. 埃里克·米德尔福特（H. C. ERIK MIDELFORT），"近期的猎杀女巫研究"（Recent Witch-Hunting Research ），收录于《美国书目学会文集》（*Papers of the Bibliographical Society of America*, t. 62, 1968 ）。

米歇尔·德·塞尔托编，让-约瑟夫·绪兰，《书信集》（*Correspondance*, Paris, Desclée De Brouwer, 1966, p. 91—99, etc. ）。

罗贝尔·芒德鲁（ROBERT MANDROU），《17 世纪法国的法官与巫师》（*Magistrats et sorciers en France au XVIIe siècle*, Paris, Plon, 1968, p. 18—59 ）；参见米歇尔·德·塞尔托，《历史的缺失》（*L'Absent de l'histoire*, s. l., 1973 ），"17 世纪面对巫术的法官"（La magistrature devant la sorcellerie au XVIIe siècle ），第 13—39 页。

最后，关于该主题在文学领域的情况，必须提到 J. 普雷（J. Pré）和一位匿名者主编的"于尔班·格朗迪耶事件简明丛书"（Bibliographie succincte de l'affaire U. Grandier ），收录于《卢丹人轶事》（*La Gazette du Loudunais*, Loudun, n°s 48, 49 et 50. oct.-déc. 1969 ）。

一些著作

除了弗朗西斯·巴弗（Francis Bavoux）、克里斯蒂安·普菲斯特（Christian Pfister）、P. 维莱特（P. Villette），尤其是埃蒂安·德尔坎布尔（Etienne Delcambre）所著的关于巫术的一些主要作品外，下列著作至少也值得一提。

儒勒·米什莱（JULES MICHELET），《女巫》（*La Sorcière*, Paris, 1862, p. 269—291; rééd., Paris, Garnier-Flammarion, 1966, p. 195—207 ），一本依旧值得阅读的好书。

加布里埃尔·勒盖（GABRIEL LEGUÉ）（他使卢丹事件真正进入历史之中，虽然他的观点很有争议），《于尔班·格朗迪耶与卢丹城的中魔修女：夏尔·巴尔比耶的未公布的文件》（*Urbain Grandier et les possédées de Loudun. Documents inédits de M. Charles Barbier*, Paris, 1880; 2e éd. augm.,

1884）。他的《用于卢丹城中魔女子的医疗史研究的文献》（*Documents pour servir à l'histoire médicale des possédées de Loudun*, Paris, 1874）整理了一套罕见的文献，但该版本可信度不高。

加布里埃尔·勒盖和吉勒·德·拉图雷特（GILLES DE LA TOURETTE），《天使的让娜：一个中魔的疯狂女子的传记》（*Sœur Jeanne des Anges (...) Autobiographie d'une hystérique possédée*, Paris, 1886）。

阿道司·赫胥黎（ALDOUS HUXLEY），《卢丹的中魔》（*The Devils of Lou-* 429 *dun*, Londres, 1952; trad. *Les Diables de Loudun*, Paris, 1953），史料严重不足，观点十分精辟。

J. 泰克西耶，前引著作，1953 年。

米歇尔·福柯（MICHEL FOUCAULT），《疯癫与文明：理性时代的疯狂史》（*Folie et déraison. Histoire de la folie à l'âge classique*, Paris, Plon, 1961），对于理解卢丹事件核心的认识论问题至关重要。

J. 维亚尔（J. VIARD），《于尔班·格朗迪耶的审判：关于诉讼和犯罪的批判性注释》（Le procès d'Urbain Grandier. Note critique sur la procédure et sur la culpabilité），收录于 J. 安贝尔（J. IMBERT），《17 和 18 世纪的几场刑事审判》（*Quelques procès criminels des XVIIe et XVIIIe siècles*, Paris, 1964, p. 45—75）。

让-约瑟夫·绪兰（JEAN-JOSEPH SURIN），《书信集》（*Correspondance*, éd. cit., 1966, p. 241—430）。

罗贝尔·芒德鲁，前引著作，1968 年，第 197—368 页：这是了解该主题全貌的基础性书籍。

E. W. 蒙特（E. W. MONTER），《欧洲猎杀女巫运动》（*European Witchcraft*, New York, 1969），对重要文献有精彩介绍。

关于心理分析的阐释，参阅西格蒙德·弗洛伊德（SIGMUND FREUD），"17 世纪的中魔神经症"（Une névrose démoniaque au XVIIe siècle），收录于《应用心理学论丛》（*Essais de psychanalyse appliquée*, Paris, Gallimard, 1952, p. 213—254）；和米歇尔·德·塞尔托，《历史的写作》（*L' Écriture de l'histoire*, Paris, Gallimard, Folio Histoire, 2002），"弗洛伊德改变历史"（«Ce que Freud fait de l'histoire»），第 339—364 页。关于话语问题，米歇尔·德·塞尔托，同上，（«Le langage altéré. La parole de la possédée»），第 284—315 页。

注　释

　　　只有不在巴黎的图书馆和档案馆的保存地名被列出。下文列出的文献、印刷品和手稿的确切地点对应的是 1970 年的档案状态（即本书首次出版之时）；此后，某些档案储存机构有诸多变动。我们可以在文献的标题中发现当年的拼写与句法特征。

历史从来都不是确定的

1. 威廉·E. 米尔曼（Wilhelm E. Mühlmann），《第三世界的革命救世主义传说》（*Messianismes révolutionnaires du tiers-monde*, Paris, Gallimard, 1968, p. 183）。

2. 吕西安·费弗尔（Lucien Febvre），收录于《ESC 年鉴》（*Annales ESC*, t. 13, 1958, p. 639）。

3. 阿尔弗雷德·雅里（Alfred Jarry），《绝对的爱》（*L'Amour absolu*, Paris, Mercure de France, 1964, p. 81）。

4. 参阅德特勒夫·海克普（Detlef Heikamp），"变形的组织结构"（L'archi-tecture de la métamorphose），收录于《眼》（*L'Œil*, n° 114, juin 1964, p. 2—9）。

5. 亨利·勒菲弗（Henri Lefebvre），《现代性导论》（*Introduction à la modernité*, Paris, Minuit, 1962, p. 63—71）。

6. 这是托马斯·本萨（Thomas Bensa）所写的一本关于于尔班·格朗迪耶的著作的标题（Paris, Société d'éditions littéraires, 1899）。

7. 相关术语可查阅让-约瑟夫·绪兰的《书信集》（米歇尔·德·塞尔托主

编，Paris, Desclée De Brouwer, Bibliothèque européenne, 1966, p. 92—99）以及罗贝尔·曼德鲁（Robert Mandrou）所著《17世纪法国的法官与巫师》（*Magistrats et sorciers en France au XVIIe siècle*, Paris, Plon, 1968, p. 18—70）的总序中的增补信息。 434

8. 参见米歇尔·德·塞尔托，"文化与宗教的变化：17世纪面对巫师的法官"（Une mutation culturelle et religieuse. Les magistrats devant les sorciers du XVIIe siècle），收录于《法国教会史研究》（*Revue d'histoire de l'Église de France*, t. 55, 1969, p. 300—319）。

9. 参见亨利-让·马丁（Henri-Jean Martin），《17世纪巴黎的书、权力和社会》（*Livre, pouvoirs et société à Paris au XVIIe siècle*, Genève, Droz, 1969, p. 164—189, 253—275）。

10. 《法兰西信使报》（*Mercure françois*, 第20卷（1634年），Paris, E. Richer, 1637, p. 746—780）。

1. 中魔如何产生

1. 参阅皮埃尔·德拉罗什医生（Dr Pierre Delaroche），《1632年卢丹城黑死病瘟疫》（*Une épidémie de peste à Loudun en 1632*, Bordeaux, Delmas, 1936, p. 40）。

2. 菲利普·塔米泽·德·拉罗克（Ph. Tamizey de Larroque），"红衣主教德·阿曼涅克关于黑死病的指示"（Instructions sur la peste par le cardinal d'Armagnac），节选自《南部年鉴》（*Annales du Midi*, Toulouse, 1892, p. 6）。

3. 红衣主教德·阿曼涅克，《预防黑死病的通告与治疗方法》（*Advis et remedes souverains pour se garder de peste...*Toulouse, 1558）；菲利普·塔米泽·德·拉罗克，再版，前引著作，第10—12页。

4. 参阅罗贝尔·法夫罗（Robert Favreau），"中世纪末期普瓦提埃与中西部地区的传染病"（Épidémies à Poitiers et dans le Centre Ouest à la fin du Moyen Âge），收录于"沙尔特学派丛书"（*Bibliothèque de l'École des Chartes*, t. 125, 1967, p. 349—398）。

5. 皮埃尔·德拉罗什，前引著作，第70—73页。

6. 皮埃尔·德雍（Pierre Deyon），"民众思想：17世纪的一项调查"（Mentalités populaires. Un sondage au XVIIe siècle），收录于《ESC年鉴》（*Annales ESC*, t. 17, 1962, p. 455）。

7. 10月7日与11日笔录；法国国家图书馆（BN），Fds fr. 7619, f. 6—9。

8. BN, Fds fr. 7619, f. 6—7.

9. 效力于亲王大人的德·阿让松总督的司法特别法庭，加布里埃尔·阿诺托（Gabriel Hanotaux）编注，《外省总督制度起源》（*Origines de l'institution des intendants des provinces*, Paris, 1884, p. 316 sv.）。

10. BN, Fds fr. 7619, f. 9.

11. 关于这位胡格诺派医生，我们可以在迪蒙捷·德·拉封（Dumontier de la Fond）的《论卢丹历史》（*Essai sur l'histoire de Loudun*, Poitiers, 1778, 1re Partie, p. 132; 2^e Partie, p. 113, 120, 123, 129）中找到一些信息。但这些信息与笔录的记载不太相符。

435

12. 10 月 13 日及后续日期的笔录；BN, Fds fr. 7619, f. 12 v. et sv。

13. BN, Fds fr. 7619, f. 35.

14. 《一位女性忏悔者令人赞叹的中魔和皈依的故事》（*Histoire admirable de la possession...* Paris, Chastellain, 1613, 1re Partie, p. 3）。

15. BN, Fds fr. 7619, f. 9.

2. 魔法阵

1. 路易·特兰坎（Louis Trincant），《卢丹古代建筑纲要》（*Abrégé des Antiquités de Loudun*），加布里埃尔·勒盖在《于尔班·格朗迪耶与卢丹城的中魔修女》（*Urbain Grandier et les possédées de Loudun*, Paris, 1880, p. 3, note）中引用。

2. 埃利·伯努瓦编注，《南特精英阶层历史》（*Histoire de l'Édit de Nantes*, t. 2, Delft, 1693, *Preuves*, p. 90—91）。

3. 参阅阿尔弗雷德·巴尔比耶，《卢丹总督让二世·德·阿曼涅克与于尔班·格朗迪耶（1617—1635）》（*Jean II d'Armagnac, gouverneur de Loudun, et Urbain Grandier(1617—1635)*），收录于《西方考古学家协会回忆录》（*Mémoires de la Société des Antiquaires de l'Ouest*, 2e série, t. 8, 1885, p. 183—380）。

4. G. 阿诺托与拉福斯公爵引用，《红衣主教黎塞留传》（*Histoire du cardinal de Richelieu*, 1935, t. 4, p. 243）。

5. 《有关卢丹于尔叙勒会中魔事件及于尔班·格朗迪耶之审判的公正的诉讼程序实录》（*Véritable relation des justes procédures observées au fait de la possession des Ursulines de Loudun et au procès de Grandier*, par le R. P. Tr. R. C., Paris, J. Martin, 1634, f. 31 v.- 32 r）。

6. 克洛德·梅内斯特里耶，《古代与现代芭蕾》（*Des Ballets anciens et modernes*, Paris, 1682, Préface）。

7. 修女天使的让娜，《自传》（Paris, 1886, p. 76—79）；文本核实来源：图尔市立图书馆手稿，ms. 1197。

8. 阿森纳图书馆，ms. 4824，f. 39 v。

9. D 神父的叙述；阿森纳图书馆，ms. 5554, f. 109；参阅 BN, Fds fr. 12801, f. 3。

10. 奥比纳克，《戏剧实践艺术》（*Pratique du théâtre*, 1657）；参阅让·鲁赛（Jean Rousset），《内部与外部：论 17 世纪的诗歌与戏剧》（*L'Intérieur et l'extérieur. Essais sur la poésie et sur le théâtre au* X VII*ᵉ siècle*, Paris, José Corti, 1968, p. 169—176）。

11. 蒙田，《随笔集》（*Essais*, I, 55），收录于《全集》（*Œuvres complètes*, éd. A. Thibaudet et M. Rat, Paris, Gallimard, La Pléiade, 1962, p. 301—302）。

12. 保罗·扎克基亚（Paul Zacchias），《法医学问题》（*Quaestiones medico-legales*, 5ᵉ éd. Avignon, J. Piot, 1557, Lib. II, p. 61）。

3. 中魔话语

1. 文本内容参见奥宾出版的著作《卢丹魔鬼的历史》（*Histoire des diables de Loudun*, Amsterdam, 1694, p. 91—93）。

2. 图卢兹，S. J. 档案馆，Fonds Carrère，"天使的让娜传"（Vie de Jeanne des Anges）。

3. J. 勒布勒东（J. Le Breton），《对卢维埃修女中魔事件之真相的辩护》（*La Deffense de la vérité touchant la possession de Religieuses de Louviers*, Évreux, 1643, in-4°, 27p）。参阅罗贝尔–莱昂·瓦格纳（Robert-Léon Wagner），《"巫师"与"魔法师"》（« *Sorcier* » et « *Magicien* », Genève, Droz, 1939, p. 196）。

4. BN, Fds fr. 7619, f. 10v.

5. 1632 年 11 月 24 日的驱魔仪式；BN, Fds fr. 7619, f. 30—34。

6. 同上，f. 31—32。

7. 1632 年 11 月 25 日的驱魔仪式；BN, Fds fr. 7619, f. 39。

8. 同上。

9. 1634 年 5 月 10 日的驱魔仪式；BN, Fds fr. 7618, f. 9。

10. 扬·巴蒂斯特·范·海尔蒙特（Jan Baptist Van Helmont），《忏悔录》

436

（*Confessio authoris*, 2），收录于《医学的源头》（*Ortus medicinae*, Amsterdam, 1652）。参阅米歇尔·德·塞尔托，"文化与灵性"（Cultures et spiritualité），收录于《会议》（*Concilium*, n° 19, novembre 1966, p. 11—16）。

11. 1632 年 10 月 13 日的驱魔仪式；BN, Fds fr. 7619, f. 11。

12. 1632 年 11 月 24 日的驱魔仪式；BN, Fds fr. 7619, f. 32。

13. BN, Fds fr. 7618, f. 10。

14. 1632 年 11 月 24 日的驱魔仪式；BN, Fds fr. 7619, f. 33。

15. 1632 年 11 月 25 日的驱魔仪式；BN, Fds fr. 7619, f. 36。

16. 同上，f. 35。

17. BN, Fds fr. 12047, f. 2.

18. BN, Fds fr. 7619, f. 28.

437 19. 加布里埃尔·勒盖编注，《用于卢丹城中魔女子的医疗史研究的文献》（*Documents pour servir à l'histoire médicale des possédées de Loudun*, Paris, 1874, p. 61—62）；根据手稿进行校对。

4. 被告人于尔班·格朗迪耶

1. 儒勒·米什莱，《女巫》（Paris, Garnier-Flammarion, 1966. p. 198）。

2. 尼古拉·奥宾（Nicolas Aubin），《卢丹城的恶魔史》（*Histoire des diables de Loudun*, Amsterdam, 1694, p. 7—8）。

3. 卡庞特拉（Carpentras），因奎贝尔提那图书馆（Bibliothèque Inguimbertine），ms. 1810, 50; 塔米泽·德·拉罗克编注，收录于《历史研究》（*Le Cabinet historique*, 2ᵉ série, vol. 3, 1879, p. 4）。

4. 布埃尔镇的教区登记簿最早不超过 1604 年。所以无法确定于尔班·格朗迪耶的出生日期。

5. 于尔班·格朗迪耶的签名第一次出现在 1617 年 8 月 4 日的一份洗礼证明上，最后一次出现在 1633 年 7 月 5 日。

6. BN, Fds fr. 23064, f. 79.

7. 《圣玛尔塔的塞沃尔的葬礼祷告》（*Oraison funèbre de Scevole de Sainte-Marthe*..., Paris, 1629, Péroraison）；参阅 G. 勒盖，《于尔班·格朗迪耶与卢丹城的中魔修女》（Paris, 1880, p. 27）。

8. 还有所有手稿，38 封格朗迪耶写给总督的信，2 封写给总督妻子的信。参见阿尔弗雷德·巴尔比耶，《卢丹总督让二世·德·阿曼涅克与于尔班·格朗迪耶（1617—1635）》，收录于《西方考古学家协会回忆录》

（ 2ᵉ série, t. 8, 1885, p. 183—380 ）。

9. G. 勒盖编注，前引著作，p. 73。

10. BN, Collection Dupuy, vol. 645, pièce 151, f. 175.

11. 《国王为审判于尔班·格朗迪耶先生及其同伙而下令成立的特别刑事法庭的记录节选》，普瓦提埃，J. 托罗（J. Thoreau），1634；BN, Lb 36. 3018；马扎林图书馆，雷斯（Rés），37297。

12. A. 巴尔比耶编注，前引著作。

13. 《国王为审判于尔班·格朗迪耶先生及其同伙而下令成立的特别刑事法庭的记录节选》

14. 关于格朗迪耶的《论独身》，有多个古老的版本：BN. Collection Dupuy， 438
    vol. 571, f. 66 sv；巴黎，朗贝尔先生（M. Lambert）的个人收藏；等
    等。本文中列出的是最后一个版本，也是最可信的一个版本中的片段。
    从 1634 年开始出现了编订本（参见 BN, Lb. 36. 3029，42—51）。收录
    于 "好奇者小丛书"（Petite bibliothèque des curieux）的罗贝尔·路扎尔
    什（Robert Luzarche）的版本（Paris, Pincebourde, 1866）是根据 1774
    年的一份副本所编写；该版本中增加的内容和讲解对于了解 19 世纪的
    "好奇者" 的历史更有用，对了解格朗迪耶的历史用处不大。

15. 《法兰西信使报》（t. 20, « continuation de l'an 1634 », Paris, 1637, p.
    779—780 ）。

5. 卢丹城的政治：洛巴尔德蒙

1. BN, Fds fr. 7618.

2. G. 勒盖主编，《于尔班·格朗迪耶与卢丹城的中魔修女》（Paris, 1880, p.
   170）。菲利波是国务秘书。

3. 路易·沙尔博诺-拉塞（Louis Charbonneau-Lassay），《路易十三时期的卢
   丹城堡》（Le château de Loudun sous Louis XIII），收录于《西方考古学家
   协会回忆录》（1915, p. 409 sv ）。

4. 马修·德·莫尔格（Mathieu de Morgues），《给红衣主教黎塞留大人的
   良谏》（Charitable remontrance de Caton chrétien），1631, p. 4。德·莫
   尔格是王后的指导神父和捍卫者，无情的评论家，精力旺盛，消息灵通，
   关于他的信息，参阅马克西明·德洛什（Maximin Deloche），《红衣主教
   黎塞留家族》（La maison du cardinal de Richelieu），1912，p. 32—50。

5. 阿尔弗雷德·巴尔比耶，《卢丹总督让二世·德·阿曼涅克与于尔班·格

朗迪耶（1617—1635）》，收录于《西方考古学家协会回忆录》（2ᵉ serie, t. 8, 1885）。

6. 参见爱德蒙·梅曼对梅曼的"平反"，《于尔班·格朗迪耶的对手勒内·梅曼·德·西利》（*René Mesmin de Silly, adversaire d'Urbain Grandier*, Saumur, Godet, 1916）。

7. A. 巴尔比耶主编，前引著作。从手稿日期来看，这封信是总督写给格朗迪耶的最后一封，似乎也的确是写给他的最后一封信。

8. G. 勒盖主编，前引著作，p. 174。

9. 巴黎，外交事务档案馆，ms. France 1627, f. 119—136。

439 10. G. 勒盖主编，前引著作，第 182 页。

11. 《国王为审判于尔班·格朗迪耶先生及其同伙而下令成立的特别刑事法庭的记录节选》，普瓦提埃，1634；BN, Fds fr. 7618, f. 25。

12. 黎塞留，《回忆录》（*Mémoires*）（XXIV 卷），收录于米肖与普茹拉（Michaud et Poujoulat），《与法国历史有关的回忆录新编》（*Nouvelle collection des Mémoires relatifs à l'histoire de France*, 1881, t. 22, p. 568—569）。

13. G. 阿诺托与拉福斯公爵，《红衣主教黎塞留传》（1935, t. 3, p. 278）。

14. BN, Fds fr. 24163；编纂收录于《藏书爱好者公报》（*Bulletin du Bibliophile*, 1907, p. 502）。

15. 洛巴尔德蒙似乎被从历史中抹去，成为传说中的人物，关于他的信息，参阅巴黎：BN, 原始文件, 1873（马丁家族）；BN, Fds fr. 17368 et 17370—17373（信件）；圣叙尔庇斯档案馆, ms. R. 438. 3 et R. 438. 4（信件）。波尔多：省档案馆. 1 B 21—23, 1B 25, 8 J 583（家庭）。格朗富热赖：圣母往见会档案馆, ms. F I, 1—142（信件），等等。一些概述存于下列文献中：《吉伦特省历史档案》（*Archives historiques du département de la Gironde*, t. 30, 1895, p. 155；t. 44, 1909, p. 287）；路易·勒苏尔（Louis Lesourd），《关于马丁·德·洛巴尔德蒙的历史概要》（*Notice historique sur Martin de Laubardemont*, Paris, René, 1847）；罗兰·穆尼耶（Roland Mousnier），《写给掌玺大臣塞吉耶的信件与回忆录》（*Lettres et mémoires adressés au chancelier Séguier*, Paris, PUF, 1964），尤其是第 1207 页；潘托罗（Pinthereau），《冉森教派教义的发展》（*Le progrès du jansénisme...*, Avignon, 1655），尤其是"关于圣西朗教义的信息"；J.-J. 绪兰，《书信集》，米歇尔·德·塞尔托主编，Paris, Desclée de Brouwer, 1966, p. 277—280 及索引；等等。

16. 1636 年 5 月 21 日写给塞吉耶的信，R. 穆尼耶编，前引著作，p. 291。

17. 马克·敦坎，《论卢丹于尔叙勒会修女的中魔》（Saumur, 1634 (BN 16 Lb 36. 3961)）。

18. 1636 年 5 月 15 日的信，R. 穆尼耶编，前引著作，第 290 页。

19. 这是他对文森特·德·保罗所说的内容。参见让·奥西巴尔（Jean Orcibal），《冉森教派教义起源》（*Les origines du jansénisme*, t. 2, Paris, Vrin, 1947, p. 580）。

20. BN, Fds fr. 7619, f. 125.

6. 预审初期（1633 年 12 月—1634 年 4 月）

1. 《国王为审判于尔班·格朗迪耶先生及其同伙而下令成立的特别刑事法庭的记录节选》；BN. Fds fr. 7618, f. 25。

2. 同上；马扎林图书馆，Rés. 37297。

3. 无法辨识，本页档案有损毁。

4. G. 勒盖编，《于尔班·格朗迪耶与卢丹城的中魔修女》（Paris, 1880, p. 194），根据手稿进行校对。

5. 同上，第 195—197 页，根据手稿进行校对。

6. 《国王为审判于尔班·格朗迪耶先生及其同伙而下令成立的特别刑事法庭的记录节选》。

7. G. 勒盖编，前引著作，第 200 页。

8. 同上，第 198—199 页。

9. 《国王为审判于尔班·格朗迪耶先生及其同伙而下令成立的特别刑事法庭的记录节选》。

10. 同上。

11. 都彭神父写给于贝尔大人的信；阿森纳图书馆，ms. 4824, f. 23。

12. 参见普瓦提埃市政图书馆的手稿，G. 勒盖编，前引著作，第 203 页。

7. 中魔女子的舞台（1634 年春）

1. BN，Fds fr. N. a. 6761, f. 9.

2. 英国作家基里格鲁（Killigrew）的信；牛津，博德利图书馆（Bodleian library），Ashmole, N. S. 800, 21；编注后的文本收录于《欧洲杂志》（*The European Magazine*, t. 43, février 1801, p. 102）。关于托马斯·基里格

鲁（Thomas Killigrew，1612—1683 年），R. 弗莱克诺（R. Flecknoe）在 1667 年出版了《漫游者托马斯的一生》（*The Life of Tomaso the Wanderer*）（1925 年于伦敦再版）。

3. 同上。

4. 皮埃尔·德·朗科，《巫术中确信无疑的不信教与异教信仰》（*L'Incrédulité et Mescréance du sortilège plainement convaincue...*, Paris, 1622, p. 41）。

5. 一位耶稣会神父所写的《圣于尔叙勒的荣耀》（*La gloire de Sainte Ursule*），瓦朗谢纳，1656 年。题词未编页码。

441 6. 参阅玛丽·德·尚塔尔·格德雷（Marie de Chantal Gueudré），《法国于尔叙勒会历史》（*Histoire de l'Ordre des Ursulines en France*, Paris, Éditions Saint-Paul, 1957, t. 1. p. 201—216）。

7. BN. Collection Dupuy, vol. 776, f. 254; BN. Fds fr. 6764, f. 7; 外交事务档案馆，ms. France, vol. 1696, f. 109；国家档案馆 K 114，pièce 22。第戎市政博物馆，Fonds Baudot, ms. Fr. 144, p. 1—7。此外，还有《证明于尔叙勒会修女和其他世俗女子的中魔之真实性的卢丹魔凭狂》（*La Démonomanie de Loudun, qui montre la véritable possession des religieuses Ursulines et autres séculières...*，拉弗莱什，格里沃，1634）（BN, in-8° Lb 36. 3024）。

8. 第戎，市立博物馆，Fonds Baudot, ms. fr. 144, p. 1。

9. 1634 年 7 月 26 日的信；阿森纳图书馆，ms. 4824, f. 17。

10. 普瓦提埃，市立博物馆，ms. 303, pièce 26。

11. BN. Fds fr. 7618, f. 45. 洛巴尔德蒙的手稿。

12. 手稿曾藏于普瓦提埃档案馆，后遗失。复制本被收入 J. A. S. 科林·德·普朗西（J. A. S. Collin de Plancy），《地狱辞典》（*Dictionnaire infernal*, 2° éd., Paris, Mongie, 1826）；儒勒·加里内（Jules Garinet）的译本收录于《法国魔法史》（*Histoire de la magie en France ...*, Paris, Foulon, 1818, p. 327）。

13. BN. Fds fr. 7619, f. 83；发表于 G. 勒盖的《用于卢丹城中魔女子的医疗史研究的文献》（Paris, 1874, p. 23）之中，有几个不准确之处。

14. 勒内·帕塔尔在《17 世纪上半叶的学者不信教现象》（Paris, Boivin, 1943, p. 28—29）引用。

15. 同上，第 29—30 页。

16. 《实验科学》，Ⅱ. ch. 1; BN, Fds fr. 14596, f. 39.

17. 天使的让娜，《自传》，加布里埃尔·勒盖与勒·德·拉图雷特编注，巴黎，1886 年，第 71—72 页。

18. 伊夫·德·帕里斯（Yves de Paris），《自然神学论》（*Théologie naturelle*, 3ᵉ éd., Paris, 1641, t. 4, p. 393 sv.）。

19. 参阅威廉·E. 米尔曼，《第三世界的革命救世主义传说》（Paris, Gallimard, 1968, p. 251），p. 183；或者茹斯特·梅洛（Joost Merlo），收录于《美国精神病学协会杂志》（*Journal of the American Psychiatric Association*），1963 年 7 月。

20. BN. Fds fr. n. a. 24. 383.

21. 天使的让娜，《自传》（p. 67—68）。

22. BN, Fds fr. 7618, f. 2.

23. 参阅盖扎·罗海姆（Geza Roheim），"狩猎"（Die wilde Jagd），收录于《图像》（*Imago*, t. 12, 1926, p. 467 sv）。

24. BN, Fds fr. 7618, f. 8.

25. 米歇尔·德·塞尔托，《历史的写作》（*L'Écriture de l'histoire*, Paris, Gallimard, Folio Histoire, 2002），"弗洛伊德对历史的阐释：17 世纪的中魔神经症"（Ce que Freud fait de l'histoire. Une névrose démoniaque au XVIIᵉ siècle, p. 339—364）。

26. 《诗篇》90, 13（《武加大译本圣经》（Vulgate））。

27. BN, Fds fr. 7618, f. 50—51.

28. 若阿基姆·杜贝莱（Joachim du Bellay），《悔恨》（*Regrets*），十四行诗 97。参阅奥古斯特·维亚特（Auguste Viatte）"杜贝莱与中魔"（Du Bellay et les démoniaques），收录于《法国文学史研究》（*Revue d'histoire littéraire de la France*, t. 51, 1951, p. 456—460）。

8. 医生的视角（1634 年春）

1. 最先对这些报告进行总结的是阿尔弗雷德·巴尔比耶，"于尔班·格朗迪耶审判过程中召集的医生和外科医生的报告"（Rapports des médecins et chirurgiens appelés au cours du procès d'Urbain Grandier），收录于《南特医学报》（*Gazette médicale de Nantes*, 9 août-9 novembre 1887）。

2. 《为卢丹圣彼得迪马舍教堂神父于尔班·格朗迪耶先生辩驳的陈述书》（*Factum pour Maître Urbain Grandier, prêtre, curé de l'église de Saint-Pierre du Marché de Loudun...* [1634], in-4°, 12 p. (BN, Lb 36. 3016)）。参阅 BN, collection Dupuy, vol. 641, f. 220—224; 500 Colbert, vol. 619, f. 138; recueil Thoisy, vol. 92, f. 337; Bibl. Arsenal, 5554 et 4824 等。

3. 《一位医生写给儿子的特别训诫》（*Préceptes particuliers d'un médecin à son fils*），勒内·潘塔尔编注，《拉莫特·勒瓦耶、伽桑狄、居易·帕坦》（*La Mothe le Vayer, Gassendi, Guy Patin*, Paris, Boivin, s. d., p. 67）。

4. BN, Fds fr. n. a. 24. 380, f. 145.

5. 同上，f. 156。

6. 同上，f. 147。

7. BN, Fds fr. 12047, f. 2.

8. 《一位医生写给儿子的特别训诫》，勒内·潘塔尔编注，《拉莫特·勒瓦耶、伽桑狄、居易·帕坦》（第 69 页）。

9. 居易·帕坦，《书信集》（*Lettres*, éd. J. -H. Reveillé-Parise, Paris. 1846, t. 1, p. 302）。

10. P. 伊夫林（P. Yvelin），《卢维埃修女中魔检验者的辩护》（*Apologie pour l'autheur de l'examen de la possession des Religieuses de Louviers...*, Paris, 1643, p. 17）。参阅罗贝尔·芒德鲁，《17 世纪法国的法官与巫师》（Paris, Plon, 1968, p. 288—289）。

11. 这是彼莱·德·拉梅纳蒂耶尔对他的批评，《论忧郁》（*Traité de la mélancholie*, La Flèche, 1635, p. 48—49）。

12. 信件收信人为巴黎的康坦，日期为 1634 年 10 月 14 日，该信在《法兰西信使报》（t. 20, (l'an 1634), Paris, E. Richer, 1637, p. 772—780）上被公之于众，虽然瑟甘医生最后请求：“我请求您仅将其告知我们的友人”（Je vous supplie ne le communiquer qu'à nos amis）。

9. 如研究怪事般探寻真相

I 哲学的想象

1. BN, Fds fr. 7618, f. 8.

2. 《方法论》（*Discours de la méthode, 3*），收录于《笛卡尔全集》（*Œuvres de Descartes*, éd. Ch. Adam et P. Tannery, Paris, t. 6, p. 24—25）。

3. 彼莱·德·拉梅纳蒂耶尔，《论忧郁》（1635, p. 51）。

4. 《西哈诺·德·贝尔热拉克的放纵思想全集》（*Les Œuvres libertines de Cyrano de Bergerac*, éd. Frédéric Lachèvre, Paris, Champion, 1922, t. 2, p. 213）。

5. M. 朗贝尔图书馆的手稿，“灵性对话”（*Dialogue spirituel*），第二部分，第 4—5 页。

443

6. 格朗富热赖，圣母往见会档案馆，《修道院长天使的让娜传》片段，第 59 页。

7. BN, Fds fr. n. a. 24. 380, f. 180—181.

8. 《论忧郁》（第 23 页）。

9. BN, Fds fr. 7618, f. 30（1634 年 5 月 23 日）。

10. 格朗富热赖，圣母往见会档案馆，《修道院长天使的让娜传》（第 71— 72 页）。

11. BN, Fds fr. n. a. 24. 380. 关于这些药物，参阅尼古拉·莱默里，《包含药剂学所有搭配的通用药典》（*Pharmacopée universelle contenant toutes les compositions de pharmacie...*, Paris, L. d'Houry, 1697）。

12. 《论卢丹修女的中魔》（*Discours de la possession des Religieuses de Loudun* (sic), Saumur, 1634, p. 64）。法国国家图书馆有一份古老的版本：Lb 36. 3029, Rés., p. 2—20。

13. 关于《讽刺诗》，参阅勒内·潘塔尔（René Pintard），《17 世纪上半叶的学者不信教现象》（*Le libertinage érudit dans la première moitié du XVIIe siècle.* Paris, Boivin, 1943, p. 221—223）。基耶的《叙述》（*Relation*）收 444 藏于法国国家图书馆，Fds fr. 12801, f. 1—10。基耶参与的 1634 年 5 月 20 日的驱魔仪式的记录保存在法国国家图书馆，Fds fr. 7618, f. 25—26。

14. 《勒芒杜什纳医生之证明》（*Attestatio Chesnati Medici Coenomanensis* (1635)），BN, Lb 36. 3029, Rés., p. 148—154。

15. 《普瓦提埃医学博士弗朗索瓦·皮杜所著的医学实践》（*In actiones Juliodunensium Virginum, Francisci Pidoux Doctoris Medici Pictaviensis Exercitatio Medica, ad D. Duncan, Doct. Medic.*），普瓦提埃，J. 托罗，1635，in-8°：两个版本，一个有 77 页（BN, in-8° Td 86. 15），另一个有 160 页（BN, in-8° Td 86. 15 A）。以及《普瓦提埃医学博士弗朗索瓦·皮杜所著的医学实践之辩护》（*Deffensio Exercitationum Francisci Pidoux*），普瓦提埃，托罗，1636, in-8°。

16. 《论忧郁》，第 3 页。

17. 参见彼得罗·彭波那齐，《论奇异现象的自然原因》（*Les causes des merveilles de la nature...*），亨利·布松译，巴黎，Rieder，1930 年。

18. 《论忧郁》，第 44—55 页。

19. 同上，第 57—58 页。

20. 同上，题词，未编页码。

21. 同上。

22. 同上，第 119—120 页。

23. 参见勒内·潘塔尔，《17 世纪上半叶的学者不信教现象》，第 222 页，引用了诺代后来写给居易·帕坦的一封信。

24. 《关于卢丹城于尔叙勒会修女中魔的论述》（*Discours sur la possession des religieuses ursulines de Loudun*, 1634, in-12°, 64 p）（BN, Recueil Thoisy, vol. 92, f. 292—330; BN, Lb 36. 3023）。

25. 参见彼得罗·彭波那齐，《论奇异现象的自然原因》，第 62—86 页。

26. 瓦朗的"文件集"（Portefeuille），编入 P. -E. 勒马盖的《伟大国王治下的巴黎医学界》（*Le Monde médical parisien sous le grand roi*, Paris, Maloine, 1899, p. 540）。

27. 参阅亨利-让·马丁，《17 世纪巴黎的书、权力和社会》（Genève, Droz, 1969, p. 527—529）。

28. 《为于尔班·格朗迪耶先生辩驳的陈述书》（参见第 8 章，注释 2）

II 神学的骗子

1. 被控施展魔法的格朗迪耶先生呈交国王的信件（1634）；BN, Fds fr. 7619, f. 84—89，以及 Fds fr. n. a. 6764, f. 115—117；阿森纳图书馆，ms. 5423, p. 1209—1218，等等。

445 2. BN, Fds fr. n. a. 6764, f. 81—82.

3. BN, Fds fr. 7618, f. 30.

4. 同上，f. 25。

5. 同上，f. 32。

6. 同上，f. 30。

7. 国家档案馆，中央公证文书原件保管处，Étude 64, liasse 92, Testament, f. 7。

8. BN, Fds fr. n. a. 6764, f. 145.

9. BN, Fds fr. 20973, f. 241.

10. 参见米歇尔·德·塞尔托，"见多识广的文盲：绪兰所写的关于一个与他共乘马车的年轻人的信件的历史（1630）"（L'illettré éclairé. L'histoire de la lettre de Surin sur le jeune homme du coche (1630)），收录于《苦行者与神秘主义者研究》（*Revue d'ascétique et de mystique*, t. 44, 1968, p. 369—412）。

11. 《实验科学》I（*La Science expérimentale...*, I），1（初版）；BN, Fds fr. 14596, f. 8.

12. 让·德·希隆（Jean de Silhon），《论灵魂不朽》（*De l'immortalité de*

l'âme, Paris, Bilaine, 1634, in-4°, 1056 p）：参见第 3 页。

13. 写给伽桑狄的信（1634 年 9 月 7 日）；卡庞特拉，因奎贝尔提那图书馆，ms. 1810, f. 48；文本录于《历史研究》（t. 25, 1879, p. 6—12.）。

14. 同上。

15. 《关于卢丹本堂神父受审判的备注和考量》（*Remarques et considérations servant à la justification du curé de Loudun, autres que celles contenues en son Factum*, 1634, impr. in-4°, 8 p）。参阅 BN, Lb 36. 3017; collection Dupuy, vol. 641, f. 214; Fds fr. 24163, p. 1—8; Fds fr. 12047, f. 3; 500 Colbert, vol. 219, f. 144; 阿森纳图书馆，ms. 4824, f. 8—11；等等。

16. 参孙·比莱特，《与被逐魔鬼之回复有关的民众错误的批判》（*Réfutation de l'erreur du Vulgaire touchant les responses des diables exorcisez*, Rouen, J. Besongne, 1618, in-12°, 219 p），参阅 p. 212。

17. 托马斯·阿奎那，《神学大全》（*Summa Theologica*），IIa IIae, quaestio 9, art. 2.

18. 布莱兹·帕斯卡，《思想录》（*Pensées*, fragm. 44 (Brunschvig 82)），收录于《全集》（*Œuvres complètes*, éd. Louis Lafuma, Paris, Seuil, 1963, p. 504）。

19. 《实验科学》，I, 5; BN, Fds fr. 14596, f. 22。

20. 《有关卢丹城于尔叙勒会中魔事件及对于尔班·格朗迪耶之审判的公正的诉讼程序实录》，拉弗莱什，格里沃，1634；普瓦提埃，1634；巴黎，J. 马丁，1634（BN, in-8° Lb 36. 3019）；手稿（BN, Fds fr. n. a. 13192, f. 446 27 sv.）。第一版于 1634 年 8 月初问世。

21. G. 阿诺托与拉福斯公爵引用，《红衣主教黎塞留传》（1935, t. 4, p. 246）。

22. 《有关卢丹城于尔叙勒会中魔事件及对于尔班·格朗迪耶之审判的公正的诉讼程序实录》（*Véritable relation des justes procédures*）。

10. 巫师的审判（1634 年 7 月 8 日—8 月 18 日）

1. 《国王为审判于尔班·格朗迪耶先生及其同伙而下令成立的特别刑事法庭的记录节选》，第 22—23 页。

2. 参阅马赛尔·马里昂（Marcel Marion），《17 和 18 世纪法国制度词典》（*Dictionnaire des institutions de la France aux XVIIe et XVIIIe siècles*, Paris, 1923, p. 449—451）；巴比内（Babinet），"普瓦提埃教区法庭"（Le présidial de Poitiers），收录于《西方考古学家协会回忆录》（1885 年）。

3. G. 勒盖，《于尔班·格朗迪耶与卢丹城的中魔修女》(Paris, 1880, p. 232)。

4. 埃蒂安·德尔坎布尔，《洛林地区的巫术审判：法官心理分析》(Étienne Delcambre, « Les procès de sorcellerie en Lorraine. Psychologie des juges »)，收录于《法律史研究》(Revue d'histoire du droit, t. 21, 1953, p. 408)。

5. BN, Fds fr. 7619, f. 103.

6. 图尔，市政图书馆，ms. 1197，第一部分，第 61 页。

7. 都彭神父写给于贝尔大人的信；阿森纳图书馆，ms. 4824, f. 25。

8. 同上，f. 19。

9. G. 勒盖编注，前引著作，第 223—234 页。

10. 《有关卢丹城于尔叙勒会中魔事件及对于尔班·格朗迪耶之审判的公正的诉讼程序实录》；BN. Fds fr. 7619, f. 104—105。

11. 《为卢丹圣彼得迪马舍教堂神父于尔班·格朗迪耶先生辩驳的陈述书》；参见第 8 章，注释 2。

12. 《关于卢丹本堂神父受审判的备注和考量》；参见第 9 章，II，注释 15。

13. 《于尔班·格朗迪耶向审判特使面呈的辩驳陈述意见》(Conclusions à fins absolutoires, mises par-devant les commissaires du procès par Urbain Grandier)，BN, Fds fr. 6764, f. 116—123; Fds fr. n. a. 24380, f. 203—210 ；等。

14. BN, Fdsfr. 7619, f. 108.

15. 同上，f. 104—106。

447 16. 同上，f. 82 sv. 与 BN, Fds fr. 6764, f. 80。

17. 被控施展魔法的格朗迪耶先生呈交国王的信件：参阅第 9 章，II，注释 1。

18. BN, Fds fr. 7619, f. 129.

19. 同上，f. 109。

20. 参阅 J. 泰克西耶，博士论文打印稿，《于尔班·格朗迪耶审判》，普瓦提埃法学院，1953 年，第 140 页；以及 M. 福柯，《世俗审判》(Les procès de sorcellerie dans l'ancienne France devant les juridictions séculières, Paris, Bonvalot-Jouve, 1907)。

21. 皮埃尔·德·朗科，《邪恶天使的变化图表》(Tableau de l'inconstance des mauvais anges..., Paris, N. Buon, 1612, liv. VI, p. 487—489)。

22. J. 泰克西耶，前引著作，第 107 页。

23. BN, Fds fr. 24163, pièce 11.

24. 同上，f. 29—34 et f. 129—137：两份文本相同。BN, Fds fr. 6764, f. 103—19; Fds fr. n. a. 24382, f. 92—99。奥宾在著作《卢丹魔鬼的历史》(Am-

卢丹城的中魔

sterdam, 1752, p. 171—197）公布文本（有几处错误）并进行了编注。

25. 除非特殊说明，所引文本均来自《格朗迪耶审判之证据节选》（*Extrait des preuves qui sont au procès de Grandier*）。

26. 雅克·多顿（Jacques d'Autun），《关于魔法师与巫师的学者不信教现象与愚昧的盲从现象》（*L'incrédulité savante et la crédulité ignorante au sujet des magiciens et sorciers*, Lyon, 1671, p. 541 sv）。

27. 皮埃尔·德·朗科（Pierre de Lancre），《邪恶天使的变化图表》（第189 页）。

28. 雅克·封丹（J. Fontaine），《论巫师印记》（*Discours des marques des sorciers*, Lyon, Larjot, 1611：里昂，市政图书馆，363842/363868）。

29. 雅克·多顿，《关于魔法师与巫师的学者不信教现象与愚昧的盲从现象》，第 541 页。

30. 参阅 G. 勒盖，《于尔班·格朗迪耶与卢丹城的中魔修女》，第 212 页。

31. BN, Fds fr. 24613, f. 113.

32. 参阅奥斯卡·德·瓦莱（Oscar de Vallée），《论 17 世纪的司法话术》（*De l'éloquence judiciaire au XVIIe siècle*, Paris, 1856, p. 277—279）。

33. 马丁·德尔·利奥（Martin Del Rio），《争议……》（*Les Controverses...*），收录于 J. 泰克西耶，《于尔班·格朗迪耶审判》，第 91 页。

34. 《死刑判决书》（*L'Arrest de condamnation*）立刻在巴黎印刷（埃蒂安·埃贝尔（Estienne Hébert）于雅克·布拉尔（Jacques Poullard），1634, in-8°），该文本无论是手稿还是印刷品，都被收入多处档案之中：BN, collection Thoisy, vol. 92, f. 385; Fds fr. 24163, f. 113; 国家档案馆 K 448 114 等。

11. 行刑：历史与传说（1634 年 8 月 18 日）

1. 阿森纳图书馆，ms. 4824, f. 25（都彭神父）；BN, Fds fr. 24163, f. 113（阿康热神父）。

2. 《1634 年 8 月 18 日周五卢丹神父被烧死之实录》，BN, Fds fr. n. a. 24383。

3. BN, Fds fr. 7619, f. 111.

4. 参阅埃蒂安·德尔坎布尔，《洛林地区的巫术审判：法官心理分析》，收录于《法律史研究》（t. 21, 1953, p. 414—415）。

5. BN, Fds fr. 7619, f. 111.

6. 阿森纳图书馆，ms. 4824, p. 28。

7. 参见 J. 泰克西耶，博士论文打印稿，《于尔班·格朗迪耶审判》，普瓦提埃法学院，1953 年，第 204—205 页。

8. BN, Fds fr. 7619, f. 112.

9. 同上。

10. 《路加福音》，23，43。

11. "1634 年 8 月 18 日周五卢丹神父被烧死之实录"（Relation véritable de ce qui s'est passé en la mort du curé de Loudun...），BN, Fds fr. 6764, f. 124—130. 文本收录于《法国史的奇怪档案》（*Archives curieuses de l'histoire de France*），F. 丹茹（F. Danjou）编，2ᵉ série, t. 5, Paris, 1838, p. 278—279。

12. 阿森纳图书馆，ms. 4824, f. 27。

13. 参阅刊于 G. 勒盖的《于尔班·格朗迪耶与卢丹城的中魔修女》（第 266 页）中的手稿。

14. 同上，第 264 页。

15. 安东万·佩里科（A. Pericaud），《用于里昂城市历史研究的注释与文献》（*Notes et documents pour servir à l'histoire de la ville de Lyon*, 2ᵉ Partie (1594—1643), p. 270—272）。

16. 伊斯梅尔·布利奥写给伽桑狄的信：参见第 9 章，Ⅱ，注释 13。

12. 他死后出现的著作

1. 编注于奥宾的《卢丹魔鬼的历史》（Amsterdam, 1694, p. 380）。

2. 前引著作，第 379 页。

3. 《布劳地图集》（*Géographie Blaviane*, Amsterdam, vol. 7, 1667, p. 403）。

4. 《法兰西信使报》，t. 20（1634 年），1637，第 772 页。

5. 亨利-让·马丁，《17 世纪巴黎的书、权力和社会》（Genève, Droz, 1969, p. 356—357）。

6. 《法兰西信使报》，t. 20（1634 年），1637，第 780 页。

7. 阿森纳图书馆，ms. 4824, f. 13。

8. BN, Lb 36. 3023; etc.

9. 写给洛巴尔德蒙的信，收录于让-约瑟夫·绪兰的《书信集》，米歇尔·德·塞尔托编（Paris, Desclée de Brouwer, 1966, p. 280）。

10. BN, Lb 36. 3018. 参见第 4 章，注释 11。

11. BN, Fds fr. 24163, p. 129—137; Fds fr. 6764, f. 103—109 等。

12. BN, collection Thoisy, vol. 92, f. 385 等。

13. BN, Fds fr. 7619, f. 112; Fds fr. 6764, f 124 等。

14. BN, 图片收藏, Qb1 1634。

15. 普瓦提埃, 市政图书馆, ms. 303。G. 勒盖编注,《于尔班·格朗迪耶与卢丹城的中魔修女》(Paris, 1880, p. 259)。

16. BN, Fds fr. 6764, f. 127；卡庞特拉, 因奎贝尔提那图书馆, Papiers Peiresc, Reg. X, f. 517 等。

17. 阿森纳图书馆, ms. 4824, f. 27。

18. BN, Lb 36. 3021.

19. BN, Lb 36. 3022. 参阅 BN, Fds fr. 7619, f. 114—116; Fds fr. 6764, f. 149。

20. 编注于《历史研究》(t. 2, 1856, 1re Partie, p. 61—63)；以及菲利普·塔米泽·德·拉罗克的《和于尔班·格朗迪耶有关的文献》(Documents relatifs à Urbain Grandier, Paris, 1879)。

21. BN, Fds fr. 6764, f. 138, 147 和 149。

22. BN, Lb 36. 3023; 卡庞特拉, 因奎贝尔提那图书馆, 佩雷斯克文件, Reg. X, f. 524。

23. BN, Lb 36. 3590.

24. BN, Fds fr. 24163, f. 113—115.

25. 同上, f. 117—128。

26. 编注于彼莱·德·拉梅纳蒂耶尔的《论忧郁》(1635) 的书末。

27. 《法兰西信使报》, t. 20 (1634 年), 1637, p. 772—783。

28. BN, Lb 36. 3961. 关于出版者, 参见帕斯基耶 (Pasquier),《安茹的印刷商与图书商》(Imprimeurs et libraires de l'Anjou, Angers, 1932, p. 270)。

29. BN, Lb 36. 3020; BN, Fds fr. 23064. f. 79—82.

30. BN, Lb 36. 3019; BN, Fds fr. 7619, f. 104—106 等。参阅帕斯基耶, 前引著作, p. 317。

31. BN, Lb 36. 3024.

32. BN, Fds fr. 6764, f. 124—130.

33. 不完整文献, 没有开头, 没有结尾。BN, Fds fr. n. a. 24380, f. 246—257。

34. 普瓦提埃, collection Barbier, cart. III, n° 71。

35. 普瓦提埃, 市政图书馆, ms. 303, n° 21。

36. 同上, ms. 303, n° 20。

37. 同上, ms. 303, n° 26。

450

38. 《有关卢丹城于尔叙勒会中魔事件及对于尔班·格朗迪耶之审判的公正的诉讼程序实录》（拉弗莱什，格里沃，1634）。

39. 这些火与卡斯托尔（Castor）和波鲁克斯（Pollux）的传说有关。

40. 参阅马丁·德·阿尔勒（Martin d'Arles），《论迷信》（*Tractatus de Superstitionibus*, Lyon, 1544），阿诺德·范·热内普（Arnold van Gennep）在《法国民俗手册》（*Manuel de Folklore français*, I, IV, p. 1817—1828）提到的文献则与这些火相反。

41. 弗耶·德·孔什（Feuillet de Conches）收藏文献中的自传，米肖在《传记集》（*Biographie universelle*, t. 23, p. 334）对其进行编注。

42. E. 格里泽尔编注的信件，收录于《藏书爱好者公报》（*Bulletin du Bibliophile*, 1907, p. 495）。

43. 参见 1637 年他写给黎塞留的信，E. 沙瓦莱（E. Chavaray）编注，收录于《历史文献研究》（*Revue des documents historiques*, t. 4, 1877, p. 91）。

44. 1634 年 9 月 20 日写给莱罗什的信，收录于《藏书爱好者公报》（1907, p. 496）。

45. 1634 年 11 月 28 日的信，莫里森收藏文献中的手稿，同上，p. 498。

46. 格朗富热赖，圣母往见会档案馆，"关于卢丹灵修的信"（Lettres spirituelles de Loudun, t. I, p. 1—143）。

47. 同上，t. I, p. 73—88。这本《日记》虽然得到让-巴蒂斯特·德·拉梅纳尔代的证实（《卢丹城魔鬼的核查与批判性讨论》（*Examen et discussion critique des diables de Loudun*, 1747，序言，p. XIV）），但已经遗失。

451

48. E. 沙瓦莱编注，收录于《历史文献研究》（t. 4, 1877, p. 91）。

49. 《伊丽莎白·布朗夏尔在卢丹城中的伟大神迹》（*Le grand miracle arrivé en la ville de Loudun en la personne d'Elizabeth Blanchard*），普瓦提埃，1634. BN, Lb36. 3022。

50. 普瓦提埃，省档案馆（Archives départementales），ms. 7。

13. 灵性时期：绪兰神父

1. 让-约瑟夫·绪兰，《实验科学》，I, 1; BN, Fds fr. 14596, f. 5。

2. 同上，f. 5—6。参见 J. -J. 绪兰，《书信集》，米歇尔·德·塞尔托主编，Paris, Desclée De Brouwer, Bibliothèque européenne, 1966, p. 246—247。

3. 信件 85，收录于 J. -J. 绪兰，《书信集》，p. 339—340。

4. 《实验科学》，I, 1; BN, Fds fr. 14596, f. 6。

5. 同上，f. 7—8。

6. J. -J. 绪兰，《天主之爱的胜利》（*Triomphe de i'amour divin*, chap. 2）；尚蒂伊（Chantilly），耶稣会博物馆（Archives S. J.），ms. 231 bis, f. 20—22。

7. 同上，f. 24。

8. 同上，f. 39—42。

9. 《实验科学》，I,1; BN, Fds fr. 14596, f. 7。

10. 巴尔比耶收藏手稿, G. 勒盖在《于尔班·格朗迪耶与卢丹城的中魔修女》（Paris, 1880, p. 280）中进行了编注。

11. 巴黎，外交事务档案馆，ms. France, vol. 1696, f. 105—114。

12. 《实验科学》，I,1; BN, Fds fr. 14596, f. 7。

13. 巴黎，外交事务档案馆，ms. France, vol. 1696, f. 113。

14. 同上。

15. 修女天使的让娜，《自传》（Paris, 1886, p. 196—199），加布里埃尔·勒盖与勒·德·拉图雷特编注，Paris, 1886, p. 58, 87, 88。

16. 《实验科学》；BN, Fds fr. 14596, f. 9 和 18—19。

452

17. 格朗富热赖，圣母往见会档案馆，"关于灵修的信"（Lettres spirituelles, t. I, p. 1）。

18. J. -J. 绪兰，《书信集》，p. 263—265。

19. P. 马丁·梅森纳（P. Marin Mersenne），《书信集》，保罗·塔内里（Paul Tannery）与柯奈利斯·德·瓦尔德（Cornelis de Waard）编注，t. 5, p. 271。

20. 同上，p. 320。

21. 尼古拉-克洛德·法布里·德·佩雷斯克（Nicolas-Claude Fabri de Peiresc），《书信集》（*Corespondance*），菲利普·塔米泽·德·拉罗克编注，t. 3, p. 347；以及 J. -J. 绪兰，《书信集》，p. 267—268。

22. 《国王唯一的弟弟亲眼见证的卢丹中魔修女驱魔仪式实录》（*Relation véritable de ce qui s'est passé aux exorcismes des religieuses ursulines possédées de Loudun...*, Paris, J. Martin, 1635, p. 27）。

23. 1635 年 10 月 23 日的信，J. -J. 绪兰，《书信集》，第 286 页。

24. 1635 年 7 月 22 日的信，同上，第 279—280 页。

25. 关于这些各类版本，参见 J. -J. 绪兰，《书信集》，第 290 sv.、294、301 sv.、359、385 sv.、417 页等。

26. 阿森纳图书馆，ms. 555, p. 108—147; BN, Fds fr. 12801, f. 1—10。

27. 罗马，耶稣会档案馆（ARSI），*Aquit.*, vol. 2, f. 458。

28. 参见《实验科学》，Ⅳ, 8; BN, Fds fr. 14596, f. 58—59。

14. 天使的让娜的胜利

1. 《实验科学》，I, 11; BN, Fds fr. 14596, f. 38。

2. 修女天使的让娜，《自传》（巴黎，1886 年，第 196—199 页），加布里埃尔·勒盖与勒·德·拉图雷特编。

3. 1644 年 2 月 6 日的信；格朗富热赖，圣母往见会档案馆，"关于灵修的信"（t. I, p. 220—224）。

4. 同上，t. I, p. 10。

5. 罗马，耶稣会档案馆（ARSI），*Aquit.*, vol. 2, f. 477—478。

6. 1639 年 7 月 6 日的信；马扎林（Mazarine）图书馆，ms. 1209，未编页码。

453　7. J. -J. 绪兰，《天主之爱的胜利》，f. 258—259; 参见第 13 章，注释 6。

8. 1660 年 8 月 25 日；参见 J. -J. 绪兰，《书信集》，米歇尔·德·塞尔托编，第 983 页。

9. 《实验科学》，II，4。

10. 天使的让娜对旅行的讲述源自其《自传》，第 208—254 页。

11. 《国王参事院参事与里昂法院刑事长官巴尔塔萨尔·德·蒙柯尼斯大人的游记》（*Journal des voyages de Monsieur Monconys, conseiller du Roy en ses conseils d'Estat et privéet lieutenant criminel au siège présidial de Lyon*），t. I，第 8—9 页。

12. 格朗富热赖，圣母往见会档案馆，《修道院长天使的让娜传》，第 1 页。参见《自传》，G. 勒盖与吉勒·德·拉图雷特编，第 200 页。

13. 《修道院长天使的让娜传》，第 3 页。

14. 修女天使的让娜，《自传》，G. 勒盖与吉勒·德·拉图雷特编，第 55—56 页。

15. 同上，第 57—59 页。

16. J. -J. 绪兰，《书信集》，第 1205 页。

他者的形象

1. 克洛德·列维-斯特劳斯，《忧郁的热带》（*Tristes Tropiques*, Paris, Plon, 1955, p. 418）。

索 引

（索引页码为原书页码，即本书边码）

魔鬼的名字用斜体表示。我们尽可能增加了主要人物的职务或所属的宗教修会。

图书在版编目(CIP)数据

卢丹城的中魔/(法)米歇尔·德·塞尔托著;申华明
译. —北京:商务印书馆,2023
(新史学译丛)
ISBN 978-7-100-22170-2

Ⅰ.①卢⋯ Ⅱ.①米⋯ ②申⋯ Ⅲ.①宗教史—史
料—法国—17世纪 Ⅳ.①B929.565

中国国家版本馆CIP数据核字(2023)第047373号

新史学译丛
卢丹城的中魔
〔法〕米歇尔·德·塞尔托 著
申华明 译

商 务 印 书 馆 出 版
(北京王府井大街36号 邮政编码100710)
商 务 印 书 馆 发 行
北 京 冠 中 印 刷 厂 印 刷
ISBN 978-7-100-22170-2

2023年8月第1版 开本710×1000 1/16
2023年8月北京第1次印刷 印张22¾
定价:48.00元